이갈리아의
딸들

EGALIAS DØTRE
by Gerd Brantenberg

Copyright ©Gerd Brantenberg 1977, 1985
All rights reserved.
First published by H. Aschehoug & Co. (W. Nygaard) AS, 1977.

Korean translation edition is published by arrangement
with Oslo Literary Agency.

Korean Translation Copyright ©Minumin 1996, 2016, 2023

이 책의 한국어 판 저작권은
Oslo Literary Agency와 독점 계약한 ㈜민음인에 있습니다.
저작권법에 의해 한국 내에서 보호를 받는 저작물이므로 무단 전재와 무단 복제를 금합니다.

맨웁이 지배하는 사회에서는
모든 땅의 생명이 죽어 없어질 거야.
만일 맨웁을 억압하지 않는다면,
만일 맨웁이 제지되지 않는다면,
만일 그들이 교화되지 않는다면,
만일 그들이 '그들의 자리를 지키지 않는다면'
생명은 소멸할 거다.

차례

새로운 세계, 이갈리아의 용어들   8

1부
브램 장관과 그녀의 가족   13
노총각 올모스가 아이들에게 자연의 불공평함에 대해 가르치다   24
메이드맨의 무도회   31
해변의 진주 이갈선드   45
루스 브램과 그녀의 하우스바운드   50
젠틀웜을 위한 나르시세움 클럽   62
교장 보솜비가 노총각 올모스를 부르다   77
해안, 석상 그리고 참나무숲   88
뱃사람 페트로니우스   102
빈민가의 작은 장미   117
노총각 올모스 287번 지침에 따라 가르치다   130
페트로니우스의 열여섯 번째 생일   146
그, 그녀의 것이 되다   162
그로 메이도터와 그녀의 자랑스러운 가족   173
탄생 궁전에서   180
아이 돌보기와 젊은 시절의 꿈   190
세라클 장군과 그녀의 탐험에 대한 시험   196
이갈선드의 밤   208

2부

문흴의 빌라	217
맨움해방주의자들 금기를 깨다	229
맨움의 종속은 역사적 필연이다?	239
물고기와 로맨스	254
쎄내리의 비극	261
맨움해방주의자의 새로운 모험	271
엄마의 정당한 분노	282
이갈리아 선거와 맨움의 과감한 진출	286
맨움들 페호를 불태우다	305
왜 맨움의 권리를 위해 투쟁하는가	312
그로와 페트로니우스—움과 맨움	324
아버지와 아들	336
'투쟁하는 수탉'을 만들다	344
화려한 월경 축제	351
평등한 도시를 걸으며	361
『민주주의의 아들』	368
잘 있어라, 이갈리아의 모든 이들이여	371
옮기고 나서	380

새로운 세계, 이갈리아의 용어들

이갈리아 Egalia 나라 이름. 평등주의(egalitarian)와 유토피아(utopia)의 합성어라는 설이 유력하다. 팔루리아 산맥을 사이에 두고 이웃나라 팍스와 인접해 있다. 주요 도시로는 이갈선드(egalsund) 등이 있고 농업, 어업 등이 주요 산업이다.

움 wom 1 가부장제 사회에서 '여성'이라고 분류되는 성(性)의 인간. 2 어떤 성의 인간이든 인간을 가리키는 말로 쓰인다. 예를 들어 spokeswom(대변인), seawom(뱃사람). 3 일반적인 인간을 움으로 지칭할 수도 있다.

맨움 manwom 가부장제 사회에서 '남성'이라고 분류되는 성(性)의 인간.

미즈 Ms 움의 성, 성명 앞에 붙이는 경칭.

미재스 Msass (미즈에 맨움형 어미 -ass가 결합한 것으로) 기혼 맨움의 성, 또는 그 아내의 성 앞에 붙여 기혼 맨움을 나타내는 경칭.

스피너맨 Spinnerman, Spn 미혼 맨움의 성, 성명 앞에 붙이는 경칭.

아내 wife/ **하우스바운드** housebound 움과 맨움이 결혼하면 움은 아내가 되고 맨움은 하우스바운드가 된다.

부성보호 fatherhood-protection 움이 아이의 아버지라고 지목한 맨움이 갖게 되는 혜택과 의무. 어떤 맨움이 어떤 움에게 '(부성)보호'를 받는다면 그 맨움은 움이 낳은 아이의 아버지로서 그 아이를 길러야 할 의무를 가지며 그 움의 하우스바운드로서 생계를 보장받을 수 있게 된다. 부성보호를 받는다는 것은 그 움의 하우스바운드가 된다는 의미이다.

B J 도나 제시카의 탄생 이전 시대를 가리킨다.

A J 도나 제시카의 탄생 이후 시대를 가리킨다.

로디 lordy, lordies 1 어떤 맨움을 지칭할 때, 특히 공손함과 존중을 표시할 때 쓰는 말. 2 맨움들에게 말할 때 공식성과 존경을 표현하기 위해 쓴다. 예를 들어 연설을 시작할 때 'Lordies and Gentlewim'이라고 말한다.

젠틀움 gentlewom, gentlewim 1 높은 사회적 지위의 가문 출신의 움. 2 행동이 바르고 교육 수준이 높은, 예절이 세련된 움. 3 움 집단에게 말할 때 젠틀윔이라는 말을 쓸 수 있다.

도나 제시카 Donna Jessica 1 이갈리아인들이 하느님 어머니의 딸이라고 믿는 움의 이름. 그녀의 가르침이 이갈리아인들의 종교의 기초가 되었다. 2 놀람, 충격, 분노 등을 표현하기 위해, 자신이 하는 말을 강조하기 위해 사용하는 맹세의 말. 예를 들어, '도나(빌어먹을)!'

메이드맨 maidman 젊은 미혼 맨움. 옛날 말.

메이드맨의 무도회 maidman's ball 일 년에 한 번 열리는 큰 무도회. 움은 마음에 드는 맨움을 선택하고 그 맨움과 함께 '메이드맨의 방'이라는 곳에 가서 사랑을 나눈다.

페호 peho 맨움들이 페니스를 받치기 위해 입는 옷.

팔루리안 phallurian 맨움 동성애자.

맨움해방주의 Masculinism 1 맨움도 움이 가진 것과 똑같은 권리, 권력, 기회를 가져야 하며, 평등을 얻기 위해서는 현재의 상황이 변화해야 한다는 정치적 신념. 2 이 믿음에 근거한 사회 운동.

스파크스주의 Sparksism 계급투쟁이 역사의 가장 중요한 부분이라는, 클라라 스파크스의 저작에 근거한 정치 철학.

휴우미즘 huwomism 종교의 도움 없이 행복과 만족을 획득할 수 있다는 인간(womkind)의 능력을 믿는 철학.

달러블 dollable 이갈리아의 화폐 단위.

1부

브램 장관과 그녀의 가족

"결국, 아이를 보는 것은 맨윗이야." 브램이 보고 있던 신문 너머로 아들에게 책망하는 눈길을 던지며 말했다. 그녀가 화를 참기 힘들어하는 것이 분명했다. "어쨌든, 난 지금 신문을 보고 있잖니." 화가 난 그녀는 다시 신문을 읽었다.

"그렇지만 나는 뱃사람이 되고 싶다구요! 난 아기를 데리고 바다에 갈 거예요!" 페트로니우스가 당돌하게 말했다.

"그러면 그 아이의 엄마가 뭐라고 하겠니? 안 돼. 인생에는 참아야만 하는 것이 있는 법이야. 때가 되면 너도 알게 될 거다. 우리 사회와 같은 민주 사회에서도, 모든 사람들이 똑같을 수는 없는 거야. 그렇다면 엄청나게 지겨울 테지. 삭막하고 울적할 거야."

"자기가 되고 싶은 것이 될 수 없는 것이 더 삭막하고 짜증 나는 일이에요!"

"누가 네가 되고 싶은 것이 될 수 없다고 말했니? 내 말은, 네가 현실적이어야 한다는 거야. 꿩도 먹고 알도 먹을 수는 없어. 네가 아이를 갖는다면, 아이를 키우는 일밖에 할 수 없는 거야. 잘 들어라, 페트로니우스. 어렸을 때 나도 뭐가 될 것인가에 대해 원대한 꿈을 갖고 있었단다. 바다의 낭만, 그것 때문에 네가 괴로워하는 거지. 뱃사람의 위업에 대한 모험 이야기는 이제 그만 읽고 대신 소년들을 위한 책만 보도록 해라. 그러면 네 꿈이 좀 더 현실적으로 될 거다. 바다에 가고 싶어 하는 맨움은 하나도 없어."

"그렇지만 내가 아는 뱃사람들은 대부분 아이를 갖고 있어요!"

"그건 다른 문제란다. 아이를 키우는 데 어머니가 아버지와 같을 수는 없단다, 페트로니우스."

여동생이 그를 비웃었다. 그녀는 페트로니우스보다 한 살 반 어렸지만 늘 그를 못살게 굴었다. "하, 하! 맨움은 뱃사람도 될 수 없어. 남자 뱃사람이라니! 호호! 아니면 너는 아마 선실 보이나 남자 선원, 아니면 '남자' 타수(舵手)가 되겠다는 거구나? 아이구, 우스워 죽겠다, 우스워 죽겠어. 바다에 가는 맨움들은 창남이나 팔루리안(phalurian)들뿐이야."

"팔루리안?"

"그래, 팔루리안. 그리고 항구마다 창남들이 뱃사람들을 기다리며 줄을 서 있지." 그녀가 그의 머리를 잡아당겼다.

"아빠! 바가 머리를 잡아당겨요!"

"하느님 어머니 맙소사! 이 집 안은 도대체 조용할 날이 없구나!" 브램 장관의 하우스바운드인 미재스(Msass) 브램이 턱수염에 온통 컬 클립을 달고 욕실에서 달려 나왔다. "얘들아, 조용히 해! 바, 페트로니우스의 머리가 약하다는 걸 알아야지."

"머리만 약한가, 모든 곳이 약하지. '페트로니우스는 부드러운 머리를 가지고 있다는 걸 알아야지! 페트로니우스는 약한 성(性)이 라는 걸 잊지 마!'" 그 말은 항상 그를 화나게 했다. 바가 계속 짓궂게 말했다. "아빠, 페트로니우스는 이제 페호(peho)를 해야 하지 않나요?"

"조용히 해! 지금 신문을 보고 있잖아." 브램이 소리를 질렀다.

"루스, 커피 좀 더 드릴까요?" 그녀의 하우스바운드가 달래듯이 말했다.

"음." 그녀가 멍하니 대답했다. "맙소사! 지금 젊은 세대가 임신수당 인상을 다시 요구하고 있어. 나도 임신을 해야겠어, 크리스토퍼. 그런데 이건 너무 진해."

"우린 이미 아이가 둘이나 있잖아요."

"커피가 너무 진하다고 했잖아."

"다시 끓일까요?"

"됐어." 루스가 언짢게 말했다. "당신이 정신 차리고 커피 끓일 동안 기다릴 시간이 없어." 그녀는 얼굴을 찌푸린 채 마지막 한 모금을 마셨다.

"나는 잠수부가 되고 싶다구요."

바가 킥킥거렸다. "잠수부라구! 맨움들이 입을 수 있는 잠수복은 없어. 남자 잠수부라!" 바는 무릎을 치고 오빠를 가리키면서 아주 즐거워했다.

"맨움용 잠수복은 없나요, 엄마?"

루스는 아무 대답도 하지 않았다.

"엄마는 만들 수 있을 거야." 하고 페트로니우스가 말했다.

"만든다고? 내가 뭘 만들어? 아이들을 더 많이 만들 수 있다고?"

"아니요. 맨움용 잠수복 말이에요."

"정말 환상적인 생각이야! 자, 로디즈 앤 젠틀윔(lordies and gentlewim) 여러분, 세계 최초입니다―맨움용 잠수복. 상어 이빨에도 뚫리지 않는, 방수 재료로 만든 잠수복. 대단한 센세이션이야! 왜 전에는 미처 생각하지 못했을까? 나는 어리석은 관습과 전통을 깨는 최초의 움이 될 거야. 그래…… 왜냐하면, 사실…… 사실 맨움이 잠수부가 될 수 없는 이유란 게 실제로는 없거든."

크리스토퍼와 페트로니우스는 식탁을 치우기 시작했다. 그들은 식당에서 나가 부엌으로 들어갔다. 거기 있는 것이 훨씬 더 나았다. 페트로니우스는 문을 닫았다. "아빠, 아빠가 엄마에게 부성보호를 받는 이유를 이해할 수 없어요. 아빠는 엄마를 기쁘게 하려고 쓸개까지 다 빼주면서도 아직도 아빠 시간 중의 육십이 퍼센트나 엄마한테 시달린다구요."

"무슨 얘길 하는 거니?"

"맞아요. 육십이 퍼센트예요. 내가 계산해 봤다구요. 나는 엄마가 아빠에게 짜증 내는 횟수도 기록했어요. 난 지난 석 달 동안의 결과를 합계해 봤어요."

"요점이 뭐니?"

"엄마는 항상 자기 주장을 증거로 뒷받침해야 한다고 말했지요.

그래서 나는 이 집에서 일어난 모든 것을 기록하기 시작했어요."
"그런데 그걸 가지고 무얼 하려는 거니?"
"그걸로 무얼 하냐구요? 모르겠어요…… 아무튼 나는 어떻게 아빠가 엄마와 함께 사는 걸 견딜 수 있는지 이해할 수 없어요."
"그래도 난 네 엄마를 사랑한단다."
보기에 따라서는 이해할 만했다. 엄마는 잘생긴 움이었다. 그녀는 둥근 머리에 항상 짧고 곧게 서 있는 검은 머리카락을 지니고 있었다. 오뚝한 코, 날카롭게 다듬어진 이목구비, 작고 꿰뚫어 보는 듯한 옅은 파란색 눈동자, 꾹 다문 얇은 입술, 떡 벌어진 어깨와 단호한 몸짓. 그녀는 움직일 때, 항상 목적에 맞게 아주 효율적으로 움직였다. 그녀의 목소리는 날카롭고 빨아들이는 듯했는데, 항상 자기가 무슨 말을 하고 있는지 잘 알고 있다는 인상을 주었다. 알고 있지 못할 때에도 그랬다. 움은 그렇게 해야 하는 것이다. 게다가 그녀는 항상 맵시 있게 옷을 입는다. 헐렁한 갈색 튜닉과 자루 같은 바지. 두꺼운 창이 깔린 갈색 신발. 그녀는 늘 흰색 실크 스카프를 목에 둘렀다. 그녀는 언제나 말쑥한 차림새였다. 바로 맨움들이 꿈꾸는 그런 매력적인 움이었다. 페트로니우스는 그것을 알고 있었다.
　게다가, 그녀는 정부의 고위직에 있고 봉급도 많이 받았다. 그리고 동쪽으로는 이갈선드가, 서쪽과 남쪽으로는 바다가 보이는 테라스가 딸린 고급 주택을 럭스 섬에 한 채 가지고 있었다. 만약 그녀와 같은 부성보호자를 갖는다면 행운의 별에 감사해야 할 것임을 페트로니우스는 알고 있었다. 그렇게 될 것 같지는 않지만.
"페트로니우스?"

그는 깜짝 놀랐다. 아빠의 목소리는 무언가 불쾌한 것을 말하려는 듯했다.

"최근에 네가 많이 자랐다는 걸 알았단다."

"그래요." 페트로니우스도 그것을 알고 있었고 그 점에 대해 점점 더 수치심을 느끼고 있었다. 그건 끔찍했다. "그래요."에서 목소리를 올려야 할지 내려야 할지 그는 결정할 수가 없었다. 왜 평생 어린아이로 남아 있을 수는 없는 거지?

"도매업자인 미재스 문도터가 몇 주 전에 이야기하더라. 그래서, 페호에 관한 건데…… 사람들이 궁금해하기 시작해."

"그러면 궁금해하라고 해요! 아마 그 사람들은 내가 좆을 가지고 있다고도 생각하지 않을 테니까."

"페트로니우스! 그런 말을 꼭 써야겠니?"

"우리 반에는 아직도 페호를 입지 않은 애들이 많아요."

이것은 사실이 아니었다. 사실 페트로니우스보다 미숙한 애는 시프리안밖에 없었다. 그러나 페트로니우스는 그걸 입고 싶지 않았다. 소년들은 그것이 끔찍하고 불편하며 페니스를 그 바보 같은 상자 속에 억지로 밀어 넣는 것이라고 말했다. 그리고 오줌을 눌 때 특히 불편했다. 먼저 페호를 고정시키는 허리띠를 풀어야 한다. 허리띠는 치마 아래에 단단히 묶여 있기 때문에 오랫동안, 특히 처음에는 더듬어 찾아야 한다. 허리띠는 보통 너무 단단해서 피부를 파고 들었다. 더군다나 페호가 밖에서 자유롭게 달려 있도록 아귀를 치마에 꿰매야 했다. 어떤 사람들은 페호가 알레르기를 일으킨다고 말했으나 다른 사람들은 그것은 재료에 달린 문제라고 말했다. 자극을 일으키지 않는 정말 부드러운 옷감으로 된 페호를 구할 수도 있지만 그것은 너무 비싸서 페트로니우스는 감히 그런 페호를 요구할 수는 없었다.

어떤 사람들은 자기 페호를 자랑스러워했다. 예를 들어 발드리안은 페호를 입으면 정말 매력적으로 보였다. 페트로니우스는 한숨을 쉬었다. "내가 소녀였으면 좋겠어." 그가 이 생각을 얼마나 많이 했는지. 그러면 바지나 덧옷 안에 속옷이 펄럭이도록 헐렁하게 입어서 화장실에 가서도 순식간에 열 수 있을 텐데.

"나와 같이 가보자구나." 아빠가 위로하듯이 말했다.

일이 점점 더 악화되고 있었다. 페트로니우스는 차라리 혼자 가는 게 더 나을 것 같았다. 그렇지만 어떻게 혼자 맨움들의 가게에 들어가서 그 말을 할 수 있을 것인가? 어느 쪽이 더 나쁜지 알 수가 없었다. 만약 아빠가 함께 간다면 아빠와 점원은 길이와 색깔과 품질에 대해 끊임없이 이야기를 할 것이다. 5사이즈에 B튜브를 해야 할 것인가, 6사이즈에 A튜브를 해야 할 것인가, 그들은 머리를 갸우뚱하면서 페니스를 갖고 있는 것이 세상에서 가장 자연스러운 일인 양 그의 치수를 재면서 의논할 것이다.

페트로니우스는 어떻게 될 것인지 아주 잘 알고 있었다. 아빠가 새 페호를 사려고 할 때 함께 간 적이 있었는데(아빠는 생활비 지출에 대해서 엄마와 한참을 의논한 뒤에야 새 페호를 샀다.), 아빠와 점원은 아빠에게 어떤 스타일이 가장 잘 어울릴 것인가에 대해 이야기하면서 반 시간을 보냈다. 점원이 탈의실에 들어갔다 나왔다 하는 동안 아빠는 페호가 너무 끼이는지 너무 헐렁한지 입어보곤 했다.

"그리고 메이드맨의 무도회에 가기 전에 너와 이야기할 것이 있구나. 너도 알다시피 어떤 움도 깨끗하고 깔끔하고 좋은 향기가 나지 않는 맨움과는 자려고 하지 않아. 이건 아주 중요해. 거기를 철저히 씻고 페니스와 음낭(陰囊, shame bags) 주변에 내 장미꽃잎 스프레이를 약간 뿌려. 그러면 나쁜 냄새가 나지 않을 거야. 맨움은 아주 고약한 냄새가 나기 때문에 주의 깊게 자주 몸을 씻어야 해."

페트로니우스는 털을 깨끗하게 하지 않았을 때 닥칠 재난을 생각하고는 몸서리를 쳤다.

"네 가슴에 털이 나기 시작했다는 것도 알고 있단다."

페트로니우스의 얼굴이 빨개졌다. 그도 알고 있었지만 아빠가 모르기를 바랐다. 그는 털이 아니라고 생각하려 했지만 보면 볼수록 확실해졌다. 그건 분명한 가슴털이었다. 그리고 점점 많아지고 있었다.

"물론 맨움들이 모두 거기에 털이 나는 것은 아니야." 아빠가 말했다. "하지만 어떤 남자들은 가슴에 털이 나지. 그건 제거해야 돼. 네가 그 가슴털을 어디서 물려받았는지 궁금하구나. 나도 우리 아버지도 가슴에 털이 없었는데. 참! 우리 삼촌이 털이 많았어. 아마 거기서 물려받았나 봐. 다행히 요즘은 치료법이 있지만. 제모기를 사야 될 거야. 그게 제일 나은 방법이지. 틀림없이 상처가 생기고 피부가 조금 따끔거리고 짓무르겠지만, 털 난 채로 돌아다니는 것보다야 훨씬 낫지. 가꾸지 않고는 멋있게 보일 수 없어. 맨움은 원시적이기 때문에 가슴에 털이 난다고 엄마가 말했지. 네 엄마 말로는, 그건 일종의 모피래."

"특별히 괴상하지는 않아요."

"페트로니우스, 네 나이에 그게 어떤 느낌인지 난 기억하고 있어. 쉽지는 않지만 누구나 겪게 된단다."

"아빠에게는 이렇게 끔찍했을 리가 없어요!" 페트로니우스가 갑자기 소리쳤다.

"그게 무슨 뜻이니?"

"그건…… 아빠는 불평할 것이 하나도 없었다는 뜻이에요. 아빠는 키가 작고 뚱뚱하고 다리도 짧고 어깨도 좁고 곱슬거리는 머리에 얼굴도 예쁘잖아요!" 페트로니우스는 행주를 내던지고 그의 방으로 달려가 문을 잠갔다. 자기가 한 말이 부끄러웠다. 자신에게 바로 그것이 문제라는 것을 인정했다는 사실이 부끄러웠다. 그건 아빠의 잘못은 아니었다. 페트로니우스는 살찌는 방법을 셀 수도 없을 만큼 시도해 봤지만 아무리 많이 먹어도 비쩍 마르기만 했다. 그리고 소녀들은 "말라깽이! 말라깽이!" 하며 그를 놀렸다. 가끔 그는 소녀 깡패들을 피해 빙 돌아서 다녔다. 그들은 아주 끔찍한 짓을 할 수도 있다. 예를 들어 가을날 숲이 으슥해졌을 때처럼 말이다. 게다가 그들은 그 희생자로 페트로니우스와 같이 가엾고 어린 소년을 선호했다. 대신 통통한 소년들은 좀 더 존중했다. 그들과는 사랑에 빠지는 것이었다.

게다가 페트로니우스는 지금도 자라고 있었다. 그는 겨우 열다섯 살이어서 더 자랄 위험이 있었다. 이런 속도로 옆으로가 아니라 위로 계속 자란다면 그는 결국 모든 사람의 비웃음을 사는 노총각 올모스처럼 될 것이다. 그런데 아빠는 그렇게 예쁘고 뚱뚱하면서,

페호와 메이드맨의 무도회에 대해, 그리고 음낭에 스프레이를 뿌리는 것에 대해 아무렇지도 않게 말하고 있는 것이다. 마치 인생에서 가장 좋은 일은 옷을 잘 차려입는 것이라는 듯이. 물론 페트로니우스가 아빠나 발드리안처럼 매혹적이라면 어떤 화려한 옷도 잘 어울리겠지.

페트로니우스가 매력적이지 않다는 것을 아빠는 정말로 모르는 걸까? 메이드맨의 무도회를 위해서 아무리 청록색 망사 페호를 잘 차려입는다 해도 누군가가 그를 메이드맨의 방에 데리고 갈 것이라고는 정말 상상할 수 없었다. 메이드맨의 무도회에서 메이드맨의 방에 초대받지 못하는 것은 소년에게 가장 큰 수치였다.

그는 거울에 자기 모습을 비춰 보면서 머리를 빗고 미소를 지어 보았다. 그는 다양한 미소를 지어보고 심각한 표정을 지으려다가 자신의 옆모습을 비춰 보았다. 사실 그는 결코 못생긴 편은 아니었다. 그의 얼굴에서 특별히 못생긴 곳은 없었고 이목구비는 균형 잡혀 있었다. 물론 머리카락은 거칠었지만 머리를 땋으면 예쁘다는 말을 듣기도 했다. 그리고 양끝이 위로 살짝 올라간, 부드럽고 둥근 아빠의 입술을 물려받았다. 눈이 너무 작긴 했지만 그의 눈은 매우 깊고 푸른색이라고 발드리안이 말해 주었다. 발드리안은 매우 크고 푸른 눈동자를 가지고 있었다. 그리고 페트로니우스는 대부분의 맨움들의 눈썹이 덥수룩한 것과는 달리, 가늘고 둥근, 아름다운 눈썹을 가지고 있었다. 그는 거울 속에 비친 자신을 보고 미소 지었다. 그의 하얀 이가 빛났다. 그에게도 메이드맨의 방으로 들어갈 수 있는 기회가 주어질지 모른다.

그를 초대할 움에 대해 생각하자 새로운 용기가 생겼다. 그녀는 여태까지 내가 만난 어떤 움과도 다를 거야. 학교에서 본 움도 아니고, 거리에서 본 움도 아닐 거야. 멋지고 강한 그녀가 나를 메이드맨의 방으로 데리고 가겠지. 일상생활의 슬픔으로부터 메이드맨의 방으로. 페니스도 가슴털도, 수치스러워할 것은 아무것도 없는 곳으로 나를 데리고 가줄 거야.

페트로니우스는 일어나서 창문으로 다가갔다. 태양은 바위섬 이 갈선드 언덕 너머로 가라앉고 있었다. 노을이 어둠 속에서 점점 짙은 색을 띠어갔다. 저녁노을의 붉은빛 바로 위의 하늘은 희미한 녹색이었다. 나와 그녀, 아마 저런 곳에 있게 될 거야. 저녁놀이 질 때, 붉은 지평선과 그 위를 덮고 있는 엷은 녹색 하늘의 베일을 감상하면서. 어귀를 바라보며 그는 펼쳐져 있는, 끝없이 펼쳐져 있는 바다에 대해 생각했다. 그 움과 나, 절대 헤어지지 않아. 나는 신비스러운 변화를 겪게 될 거야. 그녀가 나를, 내 몸을, 나의 가장 깊숙한 내면을 변화시킬 거야. 모든 소년들이 갈망하는, 오직 한 명의 움만이 완수할 수 있는 심오하고 완전한 변화, 모든 것을 포기하게 하고 '나는 맨움이다!'라는 말의 진의와 충만함을 느낄 수 있게 하는 그런 변화 말이야.

페트로니우스는 갑자기 자신을 맨움으로 만들어줄 그 움에 대한 격렬한 갈망에 사로잡혔다. 그리고 마음속으로는 자랑스러워할 만한 것이 하나 있다고 생각했다. 기회가 온다면 그다지 운이 나쁘지는 않을 것이다. 그는 아주 작은 페니스를 가지고 있었던 것이다.

노총각 올모스가 아이들에게
자연의 불공평함에 대해 가르치다

"자연의 불공평함을 치유하는 것은 모든 문명의 임무죠." 노총각 올모스는 이렇게 말을 한 뒤 학생들의 반응을 보기 위해 안경 너머로 학생들을 힐끗 보았다. 한두 명이 그의 시선과 마주쳤다. 다른 학생들은 책상만 내려다보고 있었다. 바는 몰래 종이쪽지에다 뭔가를 끄적거리고 있었다.

"바!" 선생님이 소리쳤다. "뭘 하고 있는 거니?"

바는 깜짝 놀라서 손으로 종이를 가렸다. "아무것도 아니에요." 그것은 거짓말이었다. 사실 그녀는 노총각 올모스의 캐리커처를 그리고 있던 중이었다. 작고 넓은 코, 앞머리를 드리우고 리본을 단, 드라이기로 매만진 빨간 머리(그가 젊었을 때는 그것이 유행이었을 것이다.), 구불거리는 턱수염, 여기저기에 큰 꽃이 달린 볼레로(원래는 여성들이 입는 짧은 상의—옮긴이), 그것과 어울리는 꽃무늬 페호, 손

뜨개한 타이트한 치마와 푸른 털실 방울이 달린 슬리퍼. 하늘에 계신 하느님 어머니! 어떻게 이렇게 절망적으로 촌스러울 수가 있을까요?

바에게 노총각 올모스는 우스꽝스러움의 화신이었다. 촌스럽고 언제나 노총각다웠고, 무뚝뚝하며 행동은 과장되었다. 그는 고(故) 올모스 교장의 아들이었는데 그것이 지금 그가 교탁 앞에 서 있는 유일한 이유였다. 바는 우연히 지금 교장인 보솜비와 올모스 사이에 무언가가 있었다는 이야기를 들었다. 어떤 사람들은 페트로니우스 반의 시프리안 보솜비가 노총각 올모스의 국화빵이라고 말하기도 했다. 틀림없이 그는 교장의 하우스바운드가 되기를 꿈꿨지만 거부당했을 거야. 하하! 그리고 그 넙치 시프리안은 분명히 그의 아들일 테지.

"내가 무슨 말 하는지 들었니, 바?"

"예."

"그러면 내가 뭐라고 말했지?"

바는 멍하게 허공을 보았다. 킥킥거리는 소리가 들렸다. 앤 문힐이 뒤에서 답을 속삭이기 시작했다.

"뭐지, 바?"

"자연의 욕설을 인정하는 것은 모든 문명의 임무다."

웃음소리가 터졌다. 학생들은 너 나 할 것 없이 책상 위에 엎드려서는 깔깔대면서 손을 흔들고 난리법석이었다. 올모스가 학생들을 통제하는 데에는 이 분이 넘게 걸렸다. 그 자신이 진정하는 데에는 훨씬 더 오래 걸렸다. 학생들을 야단칠 때면 그는 항상 흥분했다.

"음, 그러면, 내가 뭐라고 했지?" 그가 소리쳤다.

그 학급의 공부벌레인 땅딸보 꼬마 판당고가 손을 들었다. "자연의 불공평함을 치유하는 것은 우리 문명의 임무다."

"맞았어, 판당고." 노총각 올모스는 그 말을 칠판에 쓰고 계속 말했다. "이 말은 공리(公理)라고 하는 것입니다. 공리는 다른 모든 것들의 근거가 되는 근본적인 생각이지요. 이 공리는 도나 제시카께서 213년에 데모스 산에서 우리의 조상 어머니들에게 내리신 것입니다. 그분들, 즉 우리의 창조 어머니들 덕분에 우리는 오늘날……." 여기서 올모스의 말이 끊어졌다. 그는 이 수업을 매우 열심히 준비했다. 이것이 그가 젊은이들에게 전할 수 있는 가장 중요한 것이라는 것을 알고 있었던 것이다. 그는 준비했던 것을 기억하려고 애썼다. "……창조주 어머니들 덕분에 우리는 오늘날……."

"감사드려라!" 바가 유쾌하게 소리치자 사방에서 박수갈채가 쏟아졌고 그녀는 과장된 인사와 미소로 답례했다.

"나가!" 올모스가 외마디 소리를 질렀다.

바는 즉시 일어나서 마치 군대 명령에 따르는 것처럼 O 자 다리를 하고는 어기적어기적 걸어 나갔다. 올모스가 바로 O 자 다리였다. 얼굴이 시뻘겋게 되면서도 그는 아무 말도 하지 못했다. 바가 나가자 학급은 조용해졌다.

"선생님, '자연의 불공평함'이 무슨 뜻이에요?" 이번 역시 땅딸보 꼬마 판당고였다.

그 질문 때문에 올모스는 정상을 되찾을 수 있었다. 그는 용기를 내어 계속했다. "자연의 불평등함은 강한 자가 약한 자를 억압한다는 사실에 있어요. 자연에서는 정글의 법칙이라고 부르는 것이 지배하지요. 그것은 만인에 대한 만인의 전쟁이며 가장 강한 자가 항상 승리하고 가장 약한 자는 항상 굶주리거나 죽게 됩니다. 물론, 이제 우리는 그렇지 않습니다. 우리는 문명이라는 것을 가졌기 때문이지요. 도나 제시카 213년 이래 과학자들은 모든 자연의 불공평한 측면들을 밝히기 위해 연구해 오고 있어요. 이것은 억압의 본질에 대한 깊은 통찰력을 필요로 하는 매우 복잡한 영역의 연구입니다."

올모스는 계속 이야기했다. 조용히 문이 열리고 바가 갑자기 머리를 내밀었을 때 학생들 대부분은 졸고 있었다.

"이제 착하게 굴게요, 선생님. 들어가도 돼요?"

이것은 누가 보더라도, 파렴치하고 건방진 짓이었다. 복도에 나가 있으라고 하면 복도에 나가 있어야 하는 것이다. 말을 듣지 않는 사람은 모두 교장 선생님에게 보내졌다. 교장 선생님의 책상 앞에 가야 한다는 생각은 모든 학생들을 공포에 떨게 만들었다.

그러나 올모스는 다른 것—바가 루스 브랩의 딸이라는 것—을 생각하고 있었다. 또한 만약 이번 학기에 버릇없는 어린 여자애들을 교장실로 한 명이라도 더 보낸다면 교사로서의 그의 능력에 대해 교장이 심하게 질책할 것이라는 생각도 하고 있었다. 이미 많은 열성적인 어머니들이, 올모스가 자기 딸들에게 현대 사회에 적합한 교육을 시킬 만한 자격이 정말 있는지 묻기 위해 전화를 했다는 것을 그는 알고 있었다.

"이제 얌전히 굴겠다면 그렇게 해." 올모스가 바에게 말했다.

"대단히 감사합니다. 매우 친절하시군요." 바가 말했다. 그녀는 여전히 O 자 다리를 하고 자기 책상으로 어기적어기적 걸어갔다. 아이들이 킥킥거렸다. 올모스는 모르는 체했다. 그는 아까 중단했던 이야기를 계속하고 싶었지만 또다시 실마리를 놓쳐버렸다. 바는 그리다 만 캐리커처를 다시 그리기 시작했다. 올모스는 그것도 못 본 체했다. 땅딸보 꼬마 판당고가 손을 들었다.

"응?"

"우리 사회에서 약한 자는 어느 쪽이죠?"

"뭐라구?"

"강한 자가 약한 자를 보호해야 한다고 말씀하셨잖아요. 약한 자가 어느 쪽이에요?"

"움이죠." 올모스가 대답했다.

잠시 학급 전체가 그에게 주목했다. 바까지도.

"그럴 리가 없어요." 앤 문힐이 말했다. 그녀는 이 학급의 반장이었다. 그녀가 이 반에서 맨 처음으로 월경을 시작했고 그래서 학급의 의견을 듣지 않고도 전체 의견을 대표할 자격이 있다고 자부했다. 그녀의 어머니는 의회 의원이었다. 앤은 농부가 되고 싶어 했다.

"그렇게 생각하는 것도 이해해요, 앤. 그렇지만 잘 생각해 본다면, 움이 실제로는 더 약한 자라는 것을 알게 될 거예요. 움은 강한 성이라고 알려져 있지만 말이죠. 움을 강한 성으로 만든 것은 문명일 뿐이에요. 그것이 바로 우리 문명의 특성이죠······." 올모스가 대답했다.

그는 여기서 말을 멈추었다. 그렇다, 학생들이 귀를 기울이고 있다. 그들은 정말로 듣고 있는 것이다. 올모스는 용기를 내어 계속 말했다. "자연의 관점에서는, 즉 순전히 생물학적으로는 움이 맨움보다 더 약하답니다." 그는 용기가 솟는 것을 느꼈다.

"'생물학적으로'가 무슨 뜻이에요?"

"생물학적으로란 신이 태초에 생명을 창조했을 때의 상태를 뜻해요. 자연 상태에서의 움과 맨움, 그리고 모든 동물들을 말하는 거예요. 신은 먼저 세상을 만들었고 마지막으로 움을 만들었어요. 사실 신은 움을 맨 마지막으로 창조해서 나머지 창조물들의 꼭대기에 올려놓으려고 했기 때문에 다른 것은 더 이상 창조하려 하지 않았어요. 하지만 움이 외로워할 것이라는 사실을 생각하지 못했던 거예요. 신은 자신의 표본이 단 하나밖에 없을 때 어떻게 재생산할 것인지도 생각하지 못했어요. 움이 신에게 불평을 했고 그래서 신은 움의 돌출부 중 하나를 가져가서 그것으로 맨움을 만들었던 거예요. 그래서 움은 모든 돌출부 중에서 가장 상처받기 쉽고 밖으로 드러난 것을 지닐 필요가 없는 거예요. 그것은 움의 힘이 되었죠. 그리고 차차 움은 그 힘을 어떻게 써야 할지 알게 된 거죠."

"저는 전혀 이해할 수 없어요······." 앤이 말했다. 다른 아이들도 마찬가지였다. 그들 역시 이해할 수 없다고 느꼈다. 만약 맨움이 움보다 육체적으로 강하다면 왜 권력을 가지지 못했을까, 앤은 궁금했다.

"전형적인 맨움이란! 맨움은 너무 멍청해요!" 바가 소리쳤다.

"아니에요. 이것이 신의 위대하고 공평한 창조의 질서가 밝혀지는 지점입니다. 맨움이 창조되었을 때, 그는 즉시 자신이 움에게 속한다는 것을 깨달았어요. 그는 그녀가 원할 때마다 해야 한다는 것을······.”

종이 울렸다. 종이 구해 주었다고 올모스는 생각했다. 그는 자신이 담당하는 사회 과목에서 한참 벗어났다는 것을 알고 있었다. 그는 항상 책을 넣어 다니는 꽃분홍색 가방에 손을 뻗었다. 그때 그는 학생들이 아무도 움직이지 않는다는 것을 깨달았다. 그가 말하는 도중에 종이 울렸을 때 학생들이 뛰쳐나가지 않은 것은 교사 생활 이십 년 만에 처음 있는 일이었다.

“움이 원할 때마다 맨움은 무엇을 해야 했는데요?” 바가 물었다.

올모스는 목까지 빨개졌다.

메이드맨의 무도회

스물다섯 명으로 이루어진 대규모 악단이 연주를 시작했다. 봄 무도회가 시작된 것이다. 페트로니우스는 무도회장의 한구석에 자리 잡은 같은 반 친구 울프램 색스 옆에 서 있었다. 페트로니우스는 뺨이 빨개지고 땀을 흘리고 있었다. 그는 땀이 드러나 보이는지 재빨리 겨드랑이를 훔쳐보았다. 청록색 블라우스는 확실히 더 짙은 색이 되어가고 있었다. 땀이 더 많이 났다. 블라우스가 가슴에 달라붙는 것을 느낄 수 있었다. 더욱 비참하게도 그것은 눈에 띄게 드러났다. 그때 춤이 막 시작되었다.

"울프램, 잠시만 내려갔다 올게." 페트로니우스가 속삭였다.

울프램은 페트로니우스의 허리에 맨 금줄을 움켜잡았다. "페호가 풀어졌니?" 그가 속삭였다.

"아니, 단지……."

울프램이 말을 가로막았다. "서둘러! 모두 우리를 보고 있단 말이야. 네가 지금 모든 걸 망칠 수는 없어."

페트로니우스는 화장실로 달려가서 미친 듯이 핸드백을 뒤져 화장솜을 찾았다. 그리고 팔 아래를 닦았다. 아빠는 방취제를 쓰면 괜찮을 것이라고 말했지만 그래도 계속 신경이 쓰였다.

페트로니우스는 지난 몇 달 동안 이 무도회를 걱정해 오고 있었다. 소년들은 다른 것에 대해서는 전혀 이야기하지 않았다. 그들 대부분은 누군가에게 시선이 고정되어 있었다. 옆집에 사는 릴레리오 문도터는 학교의 장대높이뛰기 선수인 비타 스트롱에 희망을 걸고 있었다. 발드리안 배러스커리는 교장의 딸인 에바 보솜비에 미쳐 있었고 울프램은 앤 문힐과의 사랑에 흠뻑 빠져 있었다. 그 패거리는 끊임없이 그들의 영웅(sheroes)을 숭배했으며 보내지도 못하는 연애편지를 썼다. 그러나 페트로니우스는 자신이 누구를 사랑하는지 알 수 없었다.

그는 양 겨드랑이에 화장솜 뭉치를 고정시키고 서둘러 돌아갔다. 신발이 꼭 맞아서 뒤꿈치가 아팠다. 그때 반짝거리는 작은 핸드백을 화장실에 두고 왔다는 것을 알았다. 그것은 이 무도회를 위해 특별히 마련한 것이었는데 금줄에 달려 있어야 했다. 그는 다시 뛰어 내려갔다.

그가 다시 나타났을 때 울프램이 그를 찾고 있었다. 그는 즉시 페트로니우스의 팔을 붙잡고 다른 소년들과 함께 무도회장으로 걸어 들어갔다.

"발드리안은 어디 있어? 개도 우리랑 춤출 거잖아?"

페트로니우스는 다른 팔에 누군가의 손이 닿는 것을 느꼈다.

"여기 있어." 발드리안이 활짝 웃고 있었다. 그는 아름다워 보였다. 그는 화려한 장식의 금 벨트가 달린 짙푸른 색의 아름다운 옷을 입고 있었는데 그 벨트가 그의 통통한 몸을 강조해 주었다. 페트로니우스는 넋을 잃고 그를 쳐다보았다. 그는 분명히 금방 낚아채일 것이다.

사회자가 연단으로 나와서 손을 흔들며 인사를 했다. "어서 오십시오, 로디즈 앤 젠틀윔. 또다시 이갈선드의 젊은이들을 위한 봄 무도회가 시작되었습니다. 일 년 십삼 개월 동안 봄 무도회만큼 우리가 고대한 것은 없을 것입니다. 봄은 확실히 달콤함과 산뜻함의 계절이고 산들바람은 장난스럽게 소년들의 블라우스와 치마를 날리게 해서 우리 가슴을 뛰게 합니다. 나무들은 싹을 틔우기 시작하고 모든 곳이 신록으로 뒤덮입니다. 어느 누가 인생의 정염에 몸을 맡겨버리고 젊은 맨움들을 팔에 안고 싶어 하지 않겠습니까? 젊고 매력적인 로디즈가 이렇게 많이 모여 있는 것보다 더 좋은 광경을 상상할 수 있겠습니까?"

소년들은 당황해서 서로 바라보거나 바닥을 내려다보았다.

그녀는 계속했다. "프로그램은 평소처럼 시작됩니다. 먼저 이 즐거운 젊은 로디즈가 우리를 위해 춤을 출 것입니다. 그동안 여러분은 그들을 위해, 그리고 물론 여러분 자신을 위해 바에서 음료수와 스낵을 사 드셔도 좋습니다. 그다음엔 젠틀윔 여러분이 돌아주십시오. 악단은 감미롭게 연주할 것이고 로디즈들과 더 가까워지고 싶은 분들은 가까이 가셔도 좋습니다. 아참! 그리고 사랑보다 도박을 더 좋아하는 분들을 위해 게임 테이블이 마련되어 있고 또 방에서 쉴 수도 있습니다."

 바에서 고함 소리와 웃음소리가 들렸다. 어떤 욤들은 "우와!" 하고 외쳤다.

 사회자도 마이크를 통해 기분 좋게 웃었다. "예, 메이드맨의 방으로 가는 길을 아직 모르는 젠틀윔들은 주목해 주십시오. 메이드맨의 방은 이층 발코니 쪽에 있습니다. 무도회는 한시 반까지 춤과 다른 공연으로 계속되겠습니다." 사회자는 손뼉을 치고 팔로 우아한 동작을 했다. "자, 이제 로디즈 여러분, 서로 손을 잡고 시작해 주십시오."

 소년들은 서로 팔을 잡고 춤을 추었다. 발끝으로 가볍고 우아하게 뛰고 옆으로 구부리는, 그들이 몇 달 동안 체육 시간에 연습해 온 춤이었다. 음악은 느린 부기우기 리듬이었다. 무도회장은 크리스털 샹들리에 아래에서 반짝이가 달린 색색의 모슬린, 실크, 레이스 등으로 물결쳤다. 만약 페트로니우스가 위에서 자기 자신과 다른 사람들을 볼 수 있었다면 아주 매혹적인 광경이라고 생각했을 것이다. 그러나 그에게는 뜨겁고 땀나는 혼돈 상태일 뿐이었다. 다른 사람들이 모두 왼발을 내밀 때 오른발을 내밀지 않아야 하는 것만이 문제였기 때문이었다. 그는 체조 선생님의 말을 조용히 혼자서 되풀이했다. "잊지 마! 왼발 먼저! 잊지 마! 왼발 먼저!"

 페트로니우스가 오른발을 내미는 바람에 울프램과 부딪쳤다. 그런 실수가 몇 번 반복됐다. 낙담한 페트로니우스는 혹시나 누가 알아차리지나 않았는지, 발코니 쪽을 슬쩍 엿볼 뿐이었다. 그러나 그 위쪽에 있는 것은 모두 흐릿하게 보였다. 그래도 그는 구부러진 쪽 한가운데 있었기 때문에 구십 도 각도에서 무도회장 전체를 볼 수 있었다. 발드리안이 그의 팔을 꽉 잡았다. 자신감이 느껴졌다. 발드리안은 다시 뒤로 세 박자 스텝을 밟았다.

움들은 무도회장 벽을 따라 바와 방들의 문간에 기대어 서 있었고 서로 잔을 부딪치면서 춤추는 사람들을 보고 있었다. 그들은 짙은 색 셔츠와 바지를 입고 흰색 실크 스카프를 매고 있었다. 때때로 그들은 무도회장에 있는 누군가를 가리키면서 옆에 있는 움에게 맨움들에 대한 논평을 하곤 했다.

페트로니우스는 입구 옆에 있는 키 큰 밤색 머리의 움을 보았다. 그녀는 다리를 벌리고 손은 허리에 대고 그 자리에 뿌리박힌 것처럼 서 있었는데 변화 없는 심각한 표정으로 페트로니우스 쪽을 바라보고 있었다. 그녀는 혼자였다. 그는 눈길을 돌렸다. 그의 발은 이제 자동적으로 스텝을 맞추었다. 옆에서 느껴지는 발드리안의 따뜻한 체온에 안심이 되었다. 그는 다시 문 쪽을 힐끗 보았다. 커다란 무도회장을 가로질러 서로 눈이 마주치자 그는 깜짝 놀랐다.

음악이 끝났다. 소년들이 무릎을 굽혀 인사했다. 박수갈채가 쏟아졌다. 크리스털 샹들리에의 빛이 약간 어두워졌다. 페트로니우스만 남겨두고 모두 뿔뿔이 흩어졌다. 울프램과 발드리안도 모두 사라져버렸다. 그는 어디로 가야 할지 몰랐다. 그러나 어떻게 해서든 계속 부드럽게 웃고 있어야 한다는 것을 명심하고 있었다. 그는 아직도 그녀의 시선이 자신을 꿰뚫어 보는 것을 느낄 수 있었다. 갑자기 그 눈길에서 벗어나고 싶어졌다. 그녀의 눈길을 몰아내기 위해 재빨리 몸을 돌려 입구 쪽을 똑바로 보았다. 그녀는 가고 없었다.
"얘, 페트로니우스! 어디 가서 좀 앉자." 교장 아들 시프리안이었다. 시프리안은 마르고 작은 아이였다.
그는 바로 이런 상황을 두려워하고 있었다. "그래." 그가 부끄러움을 느끼며 말했다.
갑자기 뒤에서 그의 허리를 만지는 손이 느껴졌다. 등에 부드러운 무엇인가가 닿았다. 뜨거움이 느껴졌다. 그는 돌아섰다. 바로 그 움이었다. 그녀는 그보다 머리 하나만큼 더 컸는데 입가에 약간 비틀린 미소를 머금은 채 그를 내려다보고 있었다. 파란 눈이었다.
그리고 나서 그녀는 사라졌다.
그녀가 파란 눈이라는 것이 그에게는 충격이었다. 멀리서 볼 때는 갈색으로 보였는데 왜 그런지는 알 수 없었다. 그녀에겐 파란 눈이 안 어울린다고 그는 생각했다.
페트로니우스는 그것이 가장 멍청한 짓이라는 것을 알면서도 시프리안과 함께 구석진 곳으로 갔다. 그들은 저녁 내내 거기 앉아 있다가 끝날 수도 있었다.
그들은 축제 의상으로 차려입은 사람들이 어지러이 돌아다니는 것을 보면서 앉아 있었다. 움들 대부분은 소년들을 위해 음료수를 가지고 오느라 바빴으나 어떤 움들은 그냥 작은 집단으로 또는 둘씩 모여서 떠들고 있었는데 그들은 맨움이라는 인간에 대해서는 전혀 관심이 없는 듯했다. 페트로니우스는 만약 자신이 움이라면 가장 빼빼하고 못생기고 매력 없는 소년과 얘기하고 함께 춤을 출 거라고 생각했다.

"울프램과 발드리안은 어떻게 된 거야?" 시프리안이 정말 모르는 것처럼 물었다.

"그래, 나도 그게 궁금해." 페트로니우스가 자기도 잘 모르는 것처럼 대답했다. 울프램과 발드리안은 곧장 메이드맨의 방으로 초대된 것이 틀림없었다.

"걔들은 사라졌지?"

"그래."

그들은 그들의 대화에 대해, 그리고 그들이 거기 함께 앉아 있다는 것에 부끄러움을 느꼈다. 그들은 움을 찾기 위해 무도회에 온 것이 아니라는 듯이 보이려고 했다. 그러나 그들이 관심 없는 것처럼 보이려 하는 것이 어떤 인상을 주게 될지 알 수 없었다.

그때 그녀가 그들로부터 몇 야드 떨어진 곳에 서 있는 것이 보였다. 이제는 한 손만 허리에 얹고 입 한쪽에는 담배를 물고 있었다. 그녀가 그에게 손을 내밀었다. 페트로니우스는 당황했다. 그녀가 정말로 그에게 손을 내민 것인지 보려고 주위를 둘러보았으나 그의 뒤에는 물론 벽만 있을 뿐이었다. 그는 어쩔 줄 몰라 그녀를 바라보았다. 그녀가 고개를 끄덕였다. 그는 희미한 미소를 본 것 같았다. 그는 일어나서 그녀 쪽으로 갔다. 그녀는 그를 앞세우고 움들 사이를 지나 바로 갔다. 거기서 그녀는 셰리주 두 잔을 주문했다. 그녀가 그를 향해 술잔을 들어 올리고 고개를 끄덕였다. 그리고 술잔을 비웠다. 바는 복잡했고 그들은 사람들에게 떠밀려서 더 가까워졌다. 그는 그녀의 냄새를 맡을 수 있었다. 그의 허벅지가 그녀에게 닿았다. 그녀는 뒤로 물러나지는 않았다. 오히려 그녀가 그와 더 가까워지려고 부딪치는 것 같았다. 그는 그녀를 쳐다보고 미소 지으려 했다. 무도회장에서의 아빠의 매혹적인 미소 때문에 사랑에 빠지게 되었다고 전에 엄마가 말했던 것이 기억났기 때문이다. 페트로니우스는 어떻게 매혹적으로 미소를 지어야 하는지 전혀 알 수 없었다. 그녀를 똑바로 쳐다볼 수도 없었다. 갑자기 누군가가 그들 사이로 밀고 들어왔다.

"안녕, 그로." 술에 취해 얼굴이 불그스레해진 한 움이 소리를 질렀다. "아하, 벌써 작은 수평아리를 낚아챈 거로군?"

페트로니우스는 자랑스러우면서도 불안했다. 그는 자신이 '낚아채였다'는 생각에 기뻤다. 그는 성공한 것이다. 이제 더 이상 구석진 곳에 앉아 있지 않아도 된다. 그러나 대화에 전혀 끼지 못하는 것처럼 느껴졌다. 말하자면 그는 그냥 거기에 있기만 하는 것이었다. 페트로니우스는 그 친구에게 미소 지었다. 하지만 그 친구는 미소로 답하지 않았다. 그녀는 그로에게 기대어 귀에 대고 속삭였다. 그로는 고개를 끄덕였다.

"기다려. 금방 돌아올게."라고 말하고는 그로는 친구와 함께 바를 가로질러 가버렸다.

'기다려. 금방 돌아올게.' 그 말이 그의 귀에 울렸다. 그녀가 그에게 처음 한 말이었다. 그는 기다려야 했다. 그녀는 돌아올 것이다. 그에게. 바로 그에게. 페트로니우스는 움직이지 않고 그 자리에 서 있었다. 이미 뜨뜻해지고 김이 빠진 셰리주를 한 모금 마셨다. 바에는 거의 움들뿐이었다. 몇몇이 그를 쳐다보고 서로 팔꿈치를 찌르면서 논평을 주고받으며 웃고 있었다. 페트로니우스는 자기 옷을 보았지만 웃을 만한 것은 없었다. 그는 남은 셰리주를 마셨다. 기다려…… 곧 돌아올게…….

발드리안이 한 무리의 다른 사람들과 함께 웃으면서 들어왔는데 키 크고 매력적인 움인 에바 보솜비에게 몸을 밀착시키고 있었다. 그가 페트로니우스에게 손을 흔들었다. 페트로니우스는 깜짝 놀랐다. 발드리안은 매우 아름다워 보였다. 한 무리의 사람들이 그를 에워싸고 있었다. 에바 보솜비는 약간 취해서, 페토로니우스에게 잔을 들어 보였다.

"자, 우리 다시 노래를 부르자."

"그래, 좋아!" 울프램 색스가 어떤 움과 함께 바로 나가면서 소리쳤다. "나도 같이 할래. 굉장해."

모든 움들과 울프램이 노래를 부르기 시작했다.

> 소년들보다 더 좋은 것은 아무것도 없네에에에에,
>
> 기쁨과 함께 터지는 그들의 페호오오오오,
>
> 영원한 쾌락
>
> 영원한 쾌락의 밤에
>
> 그대가 춤출 때
>
> 그들을 꼭 안으면
>
> 소년들은 인생의 장난감 중 최고오오오오오!

노래는 '쾌락'에서 가장 높이 올라갔다가 마지막 세 줄은 고함지르는 듯했다. 그러고 나서 그들은 배를 잡고 웃으면서 나갔다. 발드리안은 페트로니우스에게 눈짓을 하고는 그들을 따라갔다. 울프램은 잠시 뒤에 남아 있는 페트로니우스를 호기심 어린 눈으로 바라보았다.

마침내 손목에 그녀의 손이 닿는 것이 느껴졌다. 그녀가 그를 자기 쪽으로 잡아당겼다. 페트로니우스는 울프램을 향해 의기양양하게 씩 웃고는 그로와 함께 나갔다.

"내 친구가 아직 아무도 꼬시지 못했거든." 하고 그로가 설명했다.

"아, 그래요." 하고 페트로니우스가 말했다. 그리고 마치 그녀의 말이 엄청나게 우스운 것처럼 깔깔 웃었다. 사실 그는 그녀의 말이 무슨 뜻인지 몰랐다.

그녀는 그를 데리고 무도장을 가로질러 갔다. 그는 시프리안과 함께 앉아 있던 구석진 곳이 비어 있는 것을 보았다.

"시프리안은 어떻게 되었을까?"

"네 친구였니? 내가 그 애를 브리트와 엮어줬는데."

그들은 계단을 올라가서 발코니를 따라 걸어갔다. 그로는 주머니에서 열쇠 하나를 꺼내 7호실을 열더니 그를 안으로 밀어 넣었다.

아름다운 방이었다. 크고 무거운 벨벳 커튼, 탁자 하나, 깊숙한 팔걸이 의자 두 개, 붙박이 전축과 칵테일 선반. 방 한가운데에는 큰 녹색 침대가 있었다. 벽에는 그림이 걸려 있었는데 젊은 맨움이 소파 위에서 벌거벗고 있고 그 앞의 탁자 위에는 과일 그릇이 있는 그림이었다. 방은 조금 어두웠는데 스탠드 하나만 켜져 있었다. 그 스탠드는 벗은 맨움의 토르소 모양으로 오렌지색 백열 전구가 그것의 머리였다.

그로는 팔을 뻗으면서 그를 보고 미소 지었다. 그녀가 단추를 누르자 록 그룹 채석공(The quarrywim)의 노래가 스피커에서 크게 흘러나왔다. 그들은 요즘 가장 인기 있는 그룹이다. 가는 곳마다 그들은 비명을 지르고 한숨을 짓는 어린 소년들을 헤치고 나가야 했다. 그들은 「루델로」라는 노래를 하고 있었는데 그것은 지난 삼 주 동안 넘버 텐 차트에 올라 있었다.

"이 노래가 좋아." 하고 그로가 말했다. 그리고 노래를 따라 하면서 페트로니우스 앞에서 몇 스텝 춤을 추었다.

"루델로, 나는 너를 꿈꿔, 너, 너를……." '너'라고 할 때마다 트리오는 새로운 화음을 더했다. 그녀는 그에게 미소 짓고 칵테일 선반에서 병과 술잔을 들고 왔다. "너의 몸은 꽃과 같아―이슬, 이슬, 이슬처럼 부드러워, 네가 나에게 너의 꽃을 줄 때. 루델로! 너를 위해 나는 첼로를 연주할 거야! 밤새도록!"

그로가 말했다. "술 한잔하겠어? 아니면 음료수로 할까?"

페트로니우스가 고개를 저어서 그녀는 술을 따랐다. 사실 그는 음료수를 마셔야 했다.

"한 번에 비우기다?"

페트로니우스가 고개를 끄덕였다. 그들은 잔을 부딪치고 쭉 마셨다. 그로는 다시 잔을 채웠다. 페트로니우스는 이상한 기분이 들었고 발이 떨렸다. 그는 술 마시는 데는 익숙하지 않았다.

"이름이 뭐지?"

"페트로니우스 브램이에요."

"이런! 네가 브램 장관의 아들이야?"

페트로니우스는 고개를 끄덕였다. 그로가 짐짓 예의를 차리는 시늉을 했다.

"처음 뵙겠습니다. 저는 그로 메이도터입니다."

페트로니우스는 그녀의 손을 잡았다. 그녀는 의자 깊숙이 앉아서 그를 자기 쪽으로 끌어당겼다. 그들의 입이 포개졌고 페트로니우스는 자기 혀를 깨물었다. 아팠다. 그녀의 손은 그의 몸 곳곳을 만지고 있었다. 그녀는 뜨거웠고 그에게 거친 숨을 내쉬었다. 그녀는 그의 블라우스 단추를 열고 매우 급하게 금줄을 풀기 시작했다. 그녀의 손이 그의 벗은 가슴을 더듬었다. 그녀가 그의 아랫배를 물었다. 그는 소리쳤고 그녀가 놀라 쳐다보았다.

"아팠어?"

그는 고개를 저었다.

"너 두려워하는구나, 그렇지?"

그는 두려움에 떨면서도 고개를 가로저었다. 그녀의 얼굴이 홍당무처럼 달아올랐다. 그녀는 일어나서 그를 침대 위에다 뉘어놓았다. 페트로니우스는 팔을 옆에 붙이고 누워 있었다. 그녀는 그의 페호를 만지기 시작했는데 숨 가쁘게 그의 배에 키스하고 때때로 그의 젖꼭지를 깨물었다. 좋기도 하고 또 고통스럽기도 했다. 그녀는 그의 페호를 만지작거리고 있으면서도 정작 고리는 풀지 못했다. 그는 도와주지 않는 체하면서 그녀가 페호를 벗기는 것을 도와주었다.

그녀가 그의 손을 치웠다. 마침내 그녀가 그의 페호를 벗겼다. 그는 완전히 벌거벗고 누워 있었다. 그는 자신의 튀어나온 갈비뼈를 흘낏 보고 부끄러움을 느꼈다. 그녀는 서서 그를 찬찬히 보았다. 그녀는 담배에 불을 붙이고 계속 그를 찬찬히 보고 있었다. 그녀는 잔 두 개를 들고 와서 그에게 하나를 주었다. 그는 그녀를 보면서 마셨다. 그녀가 옷을 벗기 시작했다.

"아니, 더 이상 너를 보고만 있을 수 없어!" 그녀가 말했다.

훗날 페트로니우스는 그 말에 대해 생각해 보곤 했다. 그녀는 알몸으로 그의 위에 누웠다. 그는 그녀의 머리카락을 어루만지고 등을 쓰다듬었다. 그녀는 장난스럽게 자기 젖가슴을 그의 얼굴에 찰싹 부딪쳤고 그다음에 한쪽 젖꼭지를 그의 입속에 넣었다. 그는 자동적으로 빨기 시작했다. 그녀는 기분이 좋아서 신음 소리를 내고 그의 손을 그녀의 다른쪽 가슴에 놓았다. 그들은 그렇게 잠시 있었다. 페트로니우스는 행복했다. 그녀가 즐기고 있는 것이 분명했기 때문이다. 그다음 그녀는 그의 허벅다리에 걸터앉았다. 그녀는 젖어 있었다.

"너 숫총각이야?" 그녀가 속삭였다.

"그래요." 그가 속삭였다.

채석공은 이제 더 부드러운 목소리로 노래하고 있었다. 그것은 「나에게 진실해져요」라는, 그들이 리메이크한 옛날 노래였다. 그것은 감정을 고조시키는 화음이 많은 단조 노래였다. 페트로니우스는 그녀가 자신의 페니스를 쥐는 것을 느꼈다. 그녀는 그의 손을 잡아서 그녀의 성기 위에 놓았다. 그것은 축축하고 이상했다. 그는 손가락으로 무엇을 해야 하는 것인지 알 수 없었다.

그의 손을 약간 움직이면서 "아니, 거기가 아니고, 거기."라고 그녀가 말했다. 돌출된 것이 느껴졌다.

"그래, 거기." 그녀가 말했다. "그래, 그래······."

그녀의 움직임은 이제 더 빨라졌고 페니스를 잡은 손을 더 꽉 죄었다. 그는 소리를 지르고 싶었지만 그녀의 엑스터시를 방해하지 않기 위해서 참았다. 그녀는 상하로 흔들렸고 그는 계속 그 돌출부를 놓쳤다가 다시 찾곤 했다. 갑자기 그녀의 손이 두 배 더 꽉 죄어왔다. 그는 아파서 소리를 질렀고 그녀는 그의 몸 위로 쓰러졌다.

"아, 너무 훌륭했어." 그녀가 말했다. "너는 멋져, 귀여운 페트로니우스." 그녀가 그의 가슴을 핥았다. "너처럼 날씬해도 괜찮아." 그녀가 말했다. "그건 중요하지 않아. 너는 정말 멋지고 예쁜 조그만 것을 갖고 있으니까."

페트로니우스는 똑바로 누워서 그녀의 머리카락을 쓰다듬었다. 그가 그렇게도 원하던 것······ 오, 그녀는 그가 무엇을 원하는지 알고 있을 것이다. 곧 그녀는 등을 돌리고 그가 그녀에게 미끄러져 들어갈 수 있게 할 것이다. 이 욕망이 자라나기 시작하고 있다는 것을 그는 느낄 수 있었다. 그는 그녀를 실망시키지 않아서 기뻤다. 자신의 몸 위로 그녀의 몸무게를 느꼈고 모든 것이 제대로 되고 있다는 것을 알았다. 그녀의 따뜻함. 그의 귀에 내뱉던 그녀의 숨결. 그는 기분이 좋았다. 그녀는 그를 갖기로 선택한 것이다. 그가 빼빼하다는 것은 중요하지 않다. 그녀의 숨결은 따뜻하고 편안했다. 곧 그녀는······.

그는 그녀의 얼굴을 보고 충격을 받았다. 그녀는 잠들어 있었다.

해변의 진주 이갈선드

이갈선드는 이갈리아에서 가장 아름다운 해변 도시 가운데 하나로 만의 입구에 위치해 넓은 수평선을 바라보며 빛나고 있었다. 문힐이라는 큰 산이 북쪽에, 접근할 수 없도록 장엄하게 솟아 있고 도시는 바다로 이어지는 해안단구 위에 세워졌다. 도시에는 세 개의 커다란 공원이 있었다. 클로로필 공원이 가장 아름답다는 것은 말할 필요가 없었다. 이 공원은 도시의 이산화탄소를 흡수하여 자연적인 산소 순환의 균형을 유지하는 역할을 했다. "하나의 도시는 자연 그 자체의 유기체적 확장이어야 한다."고 이갈리아 사람들은 항상 말했다. 클로로필 공원에서는 또한 매년 십삼 월에 그해의 추수와 이갈리아 사람들의 성취를 경축하는 월경 축제가 벌어졌다. 그 공원에 있는 두 개의 큰 하수처리 공장은 이갈리아에서 가장 최신의, 가장 큰 규모의 것이었다. 그러나 수상(Lady Chancellor)이 항상 말하듯이, "대지와 공기, 물은 우리의 구성 요소이고 우리의 집이다. 그것들이 없다면 이갈리아는 존재하지 않을 것이다."이 말을 들을 때마다 이갈리아 사람들은 고개를 끄덕여 동의를 표했다.

그 도시는 대규모의 야외 시설, 운동장, 농지 그리고 나무가 많은 숲으로 둘러싸여 있었다. 그 너머에는 넓디넓은 농경지가 있었고, 멀고 먼 내륙에는 신비한 팔루리아 산맥이 있었다. 옛날에는 광석이 풍부한 이 산맥의 소유권을 둘러싸고 이갈리아와 이웃나라 팍스 간에 전쟁이 끊이지 않았다. 그러나 지금은 두 나라가 사이 좋게 자매애를 맺고 그곳으로부터 나오는 거대한 부를 공유하고 있다.

지난 몇 세기 동안 이갈선드는 이갈리아에서 가장 아름다운 도시일 뿐 아니라 가장 부유한 마을로 발전해 오고 있었다. 이갈선드의 상인들은 그 나라에서 거래되는 대부분의 상품에 대한 독점권을 가졌다. 그러나 이 회사들이 독점권을 확보하는 데 오랜 시간이 걸린 산업이 하나 있었다. 그것은 럭스 섬에서 번성하고 있던 어업이었다. 럭스 섬은 진주처럼 바다의 넓은 만 안에 있었다.

두 개의 커다란 흰 다리가 럭스를 도시와 연결시켰는데 럭스 섬은 조약돌로 뒤덮인 세 군데의 긴 해변과 빽빽한 낙엽수 숲, 섬 동쪽의 거대한 자연 항구 두 곳으로 유명했다. 이전에 그 섬에는 본토의 해안을 따라 있는 시장에서 생선들을 내다 파는 어부들만 살고 있었다. 이갈선드는 곧 어업의 중심이 되었고 이갈선드의 상권은 어부들을 중심으로 공고해졌다. 그렇다고 해서 럭스 섬에서의 어부들의 삶이 종전과 달라지지는 않았다.

바다를 걱정스럽게 바라보고 있는 어부의 하우스바운드를 묘사한 석상이 럭스 섬의 남쪽 곶에 서 있었다. 그 조각은 아주 유명해서 해마다 수많은 관광객들이 이것을 보러 왔다. 걱정스럽게 바라보는 어부 하우스바운드의 표정은 모든 보는 이를 감동시켰다.

미친 맨움 어부, 메이바이트 족의 바랄두스 마이어의 이야기에서 조각가가 영감을 받았다고 이야기하는 사람들도 있었다. 바랄두스의 아내 마리아 메이바이트 서던은 바다로 나가 돌아오지 않았다. 바랄두스는 남은 생애를 매일 마리아를 찾아 남쪽 조약돌 해변을 돌아다니는 것으로 보냈다. 아내 마리아가 사라진 날부터 그는 미쳐버린 것이다.

이갈선드가 고기 잡던 사람들의 피나는 고통과 용기 있는 위업에 대해 잊어버렸다고 말한다면 그것은 정말 잘못된 것이다. 반대로 그 토대 위에 지금과 같은 진보가 이루어졌다는 것을 도시 전체가 인정했다. "자랑스러운 뱃사람들이 없었다면 오늘날 우리가 어떻게 존재할 수 있겠는가?"

모든 사람들이 여기에 동의했고 그들이 얼마나 고향을 사랑하는가도 잘 알고 있었다.

어부들의 몰락은 작살을 무는 작은 상어 때문이었다. 원래 어부들은 수 세대 동안 어머니에게서 딸에게로 전해 내려온 전통적인 낚시 방법으로 다양한 물고기들을 잡아왔다. 그런데 점점 더 많은 마을 사람들이 다른 물고기는 제외하고 이 상어만 좋아하게 된 것이다. 그 상어는 예전부터 어부들 사이에서는 유명했으며 두려움의 대상이었고 조건이 매우 좋을 때에만 겨우 잡을 수 있었다. 왜냐하면 그 상어는 다른 물고기들과 비교할 수 없는, 움들의 속임수를 꿰

뚫어 보는 능력을 가지고 있었기 때문이다. 그놈은 낚싯바늘에서 미끼만 빼먹었고, 만약 그물에 잡히면 그물을 안쪽 어금니로 물어뜯었다. 여름에 몇몇 용기 있는 어부들이 이 상어를 작살로 잡아 죽이기도 했다. 그렇게 하기 위해서는 끝없는 인내심이 필요했고 때로는 기습 공격을 받기도 했다. 어떤 때는 아주 작은 몸집에도 불구하고 잠수부의 작살을 한 번에 깨물어서 부러뜨렸다. 그래서 작살 무는 작은 상어, 작살물어라는 이름이 붙었다.

작살물어를 좋아하는 진짜 마니아들은 이갈선드의 하우스바운드들이었다. 맨움들의 잡지는 작살물어 전골과 작살물어 완자 요리, 아주 화려한 그림의 작살물어 전채 요리, 작살물어 수프, 작살물어 칵테일 등으로 가득 찼다. 한동안, 맛있는 작살물어 기름이 한 방울도 들어 있지 않은 전골 요리는 상상조차 할 수 없었다. 이갈리아 사람들은 고기를 씹으면서 "멋진 향기야."라고 만족스럽게 고개를 끄덕이곤 했다. 럭스 섬의 어부들은 그 상어를 공급하기 위해 최선을 다했다. 예전부터 그랬듯이 움들은 맨움의 변덕을 만족시키기 위해 사력을 다해야만 했다.

그러나 작살물어가 그렇게 높이 평가되는 이유는 작살물어의 비교할 수 없는 맛 때문만은 아니었다. 그 상어의 지능은 매우 진화된—문명화된 것이라고 말할 수는 없어도—것임을 재생산 활동으로부터 미루어 짐작할 수 있다고 해양 생물학자들은 보고했다. 다른 물고기들과 마찬가지로 어린 놈은 어란(魚卵)과 어백(魚白)의 결합에 의해 태어난다. 두드러진 특징은 수컷이 알을 지키고 부화한 새끼들을 돌본다는 것이다. 그 수컷은 둥지를 짓고 날카로운 송곳니로 그곳을 지킨다. 다른 한편으로 암컷은 곧 아늑한 은신처인 집을 떠나 새로운 모험을 찾아 나선다. 작살물어는 그러므로 진화의 사다리에서 멀리 나아갔고 이러한 이유로 사람들은 작살물어를 바다에 사는 동물 중 가장 영리한 동물로 찬양했고 그것을 이갈선드의 문장(紋章)에도 포함시켰다.

어부들은 결국 이 특별한 상어에 대한 수요를 만족시키는 것이 불가능하다는 것을 깨달았다. 상어 낚시를 위해 개발된 소형 잠수 장비가 섬에 내걸리기 시작했다. 어부들은 비싼 장비 값을 대신 지불해 주는 시의 공장에 고용되었다. 어부들이 이 전문화된 잠수팀들과 경쟁할 수는 없었다. 큰 회사들이 점점 럭스 섬의 어업 전체를 장악하기 시작했다. 오십 년 동안 독립 어부 대다수는 그 섬을 떠나야만 했다.

아름다운 곳에 위치한 그들의 오두막은 국가나 회사가 사들였다. 오두막이 있던 곳에는 고급 아파트가 세워졌다. 큰 회사들은 그들 잠수부 우두머리들에게 그 지역의 작은 땅을 나누어주었고 그들은 그곳에 아름다운 빌라를 지어 가족들과 함께 이주해 왔다. 여기에서 그들은 대규모 작살물어 사냥을 조직했는데 모험을 즐기는 많은 마을의 움들이 참가했다.

몇 년 후, 국민투표의 결과로 럭스 섬은 이갈선드의 행정구역으로 통합되었다.

루스 브램과 그녀의 하우스바운드

 루스 브램은 테라스에 앉아서 남쪽의 조약돌 해변을 바라보고 있었다. 그녀 앞 작은 탁자 위에 그녀의 하우스바운드가 갖다 놓은 작은 작살물어 그림이 있었다. 그녀는 무언가를 떠올리고 있었다.
 그날은 무도회 다음 날이었다. 페트로니우스는 어디 가는지 말하지도 않고 나가버렸다. 브램은 걱정이 되었다. 페트로니우스가 이상하게 행동하기 시작하고 있었다. 혼자 있기만 하고 아무 말도 하지 않았다. 메이드맨의 방에 초대되지 못해서 그러는 것이냐고 하우스바운드에게 물어도 보았다. 페트로니우스는 확실히 우아한 맨움의 전형은 아니었던 것이다.
 그러나 그가 메이드맨의 방에 초대받았다는 것이 밝혀졌다. 루스 브램은 질투 때문에 괴로웠다. 어떤 바보 같은 녀석이 그 애의 총각성을 빼앗았을까? 분명히 쓸모없는 약골 움일 거야. 아니면 그를 단지 정부로만 삼으려는 음탕한 악한이거나. 그럴 경우 페트로니우스는 부성보호를 보장받을 수 없는데.

그녀는 페트로니우스에게 자주 경고를 했다. 너무 싸돌아다니지 말고 더 많이 먹어야 한다고. 그러나 그렇게 말하자마자 크리스토퍼가 끼어들어서 그 애를 감쌌다. "여보, 이제 그 애를 내버려둬요." 크리스토퍼는 그녀가 아이들을 공평하게 다루지 않는다고 생각하고 있었다. "바는 오히려 몸무게가 너무 많이 나가요. 사실 너무 뚱뚱하다구요. 그런데도 그 애한테는 왜 살 좀 빼라고 잔소리하지 않죠?"

"움은 어떻게 보이든 상관없어. 움은 임신을 한단 말이야. 그러니까 움은 뚱뚱해지기도 하고 날씬해지기도 하지. 움에게 이상적인 체형을 정한다는 것은 우스운 거야."

만약 페트로니우스가 부성보호를 받지 못한다면 그 애는 직장을 찾아야만 해. 결혼 안 한 총각이 과연 어떤 직장을 가질 수 있을까? 페트로니우스가 노동 수용소로 갈 가능성은 거의 없어. 그 애는 그렇게 튼튼하지는 않으니까. 하지만 몸집이 조금만 더 커진다면 청소 부대에 가게 될 수도 있어.

루스 브램이 주먹으로 탁자를 쾅 치는 바람에 튀어 오른 그림 속의 상어들 이빨이 오후 태양빛을 받아 빛났다. 그런 일이 일어나서는 안 돼. 만약 그렇게 된다면 페트로니우스가 다른 적당한 기술을 배우도록 내가 조처해야겠지. 루스 브램은 실제로는 가정에 헌신적인 움이었다.

다음 날까지 준비해야 할 서류와 지원서, 새로운 규정 등이 쌓여 있었지만 그녀는 이런 생각만 하면서 오후 내내 책상에 앉아 있었다. 그녀는 맨움용 잠수복에 대한 아이디어를 갖고 있었다. 만약 모든 것이 잘못된다 하더라도 적어도 페트로니우스는 제 갈 길을 달리 찾게 되겠지. 그 애는 잠수부가 될 수 있을 거야. 게다가 센세이션을 일으킬 수도 있어. 그 잠수복이 성공하면 특허를 받을 수도 있을 거야.

그녀는 점점 빠져들 듯이 서류들 위로 몸을 숙였다. 작살물어의 턱의 힘과 이빨의 날카로움에 대해 정확하게 측정해야 할 거야. 아직 아무도 상어 이빨에도 부러지지 않는 작살을 만들지 못했는데 그게 과연 가능할까. 이 문제는 그 친구가 풀 수 있을 거야. 그녀의 가장 친한 친구 한 명이 잠수 6과의 과장이었다.

"크리스토퍼!" 그녀가 큰 소리로 불렀다.

"무슨 일이에요, 여보? 난 턱수염에 샴푸를 잔뜩 묻혔는데."

"전화, 전화 갖다줘."

"안 돼요. 거품이 온 집 안에 다 떨어질 거예요."

"씻고 말려, 빌어먹을!"

잠깐 침묵이 흘렀다. 브램은 초조하게 테라스 문 쪽을 보았다.

"루스?"

"응."

"설명서에 오 분 동안 그대로 두어야 한다고 써 있어요. 지금 헹구면 턱수염은 모두 꼬불꼬불하게 될 텐데 난 내일 모닝 커피 모임에 가야 한다구요."

브램은 고개를 흔들었다. 하느님 어머니! 어떻게 그런 일이 중요할 수 있나. 맨움들이란! 하지만 그녀는 미용사가 손질한, 늘 부드럽고 좋은 향기가 나는 크리스토퍼의 곧은 턱수염이 매력적으로 보인다는 것을 인정해야만 했다.

"좋아." 그녀가 소리쳤다. "내가 가져오지." 그녀는 비합리적인 움은 아니었다.

그녀는 EG 5번을 누르고 교환수에게 말했다.

"리즈 배러스커리와 통화하려고 합니다. 번호를 잊어버렸는데요."

"잠깐만 기다리세요."

브램은 초조하게 기다렸다. 보통 교환수들은 아주 빠른데, 이 교환수는……

"잠수 과장 배러스커리 씨 집입니다."

"안녕하세요. 저는 루스 브램입니다. 댁의 아내는 계신가요?"

"예, 계세요. 텔레비전으로 의회에서의 논쟁을 보고 있는 중인데요, 엄청나게 지겨워요. 저는 하나도 이해할 수가 없지만 그녀는 움직이지도 않고 두 시간 동안 제게 한마디도 안 하지 뭐예요. 제가 무슨 말만 하면 '의회에서 움들이 말하는 것 좀 듣게 닥치라고 내가 말했지.' 하고 말하는 거예요. 왜 제가 그들의 말허리를 자르고 있다고 생각하는지 모르겠어요. 의원들은 어쨌든 계속 말하고 게다가 모두 같은 얘기만 하고 또 하고 하니까요. 그래서 그 얘기를 듣는 것이 왜 그렇게 중요한지 모르겠다니까요. 그런데 루스, 전화를 해주다니 정말 반갑군요. 제가 도와드릴 것이라도 있나요?"

이 장광설이 이어지는 동안 루스 브램은 수화기를 귀에서 육 인치 정도 떼서 들고 있었다. 침묵이 되돌아오자 그녀는 수화기를 다시 귀에 댔다. "안녕, 리즈?"
"당신이 통화하고 싶은 사람은 리즈라는 것 잘 알아요, 루스. 요즘 저는 얘기할 사람이 아무도 없고 그건 너무 끔찍해요. 댁의 하우스바운드는 어때요? 만난 지 아주 오래······."
"잘 지내요. 고마워요. 리즈와 통화할 수······."
"그 말을 들으니 기쁘군요, 정말. 우리 곧 만나야 한다고 생각하지 않으세요? 우리 넷 모두 말이에요. 그러면 제가 멋진 디너 파티를 준비할 수 있거든요."
"크리스토퍼는 내일 모닝 커피 모임에 간답니다. 거기서 서로 만날 수 있겠군요."
"아니요, 내일은 집에 있어야 할 것 같은데요. 아무튼 정말 친절하시군요. 내일은 리즈가 바다로 나가기 때문에 집에 있어야 해요. 게다가 그녀가 언제 돌아올지도 모르잖아요. 그래서 그녀가 밖에 나갈 때는 집을 비우기가 싫어요. 항상 밖에서 무슨 일이 일어날까 걱정하는 것은 아주아주 끔찍하거든요. 그건 위험한 일이고 가끔 저는 바람이 불 때나 폭풍우가 칠 때 놀란답니다."
루스 브램은 이제 화가 머리끝까지 뻗쳤다. 수화기 뒤로 화가 난 움의 목소리가 들렸을 때 브램은 그에게 막 울화통을 터뜨리려던 참이었다. "그렇게 지긋지긋하게 오래 걸리는 건 뭐야? 전화 안 끊을 거야?"
"당신 전화예요." 미재스 배러스커리가 그의 아내에게 말했다. 그는 수화기를 내려놓고 "이제 나와요."라고 브램에게 말했다.

리즈 배러스커리가 수화기를 들었다. "죄송하지만 지금 바빠서……."

"리즈? 나야 루스."

"루스! 미안해. 어떻게 지내나?"

"잘 지내. 그런데 자네하고 얘기하고 싶은 문제가 하나 있어."

"어디 들어보지. 브리토베르트! 텔레비전 좀 꺼! 루스 말이 안 들려!"

브리토베르트는 투덜거리면서 스위치를 껐고 리즈는 의자에 편안하게 앉았다.

"브리토베르트! 전화 탁자 위에 항상 있는 담뱃갑 어디 갔어?"

브리토베르트는 리즈가 전화 옆에 놓아두었던 담뱃갑을 갖다주었다.

리즈는 낄낄 웃었다. "그래, 늦어서 미안해. 내가 뭘 도와줄 게 있나, 이 늙은 악당아?"

"작살물어의 턱의 힘을 측정해 본 적이 있나?"

"우리가 하고는 있지만 알다시피 매우 힘들어. 물론 수족관에서 지금까지 실험을 해왔지. 자네도 알겠지만 연구소에 있는 놈들을 데리고 말이야."

이것은 루스 브램에게 새로운 소식이었다. 그래도 "그래, 물론 알고 있지."라고 대답했다.

"그런데 문제점은 그 작살물어들이 길들여진 거라 실험할 때 그놈들이 정말로 무는 것인지 아닌지 알 수 없다는 거지. 그놈들은 믿을 수 없을 만큼 영리하잖아. 실험인 줄 알고 협조를 하기 싫어하는 것 같아. 항상 결론은 이빨에 견디는 작살을 만드는 것이지. 정말로 그건 하나의 도전이라구. 우리가 바로 그 일을 하고 있는 것일세."

"이것 봐." 브램이 목을 가다듬으면서 말했다. "내 문제는 조금 달라. 내가 관심을 가지는 것은 작살을 만드는 것이 아니라 튜브를 만드는 거야."

"도대체 뭣 때문에?"

"그래, 글쎄, 이건 비밀인데, 머지않아 자네한테 가르쳐줌세. 전화상이라서 말이야."

"이런 늙은 여우 같으니라구! 내가 할 수 있는 거라면 하지."

"자네만 믿네."

"지금 당장 만날까?"

"괜찮지. 우리가 만난 지도 꽤 됐는데."

"클럽은 어때?"

"좋아."

"그럼, 안녕, 고슴도치."

"안녕."

루스는 씩 웃었다. 리즈는 항상 그녀를 '고슴도치'라고 불렀는데 왜냐하면 그녀의 머리카락이 뻣뻣하게 섰기 때문이었다. 그녀는 손을 머리로 가져갔다. 그러고 나서 하우스바운드를 찾으러 욕실로 갔다. 그녀는 그를 팔로 꼭 껴안고 싶은 충동을 느꼈다. 그녀의 손이 그의 아랫배로 미끄러졌고 그녀는 그의 멋진 새 페호를 살짝 들쳐보았다. 그것을 살 때 그들은 한참 의논을 했지만 어쨌든 루스는 그 결과에 만족했다.

크리스토퍼는 드라이기로 턱수염을 말리고 있었다.

"아주 멋지게 보일 거야." 루스가 말했다. 거울에서 눈이 마주치자 서로를 사랑스럽게 바라보았다. 그들은 행복한 부부였다. 그러나 크리스토퍼는 이미 이마와 관자놀이에서부터 머리가 빠지기 시작한다는 것을 알고 있었다. 벌써 가발을 써야 하나? 이제 겨우 서른여덟 살인데.

그는 끔찍해하면서 도매업자 문도터의 하우스바운드 생각을 했다. 그는 지난해부터 가발을 쓰기 시작했다. 가발은 아무리 비싸도 절대 진짜 머리처럼 보이지 않는다. 그리고 사랑을 나눌 때 아내가 가발을 쳐서 떨어뜨리면 아주 바보스럽게 느껴진다고 나이 든 맨 움들은 말한다. 움들이 욕구를 잃지 않도록 잠자리에서도 맨움은 가발을 써야 한다고 대부분 주장한다. 하지만 달아오른 그 순간에 주의를 해야 한다는 사실을, 움들은 자주 잊는다.

루스는 그의 어깨를 아주 꼭 안았다. 드라이기가 멈췄다.

"루스."

"크리스토퍼."

그는 그녀의 머리를 부드럽게 쓰다듬었다.

"당신은 나만의 것이지?" 그녀가 물었다.

그가 고개를 끄덕였다. 그녀는 그의 턱수염을 잡아당겼다. 그가 미소 지었다. 그는 아주 아름다운 치아를 가지고 있었다. 그가 미소 지을 때면 항상 송곳니가 빛났다. 그녀는 그의 등을 두드리고 그의 음낭을 움켜잡고는 살짝 꼬집었다.

"참, 어제 클럽에서 매년 열리는 번영 무도회에 초대받았어."

그녀는 초대장을 꺼내 읽었다. "브램 씨 부부를 클럽의 번영 무도회에 초대합니다. 로디즈를 모시고 오는 시간이 왔습니다. 봄이 가득합니다. 의상—칵테일 블라우스와 검은 양복. 클럽 위원회 드림."
"오, 루스. 난 요즘 거의 외출한 적이 없어요. 뭘 입을까요?"
"그래, 뭘 입을까, 뭘 입을까? 그게 정말 당신의 문제로군."
"그래요, 그렇지만 당신이 좋아하는 걸 입고 싶어요."
"밤색 치마를 입어. 그게 턱수염에 다는 밤색 나비넥타이랑 잘 어울리던데. 그걸 입으면 당신은 최고야."
"그치만 밤색 턱수염 리본은 이제 유행에 뒤떨어진 거예요. 올해에는 옅은 색이 유행이라구요. 당신은 정말 유행에 민감하지 못해요, 여보."
"옅은 색의 새 턱수염 나비넥타이를 사겠다는 뜻이라면 대답은 '노'야. 말도 안 되게 비싸거든. 도대체 맨움들이 멋지게 보이는 데 왜 그렇게 항상 돈이 많이 드는지 이해할 수가 없어. 어쨌든 밀린 세금도 내야 하고, 그리고······."
"다른 사람들은 이제 모두 옅은 색깔을 한단 말이에요······."
"안 된다고 했어. 당신은 항상 통통하고 아름다워. 무엇을 입는가는 중요하지 않아. 어쨌든 난 올해에 번영 무도회에 갈지 안 갈지도 결정하지 않았다구. 요즘은 그 모임도 웃기는 부부교환 게임으로 끝나가고 있지만. 작년에 배러스커리의 하우스바운드는 문힐과 함께 나갔고, 그리고······."
"그만해요. 우리 테라스에 가서 앉아요. 내가 음료수를 만들게요. 날씨가 선선해지고 해가 베어스커리로 넘어가고 있어요." 그가 이마를 그녀의 가슴에 얹었다. "그것만큼 멋진 일은 없죠. 따뜻한 여름 초저녁에 거기 앉아……."

"크리스토퍼, 마이 달링. 당신은 정말 낭만적이야."

"당신은 그렇지 않은가요? 당신도 그렇잖아요. 이리 와요!"

"크리스토퍼, 나는……."

"싫다고 하지 마요."

"크리스토퍼, 나는 약속이 있단 말이야." 그녀는 자기 말이 분위기를 깬다는 것을 알았다.

크리스토퍼는 한마디도 하지 않았다.

그녀는 화가 나기 시작했다. "저녁 시간 전부를 바칠 여유가 없다는 걸 알잖아." 그 말은 아주 합리적으로 들렸다. 이제 그녀는 순교자처럼 보일 것이다. 그녀는 항상 일해야만 했고 그 결과 그들은 편안하게 살 수 있는 것이다. 그녀는 한 번도 일을 쉴 수가 없었다. 물론 그도 그것을 알고 있다. "그 아이디어에 관한 것 때문이야. 페트로니우스를 위한 것이라구. 당신도 알 거야."

그가 몸을 돌려서 그녀의 눈을 똑바로 쳐다보았다. "당신, 잠수복 이야기를 하고 있는 거예요?"

"그래." 그녀는 조금 희망적으로 느꼈다. 아마 그는 그것이 얼마나 중요한지 이해할 것이다.

"당신의 약속이 그 잠수복하고 관련이 있는 거예요?"

"바로 그렇다니까." 그녀가 자랑스러워하며 말했다.

"리즈가 그 일을 도와줄 건가요?"

"그래. 그 친구를 만나러 클럽에 가는 거야."

크리스토퍼는 소파에 앉아서 담배에 불을 붙였다. "나는 오랫동안 그 생각을 했어요." 그가 말했다. "우리가 바와 페트로니우스와 함께 그 이야기를 하던 때부터요. 문제가 되는 것은 페호죠?"

"맞아. 그건 하나의 도전이야." 그녀는 그것이 리즈가 전에 했던 말이라는 것을 인식하지 못하고 되풀이했다. 그녀는 다른 누구보다도 리즈를 존경했다.

"알아요, 하나의 도전이죠." 크리스토퍼가 말했다.

"문제는 절대로 뚫리지 않는 완벽한 물질을 만드는 거야." 루스가 열심히 말했다.

"하나의 도전이죠. 나도 알아요." 크리스토퍼가 담배 연기를 도전적으로 내뿜으면서 되풀이했다. 그가 머리를 젖혔다. "페호 없이 맨움용 잠수복을 만든다면 그 문제가 간단하게 풀릴 거라는 생각이 든 적은 없나요?"

루스 브램은 깜짝 놀랐다. 그녀는 그 생각에 전율했다. 그녀는 급하게 담배에 불을 붙이고 마루를 왔다 갔다 하기 시작했다. "아니!" 그녀가 외쳤다. "아니! 그런 생각이 든 적은 없어. 그리고 그런 생각이 들 리도 없어, 귀여운 크리스토퍼. 그건 상상조차 할 수 없기 때문이야!" 그녀의 목소리가 점점 높아졌고 마지막 단어는 천둥처럼 울렸다. 그녀는 계속했다. "맨움들을 위한 옷에는 페호가 있어야 해. 항상 그래왔고 미래에도 늘 그럴 거야. 변하는 것은 단지 높이가 얼마나 올라가는가이고 그것은 팍스의 패션 여왕이 정할 문제야. 그렇지만 그것이 없이는—그것에 대해 어떤 의심도 있을 수 없다는 것을 당신도 알잖아. 맨움이 물 위에 있든 물 아래에 있든 공기 중에 있든 그런 옷은 몸에 잘 맞지 않을 거야, 크리스토퍼. 그리고 그건 별도로 하더라도, 옷이 얼마나 잘 맞는지에 대해 내가 별로 신경 쓰지 않는다는 걸 알잖아. 아니 그렇다고 하더라도 미학적이지는 않을 거야. 미학적이지 않다고, 크리스토퍼. 그게 훨씬 더 심각한 문제지. 나는 내 아들이 그것을 다리 사이에서 흔들며 돌아다니게 하지는 않을 거야. 죽어도!"

젠틀웜을 위한 나르시세움 클럽

젠틀웜을 위한 나르시세움 클럽은 바다에서 이갈선드 만 입구로 가파르게 솟아 있는 문힐의 중간에 위치하고 있었다. 클럽 회원들은 큰 창문을 통해 항구와 마을, 섬의 훌륭한 경치를 볼 수 있었다. 원칙상 원하는 사람은 누구나 회원이 될 수 있었지만 실제로 클럽의 회원은 회사 사장, 고위 공무원, 잠수부 대장, 학교 교장, 의회 의원, 과학자 등으로만 이루어져 있었다.

루스 브램은 노스 다리를 가로질러 클럽을 향해 차를 몰고 가면서 크리스토퍼와 말다툼한 것을 후회하고 있었다. 그는 좋은 하우스바운드였다. 그는 그녀를 사랑하고 그녀의 일에 흥미를 갖고 있었으며 그녀에게 영감을 주었다. 게다가 그는 잘생겼다. 그녀가 그에게 부성보호를 제안한 유일한 웜은 아니었다. 그리고 그들이 함께 나갈 때면 그는 자주 많은 사람들로부터 감탄의 대상이 되곤 했다. 그럼에도 불구하고 그는 그녀에게 충실했다. 그녀가 아는 한 그랬다. 그렇다, 그는 충실하다. 다른 것은 생각할 수도 없다.

클럽은 붐볐다. 움들이 가족들과 함께 하루 종일 지낸 후에 쉬고 싶어 하는 일요일에는 늘 그렇다. 그런데 오늘 저녁은 평소보다 더 붐볐다. 바로 의회에서의 대토론회 때문이었다.

노동시장의 상황이 불안정했다. 출생률은 떨어졌고 이것은 지속적인 노동력 감소를 의미했다. 게다가 젊은 세대들은 초봉 인상과 교육 보조금 인상, 연금 인하를 요구하기 시작했다. 마치 현재의 임신 수당이 부족하다는 듯이 임신 수당도 인상할 것을 요구하고 있었다. 이것 때문에 의회에서는 논쟁이 오랫동안 계속되었다. 처음으로 노동시장에 들어오는 사람에 대해서는 임금을 더 낮출 것을 결정했다. 의회는 또한 낮아지는 출생률을 억제하는 방법에 대해서도 토론했다. 누진적인 출생 보너스 제도가 잘 시행되지 않고 있었다. 임신 수당 인상에 찬성하는 일군의 논자들이 토론에 참가했다. 임신한 움은 월급을 다 받고 휴직할 권리가 있으며 십 퍼센트의 수당과 자녀 보너스를 받는데, 자녀 수당은 몇 번째 아이인가에 따라 달라졌다. 이것 외에도 수유하는 어머니는 식비를 받았다. 그러나 문제는 이것도 너무 부족한 것이 아닌가 하는 것이었다. 다섯 달 동안 아이를 보살핀다는 것은 힘든 일이다. 그런데 가장 큰 문제는 임신 기간 동안의 임금 보조가 너무나 적다는 것이었다. 우스울 정도로 적었다. 몇몇 발언자들은 그 가치가 더 이상 인정되지 않는다면 사람들은 임신한 상태로 아홉 달을 보내고 싶어 하지 않으리라는 것을 의회는 인식해야 한다고 지적했다. 그것은 노동계급에게는 특별한 문제였다. 임신은 인간의 몸에 대단한 부담이다. 그리고 그 몸이 그 후에도 힘들게 일해야 한다는 것을 고려한다면 많은 노동계급 움들이 아이 갖기를 거부하고 있는 것은 당연했다.

이갈리아 민중당은 임신 기간 이십오 퍼센트의 임금 인상, 현재의 사 주에서 칠 주로 출산 휴가 연장, 첫아이에 대한 보너스 인상, 그리고 수유 기간 식비의 십 퍼센트 인상 등의 안을 내놓았다.

많은 의원들이 이 안을 지지했다. 통계에 따르면 사람들에게 둘째 아이를 갖게 하는 것보다 첫아이를 갖게 하는 것이 더 어렵다는 것을 그들은 지적했다. 그러므로 첫아이에 대한 보너스를 그렇게 낮게 정한 것은 의회가 실수한 것이라고 급진주의자들은 목소리를 높였다.

국민투표가 다가올수록 논쟁은 격렬해져 갔다. 그것은 가장 중요한 문제들 중 하나였고 모든 사람에게 영향을 주는 것이었다.

국가가 낙태에 대해 어느 정도 통제를 해야 한다고 생각하는 어떤 맨움 의원은 분명히 분노를 표시했다. 그는 상대적으로 신참인 의원이었고 '가능성'의 예술인 정치 경험도 그다지 많지 않았다. 그는 논쟁의 후반에 들어와서는 너무나 흥분했다. 그의 인상이 좋다는 데에는 대부분이 동의했다. 그는 뾰족한 턱수염을 가진 통통하고 예쁘고 작은 녀석이었다. 그에 비해 그의 페니스는 좀 큰 편이 아닌가? 의원들은 그가 연단에 서서 제안을 요약할 때 거기를 계속해서 쳐다보지 않을 수 없었다.

"존경하는 의원 여러분들이 수백만 달러블을 자녀 보너스 인상과 임신 수당 인상에 던져버리려 한다는 것은 아주 우스운 일이라고 생각합니다. 누구든 낙태를 하려고 할 때 국가가 결정하게 함으로써 그 문제 전체를 아주 간단히 해결할 수 있는데도 말입니다. 그것을 움 혼자서 결정하는 한, 원하지 않는 아이는 한 명도 이 세상에 나올 수 없을 것입니다. 그러나 아버지와 어머니가 원하지 않는 아이가 사회에서 원하는 아이일 수도 있습니다. 그리고 우리는 사회의 이익에 봉사해야 하지 않습니까? 아이를 갖는 것은 사회적 의무라는 것, 그래서 아이를 갖는 기쁨이 충분히 보상되어야 한다는 것을 움들이 깨닫는다면 우리는 현재의 출산 비용을 줄일 수 있을 것입니다."

글쎄, 의원들이 그 제안에 대해서 어떻게 생각하든 그 제안을 한 맨움의 매력이 의원들의 경계심을 풀어주었다. 물론 그 제안은 실제로는 실행되지 못할 것이다. 모든 소녀들은 학교에서 어떻게 낙태하는지를 배운다. 어떻게 맨움 의원이 그 문제를 해결하려는 제안을 하게 되었을까?

아무튼 대부분의 사람들은 그것이 움의 잘못이 아니라는 것을 알고 있었다. 낙태율은 걱정할 만큼 높지는 않았다. 많은 맨움들의 정액 감소, 그것은 최근 들어 나타난 문제로 모든 사람이 알고는 있지만 언급하고 싶어 하지 않는 문제였다.

마침내 아주 젊고 대담한 한 의원이 일어나서 그 난처한 사실을 말했다. "어떻게 정액에 대해 적절하고 자연스러운 접근을 하지 않으면서 인구를 증가시키는 것이 가능하리라고 의회가 상상할 수 있겠습니까?" 총명하게 의원들을 바라보면서 그녀가 물었다.

결국 이 문제를 연구하기 위해 다섯 명으로 위원회가 구성되었다. 그들은 이 분야의 전문가들로부터 조언을 구하게 될 것이다.

임금 지원과 자녀 보너스, 식비 인상 제안에 대다수가 찬성했다.

많은 의원들이 그날 밤 클럽에 갔다. 루스 브램이 도착해서 배러스커리에게 다가갔을 때 그녀는 의회에서 토론을 막 마치고 온 문힐과 토론을 하고 있는 중이었다. 브램은 그 논쟁을 잘 알지 못해서 처음에는 약간 어리둥절했지만 점점 흥미를 가지고 이야기를 듣기 시작했다. 배러스커리가 팔꿈치로 그녀를 찔렀다.

"그러면 너도 임신할 생각이 있어?"

"그래, 딸 하나 더 낳는 게 어때?" 문힐이 끼어들었다. 그녀의 조상들은 한때 문힐 전체를 소유했었다.

"나쁘진 않지, 내 생각에는." 브램은 잠시 생각하면서 씩 웃었다.

"아마 하우스바운드는 그리 좋아하지 않을 거야, 응?"

브램은 배러스커리가 손에 들고 있는 잔을 받았다. "내가 생각하고 있는 건 그게 아니고……."

"그럼 무슨 생각을 하고 있는 거야?"

브램이 문힐을 바라보며 고개를 끄덕이고는 잔을 들어 올렸다. 그녀는 자기 친구에게 몸을 돌리고 아주 크게 말했다. "아들 녀석 때문이야."

배러스커리가 고개를 크게 끄덕였다. 페트로니우스가 어머니에게 항상 걱정거리라는 것을 그녀는 알고 있었다. 그런 점에서 배러스커리 자신은 운이 좋았다. 그녀의 포동포동한 아들들, 발드리안과 땅딸보 판당고는 가는 곳마다 사람들이 좋아하고 감탄했다. 발드리안은 아주 토실토실하고 아름다워서 거리에서 소녀들이 항상 그를 쳐다보려고 고개를 돌릴 정도였다.

"딸을 낳을 거라고 말하는 것은 어떤 편견을 보여주는 것이라고 생각해." 문힐은 이렇게 지적했는데 그녀는 의회의 급진파에 속해 있었다. 그녀가 그들 쪽으로 몸을 숙이고는 조용히 말했다. "우연히도 오늘 우리는 대성공이었어. 우리는 노동자들이 출산 때문에 고통을 겪는다는 것, 그래서 높은 보너스를 받아야 한다는 사실로부터 대단한 걸 만들어냈지. 그리고 모든 사람에게 십 퍼센트 인상된 수당을 주는 법률을 통과시켰지. 자, 건배하자구! 우리 같은 고소득자들은 그것 때문에 이익을 볼 거야, 브램." 그녀는 만족스럽게 히힝거리고는 잔을 높이 들고 나서 당구장으로 가버렸다.

배러스커리는 나가는 그녀를 보고 감탄해하면서 고개를 저었다. "이제 그녀의 시대가 시작된 거야. 논쟁할 때 보면 꽤 영리하단 말이야."

그들은 바의 의자에 앉아서 위스키 소다 두 잔을 주문했다. 배러스커리가 브램의 어깨를 두드렸다. 그들은 오랜 학교 친구였다.

"그래, 튜브에 관해서라구?"

"그래, 그게 문제야. 단순하게 고정될 필요가 있어."

"도대체 무슨 얘길 하는 거야?"

브램은 그녀를 뚫어지게 쳐다보았다. "맨움용 잠수복의 폐호." 그녀가 말했다.

배러스커리가 놀라서 친구를 바라보았다. 그리고 머릿속으로 그것을 진지하게 생각해 보았다. 그녀는 술을 한 모금 마셨다. 그녀는 브램을 잘 알고 있었으므로 그녀가 쉽게 포기하지 않을 거라고 생각했다. "그건 불가능해."

루스 브램이 바 카운터를 주먹으로 치는 바람에 몇 잔의 술이 쏟아졌다. 바의 총각이 즉시 나타나 그것을 닦고, 화가 나서 쏘아 보는 브램에게 미소를 짓고는 사라졌다. "도울 거야, 안 도울 거야?"

"그렇지만 루스, 그게 설사 가능하다고 해도 자넨 그게 품위 있을 거라 생각하나?"

"품위라고? 맨움들이 쓰는 말이군. 너나 나 같은 진짜 움들은 물론 무엇이 품위 있는지 걱정하지 않아. 소년이 잠수 탐험을 하고 싶어 한다는데 도대체 왜 갈 수 없다는 거지?"

그것은 충분히 합리적으로 들렸다. 그러나 브램이 이십 년 전에 이 얘기를 들었다면 브램 자신도 웃었을 것이라는 점을 배러스커리는 알고 있었다. 하지만 생각해야 할 가족이 있을 때 사람들은 변하기 마련이다. "내가 할 수 있는 것은 하겠다고 말했어. 아무것도 약속할 수는 없지만 노력해 보지. 페트로니우스는 머지않아 우리와 함께 나가서 바다가 어떤 것인지 볼 수 있을 거야. 그건 아주 힘든 생활이지." 배러스커리가 어깨를 으쓱했다. 그녀에게 잠수는 생계였다. 잠수가 특별히 흥분되는 또는 매혹적인 것이라고 생각해 본 적은 한 번도 없었다. 그녀는 어머니가 잠수부였기 때문에 잠수부가 되었고 아주 어릴 때부터 잠수 여행을 따라다녔다. 그녀가 성인이 되었을 때, 그리고 브리토베르트와 다른 두 맨움이 그녀와 사랑에 빠져 그녀의 아이를 받아들이려고 할 때 그녀는 브리토베르트를 택했다. 왜냐하면 아이의 진짜 아버지는 가망 없는 사람이었기 때문이었다. 브리토베르트가 승낙했을 때, 세상에서 그녀가 알고 있는 것은 잠수밖에 없다는 것을 그녀는 새삼 깨달았다.

그녀는 그에게 경고했다. 잠수부의 하우스바운드는 힘들고 때로는 외로운 삶을 견뎌내야 한다고. 그런데도 브리토베르트는 달아오른 뺨을 하고서 이미 아이를 팔에 안은 것처럼 그녀의 아랫배를 쓰다듬었다. 그리고 나서 그녀는 바다로 나가버렸는데 그와 아이에게 안락한 생활을 제공하기 위해서는 그 길밖에 없기 때문이었다. 어머니 덕분에 그녀는 곧 6과의 가장 큰 외돛박이 배 선장이 되었다.

"그 아이의 머리에서 환상을 없앨 방법이 없다는 것이 확실한가? 요즘엔 젊은 맨움이 할 수 있는 것도 아주 많이 있잖아. 미용 기술은 어때? 턱수염 파마와 헤어세트가 요즘 큰 인기던데."

"내가 안 해봤을 것 같아? 그렇지만…… 그 애는 정말…… 다른 소년들과 달라……."

"발드리안은 메이드맨의 무도회에서 아주 재미있었다고 하더군."

"그래?"

"응, 그리고 페트로니우스는 소년들이 모두 쳐다보고 있던 멋진 젊은 움과 곧바로 나갔대. 젊은 메이도터였던 것 같아. 나는 그 애의 어머니 쪽 할머니를 알고 있지. 완고하고 고집은 세셨지만 재미있는 움이셨지. 그리고 정말 영리하고. 젊은 메이도터는 그녀의 할머니의 거친 성품을 물려받았나 보더군. 아마 까다롭고 성미 급한 젊은이일 거야. 그러나 일은 아주 잘하지. 그녀는 우리 과에서 일해."

"그래, 페트로니우스가 그런 이야기를 했어." 브램은 이렇게 중얼거리기는 했지만 이야기에는 전혀 주의를 기울이지 않고 있었다.

"브리지 게임 한 판 어때?" 배러스커리가 유쾌하게 물었다.
"나는 집중할 수 없을 것 같군."
"그래, 이해하네. 다른 사람과 게임 하러 가도 괜찮겠지? 돈을 계속 잃고 있었거든."
리즈 배러스커리가 사라진 뒤 루스 브램은 술을 한 잔 더 주문했다. 그녀는 크리스토퍼와 석양에 대해 생각하고 있었다. 그는 지금 테라스에 혼자 앉아 있을 것이다. 그의 크고 둥근 배를 떠올리자 그녀는 다리 사이가 축축해지는 것을 느꼈다.
"여기 앉아서 술을 퍼마시고 있군, 이 술꾼?"
브램은 학교 교장인 보솜비의 빛나는 둥근 얼굴을 똑바로 쳐다보았다. 그녀는 보솜비가 너무 단순하다고 생각했다. 세상 모든 문제에 대한 그녀의 해결책은 항상 밝은 쪽을 보아야 한다고 말하는 것이었다. 이것은 브램에게 메스꺼움과 혐오감을 느끼게 했다. "안녕하시오, 보솜비." 그녀가 차갑게 말하고 바 쪽으로 몸을 돌렸다.
"내 것도 하나 주문해 주겠나?" 보솜비가 마치 그들이 세상에서 가장 친한 친구 사이인 것처럼 말했다. 브램은 옆에서 보솜비의 팔과 몸의 온기를 느꼈다. 그녀는 항상 너무 가까이 서 있는다. 사실, 브램은 그녀가 그런 사람들 중 한 명이 아닌가 의심을 하고 있었다.
"뭘로 하겠나?" 그녀가 뚱하게 물었다.
"위스키, 얼음하고 물 넣어서."
브램이 주문을 했다. 그녀는 보솜비, 저 동성애자하고는 아무것도 이야기하고 싶지 않았다.
"오늘 오후 논쟁은 대단했지, 안 그런가?" 보솜비가 주저하면서 말했다.

"나는 못 봤네."

"너무 바빴나 보지." 보솜비가 싹싹하게 대꾸했다.

루스 브램은 대답하지 않았다. 그녀는 술을 한 모금 마셨는데 괴로워서 더 많이 취하는 것 같았다. 우선 페트로니우스, 그다음 석양과 크리스토퍼, 그다음 그녀의 아이디어에 대해 명백한 반감을 보인 리즈, 그리고 지금은 수다스러운 보솜비. 그녀는 보솜비 쪽으로 몸을 돌렸다. "도대체 아이들이 당신 학교에서 배우는 것이 뭐야?"

"배…… 배우는 것이라구?" 보솜비가 마치 학교에서 누군가가 무엇을 배운다는 생각을 한 번도 해본 적이 없는 것처럼, 바보스럽게 말했다.

"그래, 배우는 것." 브램이 악의에 차서 계속 말했다. "우리 바가 며칠 전에 집에 돌아와서는 아주 놀라운 얘기를 하더군."

"우리가 가르치는 것은 항상 정부로부터 받는 지침에 의거하고 있어, 미즈 브램." 보솜비가 날카롭게 말했다.

"그건 당신이 전에도 말했던 거지. 아마 오백 번은 들었을 거야."

"나의 존경하는 브램, 도대체……."

"나의 존경하는 브램이라." 브램이 곤혹스러워하면서 생각했다. 비위를 맞추는 교활한 목소리군. 하지만 곧 어조를 바꾸게 될 거야.

"왜 '빌어먹을 브램'이라고 말하지 않나, 그런 뜻이면서?"

"난 당신이 무슨 이야기를 하고 있는지 전혀 모르겠는데."

브램은 열을 받았다. "그렇다면 말하지. 내 딸이 노총각 올모스에게 사회를 배우지?"

"그래, 리젤로 올모스 선생이지. 그런데 그게 왜?"

"그는 그 애의 귀에 이상한 것만 채워 넣고 있더군. 맨움들은 사실은 움들보다 강한데 문제는 맨움들이 이것을 인식하지 못한다나. 그것은 만약 그렇지 않으면 맨움들이 내일 당장 권력을 획득할 것이기 때문이라고 그 선생이 말했대. 이 무슨 실없는 소린가, 미즈 보솜비?"

"창조주 어머니! 그가 정말 그렇게 말했나?" 교장은 브램의 분노가 정당하다는 것을 깨달았다.

"그래. 그는 우리 창조주 어머니의 좌우명, 강한 자는 약한 자를 보호해야 하고 자연의 불공평함을 치유하는 것은 모든 문명의 임무라는 것에서 출발했어. 거기까지는 잘못된 게 없지. 그런데 거기서 출발해서 맨움해방주의 전선으로 나가서는 맨움들은 실제로 움들보다 강하다고 말하다니! 미즈 보솜비, 내가 참을 수 없는 부분이 바로 그 부분이라네! 우리 문명의 위대한 업적은 맨움을 생명의 과정에서 적절한 위치에다 놓은 후 신체적 힘이 성별에 따라 정해지지 않는다는 것을 입증한 거지. 학교에서 뭘 가르치고 있는 건가? 학교는 백 퍼센트 객관적이어야 한다는 것을 잊어버리고 있는 건 아니겠지?"

보솜비가 연신 고개를 끄덕였다.

"그건, 미즈 보솜비, 우리가 당신 학교를 감독해야 한다는 의미인가?"

"전혀 아닐세, 미즈 브램. 전혀. 물론 수시로 언제든지 감사할 수는 있지만. 우리 학교를 완벽한 학교의 모델이라고 주장하지는 않지만 그 반대라고 할 수도 없지. 우리는 원래부터 몇 가지 문제점들을…… 선생들에 대한 문제점도 갖고는 있어. 올모스는 전 교장의 외동아들이야. 교장이 죽은 뒤 내가 학교를 인수했을 때 그 이유 때문에 나는 그를 쫓아낼 수가 없었어. 자넨 내가 그랬어야 한다고 생각하는 건가?"

루스 브램은 관대하게도 손을 내저었다. "아니, 물론 아니지. 그렇게 절망한 중년의 총각에게 너무 심하게 굴어선 안 되지. 노총각이 세상을 사는 것은 확실히 쉽지는 않을 테니까. 보솜비, 친절하게 대해 주게나. 내가 강력하게 충고하는 거야."

교장이 주저주저하며 잔을 들었다. 그들은 함께 건배했다. 브램은 바 의자에서 뛰어내려 검은 셔츠에 달라붙은 담뱃재를 털어냈다. "꼬마가 자기 전에 집으로 돌아가는 게 좋겠어." 처음으로 미소를 지으면서 그녀가 말했다. 보솜비는 그 화해의 신호에 미소로 답하고 잔을 비웠다.

그녀의 작은 노란색 전기 스포츠카에 올랐을 때 루스 브램은 자신이 얼마나 흥분해 있는지 알았다. 그녀는 액셀러레이터를 힘껏 밟고 문힐의 구불구불한 길을 달렸다. 어렸을 때 그녀는 모터 스포츠에 매우 열심이었고 그 열정은 그 이후로 한 번도 식지 않았다. 번쩍이는 자신의 스포츠카가 옷처럼 느껴졌다. 그녀는 잠수복을 입고 잠수하는 것이 아마 이런 기분일 거라고 생각했다. 다음에 만나면 리즈에게 이걸 물어봐야지. 리즈. 도대체 그녀가 없으면 어떻게 될까? 리즈는 내가 알고 있는 단 한 명의 합리적인 움이다. 그녀가 없다면 요즘 누구한테 이런 얘기를 할 수 있을까? 그녀는 커브길을 붕 달렸다. 어두웠지만 그 길은 눈 감고도 갈 수 있을 정도로 훤했다. 길은 가져주기를 기다리면서 매혹적으로 누워 있는 맨몸과 같다고 그녀는 생각했다. 모든 작은 커브길과 울퉁불퉁한 곳을 알고 있었고 언제 계속해서 가도 되는지 언제 브레이크를 밟아야 하는지 본능적으로 알고 있었다. 잘 아는 길은 사랑하는 맨몸의 몸과 같다고 그녀는 생각했다.

그녀는 마지막 커브길을 돌아 노스 다리를 향해 가고 있었다. 물은 다리 아래 검고 부드럽게 누워 있었다.

그가 있는 집으로 가야 해. 그는 거기서 날 기다리며 누워 있을 거야. 그가 저녁 내내 기다리고 있어. 내가 가고 있어, 여보! 그녀는 속력을 내어 큰 참나무숲으로 들어갔다. 추억으로 가득 찬 참나무숲. 그곳은 그녀가 처음으로 그를 가졌던 곳이다. 그녀는 허벅지 안쪽에서 참을 수 없는 욕망이 번지는 것을 느꼈다. 그녀는 핸들을 더 꽉 잡았다. 속도계는 구십오를 가리키고 있었다. 왼쪽으로 잠수부들의 별장이 보였다. 이제 곧 집에 도착할 것이다. 그녀는 정문을 지나 집 쪽으로 가서는 차에서 내려 계단을 뛰다시피 올라가서는 열쇠로 문을 따고 들어갔다.

테라스 문은 잠겨 있었다. 이미 그는 침대로 가버린 것이다. 그녀는 그에게로 다가가 팔을 그의 몸에 감았다. 투덜거리며 그가 돌아누우려 했다.

"나의 크리스토퍼······." 그녀가 속삭였다.

"으음······."

그녀가 그에게 키스를 했다. 그는 잠에 취해 나른해져 있었다. 그것이 그녀를 더욱 흥분시켰다. 그녀는 자기 손을 그의 다리 사이에 집어넣었다.

"지금은 싫어요, 루스. 난 지금 자고 있다구요."

그녀는 그의 손을 앞뒤로 흔들었다. "말할 수 있으면 잠자는 게 아니야, 여보!" 그녀는 그의 몸 위로 올라가서 가슴을 그의 얼굴에 갖다 댔다.

"난 피곤해요." 그가 졸리는 듯한 목소리로 중얼거리면서도 그녀의 젖꼭지를 빨기 시작했다.

"여기를 잡아줘!" 그녀가 말했다. "꽉 잡아줘, 크리스토퍼. 사랑해!" 그녀가 앞뒤로 흔들어 대면서 신음 소리를 내고 있었다.

"루스…… 우리 이제 그만 자면 안 돼요?"

"그래, 조금만 더 하고. 아, 여보, 당신 정말 사랑스러워."

루스는 하체를 빨리 움직이고 있었다. 그녀는 의회에서의 논쟁에 대해 생각하기 시작했다. 십 퍼센트라, 리듬 있게 움직이면서 그녀는 계속 생각을 했다. 크리스토퍼는 그녀의 머리를 팔로 감싸 안고 졸린 듯한 미소를 지어 보였다. 그녀는 그 미소를 사랑했다. "피임약 먹는 거 잊지 않았지?" 그녀가 물었다.

"예, 오늘 밤에는 별다른 일이 생기지는 않을 거예요."

루스는 크리스토퍼가 마지막으로 언제 오르가슴을 느꼈는지 기억할 수 없었다. 그녀는 계속 그 위에서 평화롭고 리드미컬하게 움직이고 있었다. 그녀가 원할 때 그가 거절한 적은 한 번도 없었다. 이보다 더 훌륭한 맨움을 어디에서 찾을 수가 있겠는가?

"이제 그만 먹어." 그녀가 신음 소리를 냈다.

"그만두라니요?"

"그래. 피임약 말이야."

"아이를 하나 더 갖고 싶어요?"

"그래. 당신은 그렇지 않나?"

크리스토퍼는 대답하지 않았다. 갑자기 전보다 기분이 좋아졌다. 그녀는 모든 것을 잊고 자기 자신을 내버려두었다. 그는 손으로 더듬어 그녀의 클리토리스를 찾았다. 그래, 그녀는 이제야 알게 되었다. 세상에 있는 모든 것은 끝없는 모순덩어리일 뿐이고 그건 항상 한꺼번에 찾아오는 것이다. 그때였다! 그녀가 절정에 몸을 떨며 그의 몸 위로 쓰러졌다.

긴장을 푼 그녀는 땀에 젖어 있었다. 그녀는 그를 부드럽게 쓰다듬으면서 그의 작은 그것이 조금 움직이기 시작했다는 것을 알아차렸다. 얼마나 감동적인가. 알몸으로 그에게 기대어 꼼짝하지 않고 이렇게 누워 있는 것은 정말이지 너무나 좋다.

얼마 후, 그녀는 이상한 소리에 잠을 깨고 말았다. 학교 교장 보솜비가 그녀 앞에 무릎을 꿇고 울면서 교장 자리를 지키게 해달라고 간청하는, 앞으로는 모든 지침들 중 십 퍼센트는 꼭 지키겠다고 약속하는 꿈이었다.

"십 퍼센트라구! 왜 겨우 십 퍼센트지, 미즈 보솜비?" 그녀가 이렇게 막 외치려고 했지만 말할 힘조차 없었다. 깨어나면서 그녀는 위를 올려다보았다. 크리스토퍼의 관자놀이였다. 따뜻하고 축축한.

"아니, 크리스토퍼, 내 사랑, 여보…… 왜 울고 있는 거요?"

교장 보솜비가
노총각 올모스를 부르다

'리젤로 올모스 선생. 방과 후에 내 사무실로 와주시오. ― 교장 보솜비.'

그는 그 글씨를 잘 알고 있다. 몇 년 동안 조금은 바뀌었지만, 그는 그 글씨를 잘 알고 있다고 자부할 수 있다. 몸이 떨리고 귀가 뜨거워졌다.

"그게 뭐예요, 초대장인가요?"

조교 에그였다. 그는 에그가 비웃고 있는 것인지 단지 멍청해서 그런 것인지 알 수가 없었다. 그녀는 어디에나 참견하기를 좋아했다. 올모스는 미심쩍은 듯이 그녀를 바라보았다. 초대일까? 에그는 모든 걸 알고 있을까? 아니면 내가 한 번도 초대받은 적이 없다는 것을 놀리려고 느닷없이 질문한 것일까?

"아니요. 확실히 초대장은 아니에요." 그가 중얼거렸다.

"혹시 연애편지?" 에그가 웃었다. "아시겠지만 무엇이든 너무 늦었다고 못 하는 것은 없잖아요." 그녀는 다시 낄낄거리면서 올모스의 등을 가볍게 치고는 갈 길을 갔다.

하루 종일 올모스는 도대체 교장이 자신에게 바라는 게 뭘까, 궁금해하고 있었다. 오랜 경험으로 그는 최악을 각오해야 한다는 것을 알고 있었다. 어쩌면 교장은 일부러 아주 형식적으로 대했다가 깜짝 놀라게, 아주 기쁘게 해줄지도 모른다. 올모스는 가능한 한 오랫동안 그 희망을 품고 있었다.

지난 여러 해 동안 교장은 항상 엄격하게 공식적인 수준에서 그들의 관계를 유지하려고 애써왔다. 희망이 남아 있을 때에는 올모스는 그녀의 엄격한 표정에서 약간의 애정이라도 읽으려고 노력했다. 그러나 그런 시간은 이미 오래전에 지나갔다. 시프리안은 몰라보게 자랐고 그는 더 이상 올모스의 아들이 아니었다. 시프리안은 그로드리안의 아들이고 언제나 그럴 것이다. 변할 수 없는 사실이었다. 시프리안과 올모스가 너무나 닮았다는 것은 삼척동자도 아는 사실이지만.

시프리안은 올모스 일생의 수치스러움의 산 증거로서 돌아다녔다.

오늘 수업은 올모스에게 평소보다 훨씬 더 비참한 경험이었다. 그는 조금만 방해받아도 얼굴을 붉히거나 맥을 놓쳤다. 기침하는 것도 모욕으로 느껴졌고 5학년 B반의 마지막 시간은 말 그대로 악몽이었다. 바 브램은 책상 위에 올라가서는 의회 흉내를 내며, 여러분 모두 일하는 어머니들과의 연대감을 보여달라고 주장했고 이에 다른 아이들은 박수를 치면서 웃음으로 답했다. 칠판 옆에 서서 지난 세기부터의 애국시(matriotic poem)를 설명하려고 하는 올모스에게는 아무도 눈길을 주지 않았다. 게다가 바는 암소 눈 모양의 커다란 가방을 갖고 와서 학급의 모든 아이들에게 돌렸다. 올모스는 자신이 사라져도 그들이 알아차리기나 할까 의심스러웠다.

다행스럽게도 모든 책상이 뒤집어지기 전에 종이 울렸다. 아이들은 전부 밖으로 달려 나갔다. 올모스는 교실 바닥에 어질러진 부스러기들을 치운 뒤 문을 닫고 교장실로 올라갔다. 노크하기 전 그는 잠시 망설였다.

"들어오세요." 다정한 목소리였다. 비서였다. 올모스는 걸어 들어갔다.

"교장 선생님은 아직 안 오셨어요." 비서가 계속 타자를 치면서 말했다. 올모스가 계속 서 있으니까 약간 어색하게 덧붙였다. "그렇지만 곧 오실 거예요. 앉으세요."

"고마워요." 올모스는 그 자리에 그대로 서 있었다. 의자를 찾을 수가 없었던 것이다. 서 있는 동안 그는 바보스러운 기분이 들어 꽃분홍색 핸드백을 앞에 들었다.

"안으로 들어가세요."

그 비서는 언제나 친절하게 모든 사람들의 요구를 이해하고 자기 일이 아닌 수많은 사소한 일들을 했는데 그것은 동정심 많고 친절한 성품 탓이었다. 그리고 언제나 미소를 잃지 않았다. 그의 이름은 허버트였다. 갑자기 올모스는 한 번도 그의 성(damename)을 들은 적이 없다는 생각이 들었다. 아마 그는 성이 없을 것이다.

교장실은 널찍한 게 바람도 잘 통했다. 커다란 창문으로는 라이프도터 가와 항만이 보였다. 올모스는 잠시 풍경을 보며 서 있다가 여기 들어오는 것은 정말 기분 좋은 일이라고 생각했다. 교장의 거만하고 빛나는 책상을 제외하면 말이다.

방문자용 의자에 앉은 그는 꽃분홍색 핸드백을 무릎에 올려서 그의 페호가 보이지 않도록 했다. 긴장으로 몸이 굳어지는 것이 느껴졌다. 언제라도 문이 열릴 것 같았다. 십 분 후 교장이 들어왔다. "아, 벌써 와 있었군요." 그를 쳐다보며 그녀가 책상에 앉았다.

올모스는 그녀를 뚫어지게 쳐다보았다. 그들 둘만 있는 경우는 드문 일이었다. 공식적인 일이 있을 때에나 그랬다. 그녀가 의식적으로 피했을까? 공식적인 일도 아닌데 둘만 있었던 때를, 즉 시프리안을 임신하게 되었던 때를 생각했다. 그녀는 그때 이후로 많이 변했다. 그녀는 적어도 두 배는 더 뚱뚱해졌고 턱도 두 개 더 생겼다. 그러나 그는 여전히 그녀의 얼굴에서 정교한 아름다움을 찾을 수 있었다. 그녀는 피곤해 보였다. 피곤한 늙은 움의 주름진 얼굴만큼 평화와 위엄을 발하는 것도 없다고 그는 생각했다. 그녀의 눈은 작고 강렬했다. 하느님 어머니, 얼마나 그녀를 사랑했던가. 갑자기 그 생각이 강렬하게 떠올랐다.

"그래요." 미즈 보솜비가 그를 쳐다보지도 않고 단호하게 말했다. "내가 메모를 남겼지요. 받았나요?"

올모스는 자신이 거기 앉아 있는 것이 그 증거라고 생각하면서 고개를 끄덕였다. 그러나 교장은 그를 쳐다보지도 않았으므로 그가 끄덕이는 것도 볼 수 없었다. 그녀가 다시 물었다. "그것을 받았으리라 생각하는데?"

"그래요."

"당신 수업에 관한 거요, 올모스. 유감스럽게도 어떤 면에서 당신 수업은 규정에 맞지 않는다는 것을 간과할 수 없군요. 당신이 어떤 정치적 선동에 빠져 있다는 것은 분명하지만 우리 학교 같은 데서는 그것을 받아들일 수 없소. 우리 학교의 근본적인 원칙은 사실과 객관성이오. 여러 가지 문제에 대해 당신 자신의 독립적인 견해를 갖는 것은 좋지만, 올모스 선생, 그렇지만 맨움 해방 선전은 우리 학교와는 맞지 않소."

그녀가 나를 올모스 선생이라고 부르는 것을 멈춰준다면. 단 한 번만이라도 나를 리젤로라고, 예전처럼 불러준다면. 교장이 말을 멈추었다는 것을 알아채고 그는 깜짝 놀랐다. 올모스는 약간 당황하여 그녀를 쳐다보았다. 그들의 눈길이 매끈한 책상을 가로질러 만나고 있었다.

"미안하지만…… 뭐라고 하셨죠?"

교장은 침착하지 못하게 손가락으로 책상을 두드렸다. "당신이 정치적 주장을 퍼뜨린다는 불평이 있었다고 말했소."

"그래요?"

"그렇소."

"알겠어요."

"음, 미즈 브램의 딸의 학급에서, 사회 수업 시간에 당신이 위대한 맨움들의 반란이 임박했다고 말했다더군요."

"그래요?"

"뭐라구 했소?"

"위대한 맨웁들의 반란이 임박했냐구요?"

"아니요!" 미즈 보솜비는 주먹으로 책상을 꽝 쳤다. "위대한 맨웁들의 반란이 가까이 왔다고 당신이 학생들에게 가르쳤잖소!"

"아."

이제 올모스는 기억이 났다. 바를 복도로 내보냈던 수업이었다. 그는 천지창조에 대한 설명을 하고 있었다. 그러나 정확하게 무슨 말을 했는지 기억나지는 않았다.

"알겠어요." 그가 아래를 보면서 말했다. "그렇지만 제가 그렇게 말한 것 같지는 않은데요. 저는…… 글쎄요…… 제가 말한 것은…… 시프리안은 어떻게 지내요?"

교장은 못 들은 체하고 무엇을 말했는지 그에게 물어보았다.

"당신이 말한 게 뭐요?"

"제가 방금 말한 것 말이에요."

"방금 뭘 말했는데?"

"나는 '시프리안은 잘 지내요?'라고 물었어요."

"도대체 그것이 이것과 무슨 상관이 있단 말이오, 올모스?" 교장은 분통을 터뜨렸다.

"모두 다죠, 거드! 한 번만이라도 당신이 나를 리젤로라고 부른다면……. 마치 우리가 서로 전혀 몰랐던 것 같네요. 어떻게 그렇게 쉽게 잊을 수가 있죠? 어떻게 당신은 내가 여기 앉아서 예, 교장 선생님, 아니요, 교장 선생님 하고 말할 거라고 생각할 수 있어요? 당신은 감정도 없나요? 내 아들이 어떻게 지내는지 알려줄 수도 없는 조개껍데기 같은 사람인가요?"

"쉬! 그렇게 떠들지 마!" 미즈 보솜비가 소리쳤다.

"그렇게 떠들지 마." 올모스가 격분하여 흉내 냈다. "마치 도시 전체가 그 일에 대해 전혀 모른다는 것처럼! 사람들이 내 등 뒤에서 얼마나 킥킥거리고 있는지 내가 모를 거라 생각해요?"

미즈 보솜비는 몸을 꼿꼿하게 세웠다. "이 교장실은 사적인 대화를 위한 곳이 아니란 걸 알아줬으면 좋겠소."

"그렇죠. 이 교장실은 당신이 말하고 다른 모든 사람들은 듣고 따르기 위해서만 있는 곳이죠."

"그게 내 인생의 목표야…… 리젤로."

교장은 마지막 말을 후회했다. 그러나 이 말은 올모스에게 새로운 용기를 주었다. "그게 나에게는 이렇게 긴 세월이었다는 건 어떻게 생각해요, 거드? 당신의 위대한 인생 계획에서 한 번쯤 잠시 멈추고 '그는 어떻게 지낼까?' 하고 생각해 본 적 있나요? 당신 인생의 일이 위대하거나 중요하지 않다는 의미는 맹세코 아니에요. 당신은 항상 일이 우선이었죠. 그렇지만 당신 생활은, 거드, 당신 생활은 어떻게 되었나요?"

"일과 사생활은 분리되어야 해." 이제 자신의 도덕감을 회복하기 시작한 보솜비가 대답했다.

"그렇지 않아요." 올모스가 격렬하게 말했다. "그것 때문에 나는 평생 고통받고 있다구요. 당신은 그것을 목표로 해왔지요. 진작 그 문제를 생각했어야 하는데. 일과 사생활은 함께 가는 거라구요!"

거드 보솜비는 약간의 비애를 느끼면서 그녀의 옛 애인(mastrass)

이 드라마틱한 것을 좋아한다는 것을 떠올렸다. 자신의 감정을 표현할 만큼의 용기를 내려고 할 때마다 그는 부르주아 멜로드라마의 남자 주인공처럼 말했다. 갑자기 그녀는 아주아주 오래전에 느꼈던 어떤 욕망을 느꼈다. 그녀는 그런 생각을 하지 않고 여러 해 동안 그의 주변에 있어왔다. 그것은 분명히 이갈리아에서 가장 유명한 심리학자인 지그마 플로이드(Sigma Floyd)가 억압이라고 말한 것이었다.

그러나 그가 이렇게 드러내놓고 열정적으로 열중하는 데 대해 그녀는 부담감을 느꼈다. 그녀에게 그것은 다양한 성적 편력 중 단 하룻밤일 뿐이었다. 글쎄, 아마 며칠 밤이었을 수도 있겠지. 그러나 그녀는 하룻밤만 기억하고 있었다. 사랑하던 축구 코치 아들에게 거절당한 그녀가 우울해하고 있을 때 리젤로를 찾아갔던 것이다. 그녀는 그를 숲으로 데리고 갔다. 그날 밤, 그녀가 시프리안을 임신했다. 그녀는 즉시 그에게 말했고 그는 너무 기뻐서, "이제 내가 살아야 할 이유가 생겼어요!"라고 말했다. 그녀는 냉담하게 그 점은 확실하지 않다고 대답했는데 왜냐하면 코치의 아들에게 아직 가능성이 남았기 때문이었다. 그때 그녀는 그의 얼굴에서 실망감을 보았다. 그는 그녀에게 살려달라고 애원하며 매달렸다. "나는 어떻게 하죠? 우리 부모님한테는 뭐라고 말해야 하나요? 우리 어머니는 이 도시의 도덕의 수호자예요. 어머니는 수치심으로 죽을 거예요!" 그러자 거드는 아주 차갑게, 단지 그의 어머니가 학교 교장이고 이갈선드에서 도덕의 수호자 역할을 한다는 이유로 자신에게서 부성보호를 받을 것으로 기대할 수는 없다고 대답했다.

그런데 지금 여기서 보솜비 자신이 도덕의 수호자로서 행동하고 있다. 리젤로 올모스와의 관계 때문에 젊은 움인 그녀가 늙은 교장 올모스의 후계자로 지명되었다. 후계자로서의 위치가 분명해지자 그녀는 늙은 교장의 아들을 차버렸다. 그녀는 왕국(queendom)의 절반을 얻고는 왕자(princeass)에게서 달아난 것이다. 하!

"무슨 생각을 하고 있어요?" 그가 물었다.

"아무것도." 그녀는 입을 꾹 다물었다. 그녀는 그들의 대화가 이렇게 빗나갈 것이라고는 생각하지 못했다. 사실 대화를 할 의도는 전혀 없었다. 그녀는 큰 행정적인 실수를 한 것이다. 그가 울면서 이를 가는 것으로 모든 일이 끝나기 전에 그를 밖으로 내보내야 한다.

"거짓말하고 있군요." 그가 말했다.

"맞소. 당신이 말하고 생각하는 것이 모두 맞소. 세상은 당신을 불공평하게 대해 왔지. 그러나 인생이란 그런 거요, 리젤로. 끝난 건 끝난 거라구."

"난 당신을 사랑했어요, 거드. 그리고 우리의 아이도 사랑했어요. 그런데 이제 당신은 그 애가 어떻게 지내는지조차 말해 주지 않는군요."

미즈 보솜비는 깊은 한숨을 내쉬었다. 시프리안은 눈에 띄는 타입은 전혀 아니었다. 그는 그의 첫 번째 메이드맨의 무도회에서 춤추는 커플들을 구경하면서 앉아 있기만 했다. 그는 술 취한 사람으로부터 음탕한 논평을 듣는 것을 참아야만 했다. 그로드리안은 이렇게 얘기했다. 시프리안이 타고난 것이 하나 있다면, 그것은 착한 마음을 가졌다는 것이다. 그는 그의 아버지를 쏙 빼닮았다. 그의 운명은 올모스와 같을 것이다. 즉 늙은 총각으로 끝나게 될 것이다.

미즈 보솜비가 벌떡 일어섰다. 그녀는 맨움들의 운명에 대해 감상적인 생각을 하려고 한 게 아니었다. 그녀는 두 겹으로 된 턱 너머로 올모스를 바라보았다. "원래 문제로 돌아갑시다. 자연의 불공평함을 치유하는 것은 우리 문명의 임무이다! 내가 입수한 정보에 의하면, 올모스, 이것이 당신 수업의 출발점이었소. 그게 무슨 뜻입니까? 당신은 어린 시절에 배웠던 것을 잊어버린 모양이군요. 자연의 불공평함은 맨움이 아이를 갖는 특권을 갖지 못한다는 데 있소. 그것은 매우 오래전의 사건에서 알 수 있듯, 맨움이 인생의 과정 자체에서 완전히 종속적인 기능을 한다는 의미요. 내가 말했다시피, 완전히 종속적인 역할 말이오. 자연은 맨움에게 생명의 임무를 갖게 하지 않았소. 그 운명은 생물학적으로 결정된 것이고, 올모스, 그리고 그것은 또한 당신의 운명이기도 하오. 분명히 당신은 당신이 맨움으로 태어난 것을 후회할 수도 있을 거요. 그러나 그 점에 대해서 당신이나 내가 할 수 있는 것은 정말 아무것도 없소."

여기서 그녀는 잠시 쉬었는데 마치 그 점에 대해서 아무것도 할 수 없다는 사실을 즐기는 듯했다. "그러므로 나는 아주 자연스럽게 나의 아이에게 생명을 주고 그 아이의 생명을 보호해 왔소. 그것은 당신이 할 수 없는 것이오. 오늘은 이만하겠소. 이제 가도 좋소, 올모스."

연설은 끝났다. 올모스는 천천히 일어나서 문 쪽으로 갔다. 그 전에 천 번쯤 들었던 진부한 말로 그녀가 격렬한 논쟁을 마무리하는 것을 보고 그는 깜짝 놀랐다.

　미즈 보솜비는 그의 엉덩이를 찬찬히 바라보면서 참나무숲의 기억을 떠올렸다. 그녀는 궁금했다. 그의 벗은 몸을 지금 본다면 저 엉덩이에 대한 욕망을 그때와 같이 느낄 수 있을까?

　엉덩이는 나갔고 문은 닫혔다. 미즈 보솜비는 오후 업무로 주의를 돌렸다.

해안, 석상 그리고 참나무숲

페트로니우스는 참나무숲을 재빨리 지나 바다 쪽으로 내려갔다. 그는 해 질 무렵에 숲 속에 있는 것을 별로 좋아하지 않았다. 나뭇가지들은 시커멓고 울퉁불퉁한 모양을 하고 있고 나무줄기는 굵고 딱딱했다. 그 뒤에 어떤 움이 숨어 있지 않다고 확신할 수는 없었다. 어렸을 때 그는 숲 속에서 작은 소년들을 잡으려고 기다리고 있다가 음탕한 짓을 한다는 검은 옷을 입은 움들에 대한 이야기를 들은 적이 있다. 그 추잡한 늙은 움들에 대한 공포에서 완전히 벗어난 적은 한 번도 없었다. 그는 숲 속에서 몇 피트 떨어진 곳에서 이상한 소리를 들었다. 어떤 맨움의 신음 소리였다. "그렇게 거칠게 하지 마, 이다!" 한 쌍의 남녀가 사랑을 나누고 있었다. 페트로니우스는 서둘러 숲을 빠져나왔다.

해변으로 내려와서 희미하게 빛나는 물결을 보니 안심이 되었다. 큰 조약돌들이 빛나고 있었고 하늘은 숲에서 보던 것만큼 어둡지는 않았다.

페트로니우스는 불편한 신발을 벗고 둥근 바위 위로 조심스럽게 올라갔다. 바위는 따뜻했다. 공기보다 더 따뜻했다. 정말 사람들은 항상 맨발로 살아야 한다. 신발은 발을 너무 꽉 조이기 때문에 지나치게 꼭 맞으면 발이 까지기도 한다. 물론 신발은 유행에 따라 변하지만 말이다. 그때는 체크 무늬에 카누 모양이 유행이었다. 페트로니우스의 녹색 체크 무늬 카누 모양 신발은 혼자서 멍청히 하늘을 향해 입을 벌린 채 있었다.

그는 석상 쪽으로 걸어가서 막대기 하나를 주웠다. 석상의 발이 파도에 씻길 정도로 석상은 바다에 아주 가까이 있었다. 페트로니우스는 석상을 마주 보고 섰다.

"넌 바보구나." 그가 조용히 말했다. 석상은 움직이지 않고 수평선 쪽을 바라보고 있었다. 그는 막대기로 석상의 머리 옆쪽을 쳤다. "너는 이십 년 동안이나 슬픔에 잠겨 서 있구나." 페트로니우스는 팔로 석상을 감싸 안고 뺨을 석상의 배에 갖다 댔다. 차가웠다. "난 아주 외로워." 그가 속삭였다. "나는 네가 고통에 잠겨 딱딱해지고 도도해져서 거기 서 있도록 내버려두지는 않을 거야. 내가 돌아올 거라고 말하지 않았니? 내가 메이드맨의 무도회에 갈 거라고 얘기했던 거 기억나니?" 그는 돌로 된 턱을 올려다보았다. "아니, 기억 못 할 거야. 넌 바다로 나가 돌아오지 않는 움들 외에는 아무것도 생각하지 않으니까. 그렇지만 지금은 날 기억하는 척해 봐. 내가 돌아왔어. 나는 거기, 메이드맨의 무도회에 갔다 왔어. 딱 일주일 전이야. 내가 이전에 생각했던 것과는 전혀 달랐어. 나는 분홍색 솜사탕과 같은 것을 상상했거든."

그는 목덜미에 바람이 스치는 것을 느끼고 석상의 허리 잘록한 부분을 문지르기 시작했다. "자, 내가 널 따뜻하게 해줄게. 분홍색 솜사탕 안에서 강한 팔에 안겨 떠 있는 것이 어떤 기분일지 생각해본 적 있어? 달콤함에 취해서 떠 있는 것 말이야. 그런데 그렇지는 않았어. 그리고 네가 기다리는 그 움들이 집으로 돌아온다면 너도 실망할 거야. 그녀는 나를 데리고 갔는데 곧 잠들더니 이내 떠나고 말았어. 그 이후로는 그녀를 본 적이 없어. 아마도 그녀는 네가 기다리고 있는 그 움들한테 가버렸나 봐. 누가 알겠어……."

두려움을 느끼기 시작한 페트로니우스가 말을 멈추었다. 그는 그녀가 보고 싶었다.

"나는 그녀가 누군지 몰라. 이름은 알고 있지. 그렇지만 감히 연락은 못 하겠어. 그녀는 내 안에 있는 뭔가를 흔들어놓았고 나는 내가 그녀의 것이라는 걸 알아. 그래서 난 감히 연락을 못 하는 거야. 이해하겠니?" 페트로니우스는 막대기를 가지고 석상의 등뼈를 부드럽게 쓸어내렸다. "거기가 가렵니? 조금 더 위에? 왼쪽 어깨뼈 아래? 너는 정말 예쁘고 뚱뚱하구나. 거기, 거기는 어때? 나는 나중에 내려갔지만 그녀는 가고 없었어. 그녀가 어디로 갔는지 묻지 못했지. 난 움들이 술 취해서 웃고 떠들고 있는 바로 갔어. 그들은 나를 뚫어지게 보더니 그들 중 한 명이 집게손가락으로 내 페호 아래를 간질였어. 난 그녀를 찰싹 때리고 집으로 왔지."

페트로니우스는 추워지기 시작했다. 그는 바다 쪽으로 몸을 돌렸다. 아주 멀리 떨어진 곳에 베어스케리 섬의 윤곽만 희미하게 보였다. 그곳에 가본 적은 한 번도 없었다. 그는 한 번도 이갈선드 밖으로 나가본 적이 없었던 것이다. 해변을 향해 걷다가 그는 갑자기 멈추었다. 거기, 조금 앞에, 그에게서 삼십 야드쯤 떨어진 곳에 어두운 모습의 움이 있었다.

그 움은 발을 벌리고 얼굴은 반쯤 그를 향한 채 가만히 서 있었다. 그는 그녀를 바라보다가 다시 해변을 향해 걸었다. 그녀가 큰 걸음으로 반대쪽으로, 즉 바다 바깥쪽으로 걷기 시작했다. 페트로니우스는 숲으로 나 있는 오솔길로 재빨리 걸어갔는데 그곳에다 신발을 두었기 때문이었다. 그런데 신발이 사라지고 없었다. 어떻게 된 것일까? 그 움이 가져갔을까? 그녀는 그에게서 무엇을 원하는 걸까?

페트로니우스는 숲 속으로 달려갔다. 달릴수록 무서웠다. 잔 나뭇가지와 돌 들이 발에 상처를 냈다. 곳곳에서 어두운 형체들이 보였다. 가지들은 코는 비뚤어지고 입은 씩 웃고 있는 울퉁불퉁한 머리 모양으로 보였다. 그녀가 따라오고 있다고 생각했다. 나보다 두 배는 더 큰 괴물일 거야. 당장이라도 그 괴물이 그의 목을 잡고 무서운 얼굴을 들이댈 것 같았다.

그는 더 빨리 달리려고 애썼다. 다리를 절뚝거리면서도 달렸다. 곧 쓰러질 것만 같았다. 나뭇가지에 걸려 뺨을 다쳤다. 길은 보이지 않았다. 그는 비틀거리다가 쓰러지고 말았다.

어두운 세 사람의 모습이 그를 둘러쌌다. 그는 땅에 젖은 그들의 얼굴이 어둠 속에서 빛나는 것을 볼 수 있었다. 그들은 그를 바라보고 있었다. 그는 몸의 모든 근육을 긴장시키고는 조금도 움직이지 않고 가만히 누워 있었다. 그가 조금이라도 움직인다면 그들을 자극할 것만 같았다. 누군가 그의 팔을 잡아 일으켰다. 마치 걷기 싫어서 아빠한테 안아달라고 하는 세 살짜리 아이처럼 그의 다리에는 힘이 없었다. 그들은 그의 허리를 거칠게 잡고 오솔길에서 떨어진 숲으로 데리고 갔다. 그들은 낙엽 더미 위에 그를 앉혔다.

"저……."

"누워!"

그는 누워서 눈을 감고 그와 집 사이의 수백 야드에 대해서 생각했다. 도망가는 건 불가능해. 주위에 누군가 있지 않을까? 저녁 산책을 나왔다가 도와달라고 소리치는 것을 들을 사람이 있지 않을까?

"만약 소리치고 공연한 소란을 피운다면 너한테 더 손해야." 그녀가 조용히 차분하게 말했다. 그 밝고 날카로운 움의 목소리를 듣고 페트로니우스는 어머니를 떠올렸다. 블라우스와 셔츠를 벗으며 그들은 그의 주위에 자리 잡고 앉았다. 그들의 봉긋한 가슴은 어둠 속에서 빛나고 있었고 젖꼭지는 서 있었다. 움들 중 한 명이 그의 위로 몸을 구부렸다. 그의 페호와 허리띠를 더듬고 있는 그녀의 손길이 느껴졌다. 그녀가 그의 음낭을 쥐었다. 그는 울부짖었다.

"괜찮아."

다른 두 명이 바지를 벗고 삼각형의 음모를 드러냈다. 한 명이 칼을 꺼내서는 그의 페호를 벗기려고 하는 움에게 건네주었다.

"이걸로 하는 게 더 빠를 거야."

그는 배에 차가운 금속성을 느꼈다. 그녀는 허리띠를 잘라 페호를 벗기고는 그 페호를 다른 한 명에게 던졌다. 받은 사람은 그것을 찢어서 멀리 던져버렸다. 마침내 한 명이 그의 위로 올라갔다. 그녀에게서 술과 땀 냄새가 났다. 그녀는 그의 페니스를 잡고 젖꼭지를 그의 입에 밀어 넣었다. 그는 그녀의 젖은 가랑이가 허벅지에 닿는 것을 느꼈다. 그는 다리를 빼내려고 벌레처럼 꿈틀거렸다. 아, 안 돼, 제발. 페니스를 쥔 손은 더욱 단단해졌다. 그녀는 그의 귀에 숨을 몰아쉬고 있었고 거칠게 위아래로 오르내리면서 그의 허벅지를 가랑이에 밀착시키고 신음 소리를 냈다. 그는 절망해서 다른 사람들을 올려다보았다. 그들은 그를 돕지 않고 그냥 서서 구경만 하려는 건가? 그들의 가슴과 얼굴이 어둠 속에서 빛났고 그들은 전혀 움직이지 않았다. 그는 눈을 감았다. 페니스가 아팠다. 그는 여기가 아닌 다른 곳에 있다고 상상하려 했다. 이 역겹고 무거운 움 밑에 누워 있는 건 내가 아니야. 그녀의 몸은 이제 더 거칠고 빠르게 오르내리고 그의 허벅지는 축축하고 끈적끈적해졌다. 그는 그녀를 약간 밀어보았다. 그녀가 신음 소리를 냈다. 그러고는 그의 입에서 젖꼭지를 뺀 뒤 잠시 그의 위에 쓰러져 있었다. 그다음 그녀는 후닥닥 일어섰다. 페트로니우스는 여전히 다리를 벌리고 마치 아직 그녀가 아직도 그의 위에 있는 것처럼 가만히 누워 있었다. 그는 감히 숨을 쉴 수가 없었다. 그들이 숨소리를 듣고 그가 안심했다고 생각한다면 끝장인 것이다. 그는 감히 그들을 쳐다볼 수도 없었다. 거기 그냥 누워서 그들이 가버리기를 기다렸다.

갑자기 다른 사람 한 명이 그의 위로 올라갔다.

"안 돼애애애애애!" 페트로니우스의 목소리가 숲 속에 울려 퍼졌다. 비명을 지르고 나니까 더 무서워졌다. 그는 일어나려 했다. 만약 뛰려고 한다면 지금 뛰어야 한다. 그의 손목을 강하게 쥔 손이 그를 붙잡아 앉혔다. "자, 불쌍한 어린 총각, 한 잔 쭉 마셔. 그러면 진정될 거야." 술병이 어둠 속에서 빛났다. 누군가 그에게 억지로 먹였다. "소리 지를 일은 하나도 없어. 우리는 너에게 해를 입히지는 않을 거야." 그녀는 그의 위에 무릎을 꿇고 앉아 클리토리스를 그의 손으로 눌렀다. 술병은 다른 사람들이 가져갔고 그들은 교대로 마셔댔다.

"싫어요!" 페트로니우스가 비명을 지르며 손을 빼내려고 했다. 그들이 다시 그를 뉘었다.

"왜? 아무것도 아니야. 전에도 해봤잖아, 안 그래?"

지금 그의 위에 누워 있는 움은 먼젓번 움보다 더 사납게 굴었다. 다른 사람은 그의 위에 무릎을 꿇고 앉아 그의 다른 손을 그녀의 가랑이로 잡아당겼다. 그들은 서로 박자를 맞춰 움직이고 있었다. 세 번째 움은 뒤에 앉아서 그의 허리를 잡고 있었다. 이 악몽이 얼마나 오래 계속될까? 절대 끝나지 않는 걸까? 마치 영원히 끝나지 않을 것처럼 느껴졌다. 그의 몸 위에서 그들은 스스로 만족할 때까지 계속해서 있을 것 같았다. 출구는 없었다. 그는 더 이상 누군가가 와서 그를 구해 주는 것을 바라지 않았다. 그가 움들과 이런 짓을 하는 맨움이라는 것을 누군가가 보거나 알기를 원하지 않았다. 그들이 일어나서 셔츠와 블라우스를 찾아 입었다.

"안녕, 꼬마 친구." 그들 중의 한 명이 조롱하듯이 곁눈질을 하면서 이렇게 말했다. 그들은 숲 속으로 사라졌다. 페트로니우스는 나뭇잎들이 발 아래에서 바스락거리는 소리를 들으면서 누워 있었다. 그들이 서로에게 중얼거리면서 웃는 소리가 들렸다. 조용해졌을 때 그는 크게 숨을 내쉬고 일어서서 옷을 털었다. 생각하고 싶지 않았다. 다시는 그것을 생각하고 싶지도 누군가에게 말하고 싶지도 않았다.

페니스가 아팠다. 그는 다리 사이에 무력하게 매달려 있는 그것을 내려다보았다. 나무들 사이로 찢어진 폐호가 가볍게 빛나는 것이 보였다. 사람들이 다음 날 아침 숲 속으로 산책을 와서 이걸 보면 어떻게 생각할까? 그것을 주워서 주인에게 찾아주려고 할까? 만약 그렇게 한다면 어떻게 주인을 찾을 수 있을까? 같은 종류가 수백 개는 더 있을 텐데. 그렇지만 크기나 색깔은? 크기와 색깔을 본다면 단서를 잡을 수도 있을 거야. 그는 그것을 튜닉 아래에 넣고 천천히 집으로 갔다.

그는 가능한 한 조용히 집으로 들어갔다. 시간은 열시였고 거실에서는 텔레비전 소리가 들렸다.

"페트로니우스니?"

페트로니우스는 목이 메었다. 울고 싶었다. 아빠를 안고 울고만 싶었다. 아무 말도 하지 않고 아무 설명도 하지 않고. 하지만 그는 참았다. "예. 자러 가요."

"무슨 일이니, 페트로니우스? 기분이 안 좋니?"

페트로니우스는 눈물이 쏟아지는 것을 느꼈다. "아니요, 피곤해서요. 잘래요."

"올라가기 전에 뭐 좀 마시지 않을래? 나 혼자 있어. 엄마는 클럽에 가셨다."

"자러 갈래요. 안녕히 주무세요."

그는 계단을 뛰어올라 그의 방으로 가서는 문을 잠그고 울었다. 그는 쓰레기통을 비운 다음 페호 조각들을 작은 종이들과 함께 넣은 뒤 불을 질렀다. 불꽃이 휴지통 밖으로 넘실거리면서 방은 검은 연기로 가득 찼다. 그는 계속 울고 있었다. 불이 걷잡을 수 없게 되지 않을까 잠시 두려워했지만 불꽃은 곧 사그라들었다. 그는 타고 남은 재를 바라보았다. 그것을 버리기 위해 쓰레기 낙하 장치 쪽으로 갔다. 크리스토퍼가 층계참에서 그의 뒤를 따라왔다.

"뭐 하고 있니?"

"휴지통 비우고 있어요." 페트로니우스가 얼굴을 붉히면서 중얼거렸다.

"이상한 냄새가 나는 것 같은데……."

페트로니우스의 가슴이 심하게 뛰고 있었다. "끄적거린 것을 좀 태웠어요." 그가 아래쪽을 바라보았다.

크리스토퍼가 그를 보았다. "페호는 어디 있니?"

"막 벗었어요."

"자기 전에 우리 잠깐만 이야기하면 안 되겠니?"

"아니요. 숙제해야 돼요." 그는 방으로 돌아갔다. 페호가 없어진 것을 어떻게 설명해야 하나? 그에게는 페호가 두 개밖에 없었다. 그런데 다른 하나는 메이드맨의 무도회에서 입었던 망사 페호였다. 학교에 그걸 입고 갈 수는 없었다. 그리고 페호는 비싸다. 적어도 오십 달러블은 있어야 한다. 작살을 사려고 저축해 뒀던 돈을 가지고 아침 일찍 나가서 학교 가기 전에 새 페호를 사야 한다. 다른 방법은 없었다.

페트로니우스는 옷을 벗고 잠자리에 들었다. 잠이 들면서 별의별 형상이 다 나타나는 비몽사몽 상태가 찾아오지 않을까 두려워지기 시작했다. 그를 덮쳤던 그 어둡고 소리 없는 형체들이 나타날 것이다. 그는 눈을 감고 긴장을 풀려고 했다. 온몸이 아프고 무거웠다. 팔다리가 쑤시고 페니스가 아팠다. 어둠이 그의 머릿속으로 기어 들어왔다. 멀리, 아주 멀리 긴 터널 끝에 서 있는 사람의 모습이 보였다. 큰 걸음으로 그를 향해 걸어오고 있었다. 그는 그 모습을 알아보았다. 해변에서의 움이었다. 그는 그녀의 얼굴을, 광대뼈가 튀어나온 아름다운 그녀의 얼굴을 볼 수 있었다. 갑자기 그 얼굴이 그를 향해 혜성처럼 돌진했다. 그로였다! 그는 소리치면서 겁에 질려 일어나 앉았다. 다음 날 아침 페트로니우스가 오십 달러블과 작은 가방을 들고 몰래 집을 빠져나가려 하고 있을 때, 불쑥 바가 욕실에서 머리를 내밀었다. 페트로니우스는 손가락을 입에 갖다 댔다.

"쉿!"

"안녕, 페트로니우스." 바가 불렀다. "아침도 안 먹고 나가는 거야?"

페트로니우스는 화가 났다. "바보!" 바깥문을 열려고 하면서 나무라는 듯 말했다.

"왜 오늘은 페호를 안 입고 있어? 무슨 캠페인의 일종이야?" 바가 큰 소리로 물었다.

그는 그녀의 손목을 잡고 눈을 똑바로 쳐다보았다. "아빠와 엄마한테는 아무 소리도 하지 마, 알겠어?" 그가 진지하게 속삭였다. "입 다물고 있으면 원하는 거 사줄게." 오래 생각할 필요도 없었다. 바가 가장 갖고 싶어 하는 것을 페트로니우스는 잘 알고 있었다. "칼 말이야!" 그가 말했다.

바는 열심히 고개를 끄덕였다. 이제 바의 입은 막았다. 그녀는 자기 방으로 기어갔다. 페트로니우스는 문을 빠져나갔다.

페트로니우스가 그날 오후에 그 전 것과 똑같은 새 페호를 입고 바에게 줄 좋은 칼을 가지고 집으로 돌아왔을 때, 일은 이미 벌어졌다. 아침에 그들이 이야기하는 것을 엿들은 크리스토퍼가 루스가 아침 식탁에 왔을 때 바에게 알고 있는 것을 다 말하도록 했던 것이다.

브램은 식사를 마칠 때까지 기다렸다. 그러고 나서 페트로니우스와 함께 서재로 들어갔다. "아침도 안 먹고 반쯤 벗은 채 아침 여섯시 반에 몰래 빠져나간 건 뭣 때문이지?"

페트로니우스는 바닥을 내려다보았다. 이미 예상하고 있던 바다. 그가 바에게 칼을 주러 바의 방에 갔을 때 그녀는 고개를 흔들기만 하고 칼을 받으려 하지 않았던 것이다.

"대답해!"

페트로니우스는 카펫의 무늬를 뚫어지게 바라보았다. 검은 지그재그와 그 사이에 짙은 색 육각형이 있는 무늬였다. 그는 대답하지 않았다.

"페트로니우스." 브램이 훨씬 더 부드럽게 말했다. "알지? 날 속이려 해도 소용 없어. 난 네가 새 페호를 입고 있다는 걸 알고 있단다. 어젯밤에 태우던 것이 그 전 페호지, 그렇지?"

페트로니우스는 고개를 끄덕였고 시선은 육각형에 고정되었다. 모든 이야기가 카펫 무늬에 있는 것처럼 그의 시선은 그 선을 따라 올라갔다가 내려갔다가 둥글게 둥글게 돌아갔다.

"어젯밤에 무슨 일이 있었니, 페트로니우스?"

페트로니우스는 고개를 흔들었다. 엄마는 절대 알 수 없을 것이다. ……살아 있는 한 절대 말하지 않을 것이다.

"어제 산책을 나갔지?"

페트로니우스가 고개를 끄덕였다.

"왜 집에 가만히 있지 못하니? 왜 밤에 싸돌아다니냐구?"

"바닷가에 갔었어요……."

"거기서 뭘 하고 있었지? 사실대로 말해! 누군가를 만나러 갔니?"

"아니요."

"정말?"

"아니요…… 아니, 정말이에요."

"거기서, 내 그럴 줄 알았지! 누군가를 만나러 갔구나. 어떤 움을 만났는데 그녀가 널 공격한 거지. 네 페호를 찢고 강제로 섹스를 하도록 한 거야. 그렇게 된 거지, 그렇지, 페트로니우스?"

"그런 게 아니에요. 그녀가 날 공격한 게 아니에요!"

"그러면 네가 자발적인 의지로 따라나선 거란 말이냐? 그런데 그다음에 마음이 바뀌어서 빠져나오려고 했더니 그녀가 강요했어? 아 그렇군, 그 이야기라면 내가 잘 알지. 사회복지부 장관으로서 나는 그런 건 수백 케이스나 들었고 그럴 때마다 맨옴들은 그들 스스로 야기해 놓고는 이런저런 일들이 벌어졌다고 말하지. 네가 저녁 열시에 바닷가에 갔을 때, 페트로니우스, 네가 정말 원한 것은 뭐였니?"

"전 단지 이야기하러, 석상에……."

"단지 이야기하러 갔다고! 너희들 맨옴은 항상 그렇게 이야기하지. 단지 이야기만 한다고. 이걸 기억해야 한다, 페트로니우스. 이건 어머니가 아들한테 주는 충고인데, 옴은 옴이라는 것, 그리고 옴은 옴이 필요로 하는 것을 요구한다는 것을 기억해야 한다. 결국 모든 옴은 맨옴을 정부(情夫)로만 볼 뿐이야. 옴이 흥미를 갖는 것은 그것뿐이야. 옴이 단지 이야기만 하는 것으로 만족할 것이라고 생각해서는 안 돼. 입장을 바꿔서 생각해 봐라, 페트로니우스. 너의 그 가엾은 작은 막대가 그녀를 흥분시키는데, 더구나 어둠이 내리면 옴이 단지 수다로 만족할 것이라고 기대할 수는 없는 거야."

이건 너무 지독했다. 어머니가 그의 얼굴 앞에서 그가 막대를 가지고 있다고 말하는 것이다. 어머니가 그 말을 했다는 것, 그리고 그가 그걸 가지고 있다는 것이 부끄러웠다. 그는 어머니가 모든 이야기를 왜곡하고 있다는 사실을 잊고 있었다. 차라리 그것은 구원이었다. 이제 그는 실제로 일어난 일을 어머니에게 말할 필요가 없어졌다. 그는 어머니가 계속 이야기하도록 내버려두고 카펫을 내려다보았다.

"늘 이런 종류의 사건은 폭력범죄과로 직행하게 마련이지. 그러나 넌 내 아들이기 때문에 그건 면하게 될 거다. 이런 일은 그걸 겪어야 하는 맨움들에게는 엄청나게 모욕적이거든. 그리고 더 나쁜 것은 이런 이야기가 있은 후에 부성보호를 받을 가능성은 사실상 사라진다는 거야. 너를 위해 최상의 것을 해주고 싶어 하는 어머니를 가진 것을 기뻐해라, 페트로니우스. 폭력범죄과로 가는 건 내게도 모욕적인 일이지. 나 정도의 지위에 있는 움은 쉽게 상처받을 수가 있지. 그렇지만 어떤 식으로든 이 문제는 다루고 넘어가야겠다!"

여기서 그녀는 자신의 용기를 강조하기 위해 잠시 멈추었다. 그녀는 지금까지 많은 공격을 견뎌왔다. 확실히 그녀는 이번 문제도 잘 해결해 나갈 것이다.

"보고하지 말자, 페트로니우스. 모두 잊자. 그게 더 나아. 왜냐하면, 더럽혀진 맨움을 누가 원하겠니? 이번에는 그냥 내버려두겠어. 그렇지만 이것 하나만은 분명해. 이제 더 이상 해 진 다음에 바닷가에 가선 안 돼!"

뱃사람 페트로니우스

크고 하얀 쌍돛단 배, '아도니스 호'는 바다로 출항하기 위해 서쪽 항구에 정박 중이었다. 그 배는 하늘을 찌를 듯한 돛대와 눈부시게 하얀 돛이 있어 멋져 보였고, 뱃머리에는 턱을 높이 쳐들고 작고 뾰족한 턱수염으로 배의 방향을 가리키는 젊은 맨움의 늘씬한 조각상이 있었다.

맨움들이 작별 인사를 하기 위해 부두에 모여 있었다. 페트로니우스는 체크 무늬 핸드백을 들고 이날을 위해 특별히 사두었던 화려한 롱스커트를 입었는데, 그 때문에 배의 트랩을 오를 때 약간의 불편을 감수해야만 했다. 그 스커트는 폭이 좁아서 종종걸음으로 걸을 수밖에 없는 데다가 트랩마저 꽤 가팔랐기 때문이다. 배러스 커리가 그를 맞기 위해 난간에서 기다리고 있었다.

"저희 배에 승선해 주셔서 감사합니다. 젊은 뱃사람!" 그를 향해 팔을 정중하게 펼치면서 말했다. 그는 뱃사람으로 대접받는 것이 내심 기뻤다.

루스 브램이 이 일을 도모하는 데 어려움이 없진 않았지만 아들이 그저 즐거워하기만을 바랄 뿐이었다. 어떤 면에선, 그녀는 비현실적이었다. 사냥꾼으로서 어느 정도 지위를 누렸던 농촌 출신이라는 점도, 그녀가 이런 성향을 갖는 데 한몫 거들었다. 사실, 매우 오래전에 맨움들이 내륙의 작은 호수에서 낚시질을 했다고 추측하기도 했다.

이 일을 준비하면서 리즈 배러스커리는 예상했던 편견과 부딪쳤다. "바다에 맨움이라! 말도 안 돼!" 잠수 6과 과장이 소리를 질렀다. "맨움들은 언제나 말썽이야! 그들은 절대로 우릴 조용히 놔두지 않는다구. 그리고 분명 선원들 사이에 불화와 싸움과 질투가 생길 거야. 한번 출항하면 삼사 주나 걸리는데. 안 돼. 절대 그렇게는 할 수 없어." 그녀는 문신이 새겨진 팔을 험악하게 드러내면서 말했다. 그 문신은 배에 털이 난 벌거벗은 작은 맨움의 모습이었다.

그러나 브램을 돕기로 약속한 리즈 배러스커리 또한 고집 센 사람이었다. 그녀는 이번 일은 단지 실험일 뿐이며 브램의 아들은 자기 옆 선실에 묵게 될 것이라고 해서 겨우 잠수 6과 과장을 납득시킬 수 있었다. 그리고 그녀는 페트로니우스가 자신의 처지를 벗어나는 행동은 하지 않을 것을 확신한다고 덧붙였다. 마지막으로 그녀는 만약 자신의 지도력에 대해 이러쿵저러쿵 뒷말을 한다면 끝장내고 말겠다고 협박했다.

청색과 흰색 줄무늬의 유니폼을 입은 리즈 배러스커리는 정말 멋져 보였다. 그녀는 배 안으로 들어가면서 항해사들에게 경례를 했다. 그들은 닻을 올렸고 베어스케리 군도로 항로를 잡았다.

배에는 일등 잠수부, 잠수부, 그리고 평선원 등 스물다섯 명의 선원들이 승선해 있었다. 베어스케리 군도 최외곽에 위치한 조그만 섬인 스파웃에 도착하기까지는 서너 시간이 걸렸다. 배러스커리가 갑판에 서서 바라보고 있었다. 스파웃에 도착하기에 앞서 그들은 돛을 말아 올리고 작은 배를 띄웠다. 배러스커리는 페트로니우스에게 작살물어는 멀리서도 엔진 소리를 듣고 도망친다고 설명했다. 작살물어는 정말로 약삭빠른 동물이다. 잠수부들이 작살물어를 잡는 새로운 방법을 얼마나 여러 번 개발했는지 모른다. 배러스커리는 페트로니우스에게 작살물어 잡이가 과연 전망이 있는지 의심스럽다고 털어놓았다. 경제학적으로, 작살물어 잡이는 사람들이 기꺼이 높은 가격을 지불하는 한에서만 유지될 수 있는 사치품 산업일 뿐이었다.

그들은 스파웃에서 벗어나 바람이 불어오는 쪽에 정박했다. 잠수부들은 등에 작살을 메고 커다란 바구니를 들고 갑판 위로 나왔다. 작살에는 긴 끈이 연결되어 있었으며 다른쪽 끝은 갑판 위 L자형 손잡이에 단단히 동여매어 있었다.

배러스커리가 수면을 응시했다. "지금 저 밑에 있을 거야."

잠수부들이 수면 위로 올라왔다가 사라졌다. 페트로니우스는 수면에 물방울이 이는 것을 보면서 그것은 잠수부들이 그 아래에서 숨 쉬고 있기 때문이냐고 물었다. 배러스커리는 크게 웃었다. 그래, 바로 그렇기 때문이란다. 페트로니우스는 정말로 영리한 어린 로디였다. 페트로니우스는 잠수부들이 어떻게 작살물어를 잡는지도 물어보았다.

"작살물어 턱을 찌르고는 그 줄을 당기는 거야. 그러면 우리는 그 줄을 감아 올리기 시작하지. 운이 좋다면, 작살물어가 그 줄에 걸려 있겠지. 가지고 간 작살을 다 쓰면 잠수부들이 나와서 작살을 회수하고는 다시 잠수한단다."

"저 밑은 분명히 아름다울 거예요." 페트로니우스가 꿈꾸듯이 말했다.

"어디?"

"해저 말이에요."

배러스커리가 다시 웃었다. "움들은 그 경관을 감탄할 시간이 없단다. 낚시에 집중해야지."

"하지만 당신이 저 밑에 내려갔을 때 아름답지 않았나요?" 페트로니우스가 잠수부를 동경하기 시작한 그 순간부터, 그를 가장 사로잡았던 것은 바다 밑 풍경이었다. 그는 커다란 컬러사진들을 본 적이 있었는데 그때 그는 모든 것이 평화롭고 부드럽고 생동감 넘치는 다른 세상 속에 있는 것만 같았다.

"그래." 배러스커리가 끄덕였다. "그래, 사실 아름답지. 하지만 페트로니우스, 네가 이해해야 할 것은 움에게 그 모험은 현실이라는 거야. 현실에는 맨움들이 생각하는 그런 매력은 없어. 언제나 맨움은 움들이 하는 일은 영웅주의(sheroism)와 화려함에 차 있다고 생각하지. 그러나 현실은 그렇지 않아. 삶은 고달프고 피할 수 없는 투쟁이란다, 페트로니우스." 배러스커리가 이렇게 말하는 데에는 숨은 의도가 있었다. 페트로니우스에게 가장 좋은 것은 뱃사람의 삶이 얼마나 재미없고, 매력 없는 것인지 깨닫게 해주는 것이다. 뱃사람의 삶과 연관된 모든 로맨스는 맨읍이 만들어낸 것이었다.

줄 하나가 당겨졌고, 페트로니우스는 그 줄을 당기기 시작했다. 배러스커리가 목청을 가다듬고 "이렇게 하는 것이 더 낫단다."라고 말하고선, L 자형 손잡이로 감아 올리기 시작했다.

갑자기 다른 줄 하나가 당겨졌다. 한 선원이 앞으로 달려 나갔다. 페트로니우스는 넋을 잃고 물속을 내려다보았다. 등에 커다란 지느러미와 세 줄이나 되는 날카로운 이빨을 가진 은색 물고기가 그 모습을 드러냈다. 잡힌 물고기는 작고 가냘프게, 암말의 울음소리 같은 소리를 냈다. 페트로니우스는 가엾은 생각이 들어서 이내 눈을 감아버렸다. 그는 약간 어지러웠다. 배러스커리는 매끈한 포물선을 그리며 그 물고기를 잡아 올렸다. 그 물고기는 바닥을 꼬리로 세게 치면서, 온몸을 펄떡거렸다. 그녀는 단칼에 그 물고기의 목을 땄다. 그래도 여전히 펄떡였다. 물고기의 눈이 커지면서 핏발이 섰다. 튀어나온 듯한 그 눈은 페트로니우스를 차갑게, 그리고 비난하듯이 쳐다보고 있었다.

"아직 살아 있어요!" 페트로니우스가 소리쳤다.

"단지 반사작용일 뿐이야." 배러스커리가 말했다.

하지만 페트로니우스는 물고기의 심장이 계속해서 뛰는 것을 보았다. "심장박동도 단지 반사작용인가요?"

"넌 너무 질문이 많아……."

한 선원이 꼬리를 잡고 작살을 빼기 시작했다. 물고기가 그녀의 손을 물었기 때문에 다른 선원이 달려가 작살을 마저 뽑았다. 피가 갑판으로 튀었다. 그 물고기는 난간 쪽으로 껑충 뛰어올랐다. 그들은 그 물고기를 집어 올려 갑판에 있는 큰 구멍으로 던졌다.

"저 아래서 곧장 씻겨져서 얼음 위로 던져지지." 배러스커리가 말했다.

페트로니우스는 그 물고기가 씻겨져 아버지의 스튜 냄비에 놓일 때까지도 심장이 계속 뛸지 궁금했다.

이제 모든 줄이 당겨지고 있었다. 열두 명의 선원들이 모두 상어를 끌어당기는 일에 전념하고 있었다. 그들은 반바지만 입고 웃통은 벗은 채 일했다. 페트로니우스는 근육이 발달된 팔의 유연한 움직임에 따라 흔들리는 그들의 멋진 가슴을 바라다보았다.

"자, 이제 너도 한번 끌어 올려봐라." 배러스커리가 그에게 줄 하나를 건네주었다. 줄은 생각했던 것보다 무거웠다. 이내 물고기의 입이 드러나고, 물고기는 수면 위로 몸을 세차게 흔들면서 줄에 끌려 올라왔다. 그는 불안한 듯 배러스커리를 힐끗 쳐다보았다. 그녀는 뒷짐을 지고 서서 그를 지켜보고 있었다. 그녀가 고개를 끄덕였다. 그는 힘껏 줄을 잡아당겼으나, 중심을 잃고 뒤로 넘어졌다.

"안 돼, 안 돼!" 배러스커리가 소리쳤다. 작살은 배 반대편으로 날아갔고, 물고기는 핏자국을 남긴 채 물속으로 사라졌다. 페트로니우스는 어찌 할 바를 몰랐다.

"물고기는 어떻게 됐나요?" 페트로니우스가 걱정스럽게 물었다.

"우리는 지금 일등급 생선을 놓쳤어. 그런데 네가 걱정하는 거라곤 물고기가 어떻게 됐느냐는 거라니!" 배러스커리가 호탕하게 말했다.

"미안해요." 페트로니우스는 자신의 어리석음을 뼈저리게 느끼면서 어색하게 말했다. 속으로는 애가 탔지만 아무렇지도 않은 듯 배러스커리에게 웃음을 지어 보였다. 그는 온몸이 떨렸다. 그러나 배러스커리는 별일 아니라는 듯 말했다. "괜찮아! 최고도 실수할 때가 있지."

물론, 배러스커리는 이렇게 될 것을 이미 알고 있었다. 작살물어를 끌어 올리는 데는 오랜 고된 훈련이 필요했다. 모든 초심자는 그런 실수를 한다. 그러나 배러스커리는 페트로니우스가 이 일을 빨리 단념하기를 바랐다. 낚시는 움의 직업이며 배러스커리가 생각하기에는 앞으로도 계속 그럴 것이다. 이것이야말로 그 직업의 진정한 매력이었다.

"물고기는 죽었을까요?"

"뭐라고?"

"작살물어가 죽었을 거라고 생각하냐구요!" 페트로니우스는 그 불쌍한 물고기 생각을 지울 수가 없었다.

"글쎄다. 그 정도 상처가 나도 물고기는 오래 살 수 있어."

"이제 더 이상 잡을 수 없을 것 같은데요. 다른 놈들이 피를 보고 달아날 테니까요." 페트로니우스가 말했다.

배러스커리가 웃었다. "아냐, 다른 놈들은 꽤 멀찌감치 떨어져 있어. 아마 알아차리지 못할걸."

"아마 그놈이 헤엄쳐 내려가서 다른 놈들에게 말할 거예요."

"아니지, 그놈들은 상처를 입으면 곧장 몸을 숨긴다구."

그러나 몇 분 지나지 않아, 모든 잠수부들이 수면 위로 떠올랐다.

"도대체 어떻게 된 거야? 갑자기 그놈들이 모두 사라졌어. 저 아래에 큰 무리가 있어서 막 잡으려는 참이었는데."

"결국, 네가 옳았다, 페트로니우스." 배러스커리가 고개를 끄덕였다. "전형적인 맨움의 직감이야."

"이봐! 무슨 일이 있었던 거야?"

"하나를 놓쳤어." 배러스커리가 설명했다.

"네가 저 애를 시켰지?"

"내가 항상 말했잖아. 이것은 움의 일이라구!"

잠수부들은 동시에 모두 소리를 질렀고, 코로 물을 내뿜으며 몸을 흔들었다. 페트로니우스는 쥐구멍으로 숨고만 싶었다. 그가 일을 다 망친 것이었다.

"북쪽으로 계속 전진하자." 배러스커리가 명령을 내리자 잠수부들은 모두 배 위로 올라왔다.

마지막으로 올라온 잠수부가 페트로니우스 앞에 섰다. 페트로니우스는 그녀를 쳐다보았다. 아마도 그녀는 그에게 야단을 치려는 것 같았다. 그녀는 두 눈으로 그를 응시하면서 마스크를 벗었다. 그로였다.

페트로니우스는 현기증을 느꼈다. 배의 움직임, 피 흘리는 작살 물어와 그로가 그의 머리 주변을 빙빙 돌았다. 그는 천천히 돛대에 몸을 기댔다. 그녀는 잠시 그를 뚫어지게 쳐다보며 서 있었다.

그들은 섬의 북쪽에 정박하기 위해 스파웃을 돌아 항해했다. 낚시는 전처럼 계속되었지만 수확은 거의 없었다. 그로는 갑판에서 일했다. 그는 그녀가 생선의 배를 가르고 내장을 꺼낼 때, 피가 솟구치는 것을 보았다. 그녀는 신속하고 능숙하게 일했다. 페트로니우스는 자신도 같은 일을 할 수 있기를, 그녀처럼 되기를 바랐다. 그는 그녀가 느닷없이 작살물어 한 마리의 이빨을 자르는 것을 보았다. 그녀가 일어나서 그에게 다가왔다. "자, 기념품이야." 그녀가 말했다.

그것은 톱니 같았다. 페트로니우스는 손에 든 이빨에게서 그로에게로, 다시 그로에게서 이빨로 시선을 옮겼다. "고마워요."

"아름다운 그 미소에 대한 보답이야."

그녀는 다시 생선의 배를 가르기 위해 돌아갔다.

저녁에는 축하 파티가 있을 예정이었다. 페트로니우스는 그 파티를 고대하며 준비한 붉은색 스커트를 입었다. 그 위에는 짧은 퍼프 소매가 달린, 몸에 딱 달라붙는 얇은 실크로 된 노란색 블라우스를 입었다.

살롱으로 들어섰을 때 그는 모든 이들의 주목을 끌기에 충분했다. 검은 옷을 입은 움들 사이에서 그는 확연히 눈에 띄었다. 그 파티를 위해서 그들이 한 최고의 준비는 몸을 씻는 것뿐이었다. 갑자기 자신들의 몰골이 초라하다고 느낀 그들은, 페트로니우스에게 의자를 당겨주고 무엇을 마실 것인지 묻고 담배를 권하고 불을 붙여주고 재떨이를 가져오고 바다 생활이 마음에 드는지를 묻고 그리고 그의 땋은 머리를 칭찬하며 관심을 끌기 위해 애썼다.

페트로니우스는 살아오면서 그처럼 많은 이들의 관심의 대상이 된 적은 한 번도 없었다. 이 순간만큼은 이 세상에서 가장 아름다운 맨움이 된 듯했다.

"첫 번째 춤을 저와 함께 추실까요?" 잠수부 중 한 명이 청했다. 그녀는 그에게 줄을 놓쳤다고 고함을 친 자였다. 이름은 비타였다.

"아냐, 내가 먼저 출 거야." 선원인 무나가 말했다.

"아냐, 나라구. 왜냐면 내가 너희들보다 먼저 신청했거든." 그로가 말했다.

"아닐세, 내 차례인 것 같은데." 배러스커리가 짐짓 화난 목소리로 말하고선, 만면에 미소를 띠면서 플로어로 페트로니우스를 이끌고 나가 우아하게 절을 한 다음, 힘찬 뱃사람 왈츠에 맞추어 춤을 추기 시작했다. 다른 사람들은 그 둘을 원 모양으로 에워싸고는 다 함께 박자에 맞춰 손뼉을 치며 노래를 불렀다.

> 한 뱃사람이 물결치는 바다로 떠난다네
> 헤이 호!
> 그녀는 밤새도록 파도와 싸운다네
> 헤이 호!
> 천둥이 치고 강풍이 불지라도
> 사랑하는 소년이 있는 집을 향해
> 그녀는 항해를 한다네
> 헤이 호!

분위기는 생동감이 넘쳤다. 음악이 흐르고, 서로 잔을 부딪치고, 페트로니우스는 쉴 새 없이 계속 춤을 추었다. 잠시 후 벨이 울리고 작살물어 스튜를 담은 열 개의 큰 냄비를 든 요리사들이 등장했다. 하루 일과를 마치고 나서 움들은 굶주린 상태였기 때문에 허겁지겁 음식으로 달려들었다. 페트로니우스는 그들이 먹어치우는 어마어마한 양에 놀랐다. 그는 한 접시 이상은 도저히 먹을 수가 없었다. 선원 중 한 명이 그에게 통통해지려면 더 먹어야 한다고 이죽거렸을 때, 배러스커리가 끼어들어 식탁에서 건방 떨지 말라고 한마디 했다.

파티는 술과 노래와 음악으로 이어졌다. 뱃사람들은 음담패설로 서로의 흥을 돋우기 시작했다.

"그러니까, 예전에 그것이 서지 않는 한 녀석을 알았지." 비타가 입을 열었다. "아무리 노력을 해도 소용없었어. 그저 죽은 청어처럼 달려 있었다구. 그러던 어느 날……."

"이봐! 여기 로디가 계시잖아!"

그들이 모두 페트로니우스를 쳐다보자 그는 얼굴이 빨개졌다.

"그게 무슨 상관이야. 우리가 그를 위해 점잔 떨 수는 없잖아, 안 그래?"

"거시기를 위해 건배!"

"그러던 어느 날, 꼬리를 흔들면서 아파트 주변을 바쁘게 돌아다니는 빅슨 테리어 한 마리가 우리 집에 들어왔어. 그랬더니 아 글쎄! 그것이 발딱 서는 거야."

움들이 크게 웃었다.

"그날 이후로 나는 그를 보러 갈 때면 언제나 개 한 마리를 가져갔지." 비타가 깔깔거리며 끝을 맺었다.

"내가 전에 알던 녀석과는 완전히 딴판이군. 그는 하루에 삼십 번쯤은 발기하는 거야. 그는 진짜 섹스광이었다구. 결국 난 질려버렸지. 가서 삼십 분마다 그걸 문질러야 하니 다른 일은 아무것도 할 수 없었지. 누가 그렇게 오래 설 수 있겠어? 그래서 하루는 그의 다리 사이에다 찬물을 양동이 하나 가득 쫙 부어버렸지. 그제야 흐물흐물해지더군. 난 지금까지 그렇게 많이 웃어본 적은 없었어! 하, 하, 하!"

그들 모두 배꼽을 잡았다. 페트로니우스는 그로를 힐끗 쳐다보았다. 웃고 있었다. 그로마저도.

"내가 본 최악은 팍스에서였지. 우리는 세 명이 한 명을 공유했거든. 그는 정말로 늘 그걸로 꽉 차 있었어! 그래서 그가 올 때마다 그것을 사발에다 전부 받아서는 수프를 만들어 그에게 대접했지. 그랬더니 그가 어쨌는지 알아? 그걸 마시더라구!"

"멋지군!"

"맨움이란!"

"그 꼴을 본 몇 명은 너무 흥분한 나머지 그것이 줄줄 흐르더라구!"

"한 번은 내가 팍스에 있을 때였어. 발기를 한 채 내게로 걸어오는 창남 둘을 발견했지. 내가 어쨌는지 알아? 잽싸게 두 개를 동시에 잡아서는 있는 힘껏 꽉 쥐고 말했지. '안녕, 만나서 반가워!' 그러고는 그것들을 힘차게 위아래로 흔든 다음 가던 길을 갔지. 그 녀석들은 그 자리에 서서 입을 딱 벌리고 나를 보더라구. 아마 그 녀석들도 생전 처음으로 그런 경험을 해봤을 거야."

"하하! 그것도 훌륭한데."

희미한 불빛 아래에서 움들의 얼굴은 땀과 흥분으로 빛났다. 그들 중 한 명이 페트로니우스에게 점점 다가오기 시작했다. 그녀는 그의 뺨을 치고는 "야아, 정말 솜털이 조금씩 나고 있구나!" 하고 말했다.

"손 치워!" 누군가 제지하고 나섰다. 그들 모두 와하고 웃었다. 그로가 페트로니우스를 댄스홀로 데리고 나갔다.

춤을 추는 동안 그는 감히 그녀를 쳐다보지 못했다. 그는 그녀의 체온을 느끼고는 행복해했다. 지금은 어느 누구도 박자에 맞추어 손뼉을 치지 않았다. 그들은 행운을 잡은 그녀를 지켜보며 술을 마시고 있었다. 그 곡이 끝나자마자 다음번 춤을 위해 네 명이 한꺼번에 달려 나가는 바람에 자기들끼리 부딪쳤다.

그들 중 두 명은 플로어 중앙에 선 채, 주먹을 쥐고 서로를 노려보고 있었다. 그들의 젖꼭지 사이의 거리는 불과 몇 밀리미터밖에 안 됐다.

"너 오늘 내 코앞에서 작살물어를 채 갔지, 이년아!" 그녀는 맞은편 움의 옷깃을 움켜잡았다.

"멍청이! 넌 항상 작살을 늦게 던지잖아. 그리고 언제나 난 너보다 더 많이 잡는다구!"

"거짓말 마! 난 지난번에 서른여덟 마리나 잡았어!"

"난 마흔네 마리 잡았다!" 그녀는 상대편의 코를 비틀었다.

주먹이 날아갔다. 페트로니우스는 거기서 뛰쳐나왔다. 잡다한 소동이 잇따라 일어났다. 병과 유리컵이 여기저기서 깨졌다. 의자가

방을 가로질러 날아다녔다. 누군가가 소리쳤다. "이제 그만둬!" 그랬더니 다른 사람이 "너나 그만둬라!" 하고 응수했다. 판을 벌였던 두 사람은 고함을 지르고 있었다. "저년이 치려고 하네!" "하느님 어머니! 제발 저년 입 좀 다물게 하소서!"

"이 멍청이들아!" 누군가 소리를 질렀다. 리즈 배러스커리가 문가에 서 있었다. 움들은 싸움을 멈추고, 옷을 털고 나선 아직 깨지지 않은 컵들을 줍기 시작했다. "이게 뭐 하는 짓들이야, 내가 나가자마자 배를 부수려는 거야!"

움들은 아무 말도 하지 않았다. 배러스커리는 페트로니우스에게로 다가가서 그를 문 쪽으로 밀었다. 그와 함께 나가다가, 그녀는 돌아서서 협박하듯 말했다. "두고 보겠어. 내 약속하지!"

배러스커리와 페트로니우스는 그녀의 선실로 들어갔다. 그녀는 그에게 담배를 권했다. 그의 손이 가볍게 떨렸다. 그녀는 침상을 펼치고 나서 그를 보았다.

"이리 와."

페트로니우스는 침대 가장자리에 앉았고 당황해서 어쩔 줄을 몰랐다. 배러스커리는 그에게 웃음을 보였다.

"난 언제나 네 생각을 많이 하지, 페트로니우스." 그녀가 말했다. 그녀의 목소리는 자신감에 차 있었다. 그녀는 많은 맨움들을 경험했을 것이며, 항상 맨움들에게 둘러싸여 있었을 것이다. 그녀는 페트로니우스가 성장하는 것을 옆에서 지켜보아왔다. 그는 그녀에게서 편안함을 느꼈다. 그는 자신의 머리를 매만지는 손길을 느꼈다. "너는 정말로 예쁘고 매력적인 소년이야. 이제 곧 멋진 연인이 될 거야." 그녀는 몸을 기울여 그에게 키스했다. 페트로니우스는 그의 입을 꽉 다물었다. 놀랍게도, 그녀는 곧바로 몸을 떼내고 일어나서는 창피를 당해 분하다는 듯이 말했다. "아, 그래, 좋아. 네가 원하지 않는다면……."

다음 날 뱃사람들이 낚시질을 끝내고 돌아왔을 때, 그들은 전보다 더 진심으로 말했다. "바다에서 맨움은 골칫거리일 뿐이야."

빈민가의 작은 장미

어느 겨울날, 브램은 이제 그녀의 하우스바운드가 아기를 갖게 될 것이라는 소식을 전하러 집으로 왔다. 기쁨에 들떠서, 그녀는 그를 안았다.

"당신은 행운아야, 이제 당신은 하루 종일 집에 혼자 있지 않아도 된다구."

크리스토퍼는 그녀의 포옹으로부터 벗어나 시선을 다른 곳으로 돌렸다. 그녀가 아무리 요구한다 하더라도 그는 피임약 먹는 것을 중단하고 싶지 않았다. 게다가 그가 피임약을 먹으면 자신의 성욕이 감소되는 것 같다고 브램은 몇 번이나 불평하곤 했다.

크리스토퍼 리즈도터는 아주 어린 나이에 부성보호를 받았다. 처음에 아버지가 될 것이라는 말을 들었을 때 얼마나 기뻤던가를 떠올렸다. 그것은 자신이 한때의 불장난 상대가 아님을 의미했다.

부성보호자인 루스 브램과 함께, 그는 전통 있고 존경받는 유복한 가정의 일원이 되는 것이다.

크리스토퍼는 힘든 유년시절을 보냈다. 그는 메이드맨의 무도회에서 단 한 번의 성관계로 임신이 되어 태어난 아이였다. 그의 아버지 루드릭 리즈도터는 위험한 도박을 한 것이다. 그의 간절한 꿈은 가난에서 벗어나 친할아버지와 함께 살고 있는 그 빈민가를 떠나는 것이었다. 그때 그는 메이드맨의 무도회에서 수 앨러스피스를 만나 첫눈에 반하고 말았다. 수 앨러스피스는 팍스 출신으로 루드릭이 반할 수밖에 없는 재미난 악센트로 이갈리아어를 구사했다. 수는 그에게 이국적인 술을 선물했으며 돈을 물 쓰듯이 썼다. 그녀는 자신의 어머니는 팍스에서 가장 큰 회사 중 하나를 소유하고 있지만 자신은 바다를 사랑하기 때문에 팍스를 떠난 것이라고 말했다. 게다가 그는 럭스의 서쪽에 큰 빌라를 장만해 두었고, 이제는 아늑한 가정을 꾸밀 수 있는 참한 하우스바운드를 기다리고 있을 뿐이라는 것이었다.

루드릭에게 수 앨러스피스는 돈이 나무에서 자라는 황홀한 세상을 상징하는 사람이었다. 그는 수에게 피임약을 먹지 않는다는 얘기를 하지 않았다.

루드릭은 수가 그에게로 달려와 이제 럭스에 있는 그녀의 아름다운 집으로 이사를 갈 수 있게 되었다는 희소식을 전해 주기만을 손꼽아 기다렸다. 수는 그의 멋진 둥근 배도, 그처럼 작은 자지도 결코 본 적이 없으며 그와의 오르가슴은 지금까지 경험한 것 중 최고였다고 종종 말하곤 했다. 그리고 마침내 그녀가 찾아왔다.

어느 가을 늦은 저녁, 수 앨러스피스는 루드릭네 문을 두드렸다. 그러나 메이드맨의 무도회에서 만났던 수가 아니었다. 그녀는 낡고 초라한 셔츠와 몇 치수는 더 큰 바지를 입고 있었다. 그러나 무엇보다도 나쁜 것은, 그녀가 이젠 악센트 없이 말하고 있다는 것이었다.

루드릭은 너무나 당황해서 그저 그녀를 바라보며 서 있기만 했다.

"손이 얼기 전에 안으로 들어가면 안 될까?"

루드릭이 문을 열자 그녀가 안으로 들어왔다. 할아버지는 구석에서 뜨개질을 하며 앉아 있었다. 그는 안경 너머로 그녀를 뚫어지게 쳐다본 후, 사람 좋게 웃고선 그녀에게 인사를 했다. 수는 그를 가리키면서 루드릭에게로 돌아섰다.

"저 늙은이도 여기 있어야 하나?"

"하지만 우린 방이 하나밖에 없는걸요."

할아버지는 뜨개질하던 것을 내려놓고 힘겹게 일어났다. "산책 좀 다녀오겠다. 나가서 고양이를 찾아봐야겠어." 그가 말했다.

"넌 아이를 갖게 될 거야." 그들만 남게 되자 수가 비난하듯이 말했다.

루드릭은 무서움에 떨며 그녀를 바라보았다. 그렇게도 간절히 고대해 왔던 그 소식이 갑자기 재앙이 되어버린 것이다.

"지…… 지울 수는 없나요?"

"하!" 그녀가 말했다. 그녀는 천천히 마루 위를 왔다 갔다 하기 시작했다. "나도 그것에 대해 생각해 봤지." 그녀는 재빠르게 돌아서서는 의기양양한 표정으로 그를 보았다. "그러나 난 그렇게 하지 않을 거야."

"왜 안 한다는 거죠?"

"내가 그 문제를 심사숙고해서 얻은 결론은 첫째, 난 팔 개월 동안 유급휴가를 받아. 그다음엔 오천 달러블이나 보너스를 받는다구. 너도 알다시피 이번이 내 세 번째 아이야. 더 자세히 말하자면 칠 번 가에 사는 리틀 수잔노 역시 내 아이야. 게다가 어머니의 유산으로 문힐에서 부유하게 사는 로디와의 사이에 또 한 명이 있지. 그리고 나는 이 임신도 포기하지 않기로 작정했어."

루드릭은 그의 귀를 의심했다. 물론 그는 아이를 낳기만 하고 책임을 지지 않는 움이 있다는 것을 알고 있었다. 하지만 그 자신이 그 불행한 아버지들 중 하나가 되리라고는 상상해 본 적이 없었다. 이렇게 해서 부유한 움을 만나려던 그의 꿈은 끝장난 것과 다름없었다. 그는 남은 생애를, 그가 아홉 살이었을 때 결핵으로 돌아가신 그의 아버지처럼 그리고 그의 할아버지처럼 노예같이 일만 하며 살아가야 할 것이다. 결코 그 집으로부터 벗어날 수 없을 것이다.

"그러면…… 그러면 팍스의 회사와 럭스의 빌라는 뭐지요?"

그녀는 조소하듯이 웃었다. "후! 너도 이미 눈치챘겠지만 거짓말이었어. 난 평범한 부두 노동자야. 임신하지 않는 동안 난 곡물을 싣고 내리는 일을 하지. 사실 나는 그 일이 임신을 계속 하는 것보다 실제로 덜 힘들다는 결론을 내렸어. 일은 그래도 휴식 시간을 가질 수나 있지. 하지만 아이를 갖는 것에는 휴식을 취할 수 있는 방법이 없잖아. 그 점에 대해서 생각해 본 적이 있나, 루드릭 리즈 도터? 아니겠지. 그것은 전일제 일이라구. 너희 맨움들은 메이드맨 무도회에서 사정할 때까지 그 짓을 계속하면서도 그것에 대해선 조금도 생각하지 않는다구. 네가 생각하는 거라곤 그저 미래를 보장하는 경제적인 안정을 얻는 것뿐이지. 너는 내가 말한 것을 전부 믿는 멍청이였어. 어쨌든, 너는 나를 속였어! 피임약을 사용하지 않은 맨움에 대한 형벌이 뭔지나 알아?"

루드릭은 그나 그의 할아버지가 청소부 일을 해서는 결코 모을 수 없는 엄청난 액수의 돈을 기대했다. 결국 자기 꾀에 자기가 넘어간 것이다.

"그건 그렇고, 난 지금 부성보호를 줄까 생각하고 있는 어떤 늙어빠진 놈하고 연애 중이거든. 그는 단독 상속자(heirass)야. 애석하게도 지금 그의 정력은 쇠했지만 상속만 하면 난 남부럽지 않은 움이 되는 거라구, 리즈도터. 나는 다른 남자의 아이를 그가 기르도록 할 생각은 전혀 없어. 사실 난 내 집에서 네 딸을 보고 싶지는 않아."

"아들일 수도 있죠."

"그래, 아들일 수도 있지. 굳이 우리가 사소한 일을 꼬치꼬치 따지려 든다면 말야!"

약 팔 개월 후, 루드릭은 아들을 데리러 부성복지센터로 오라는 통지를 받았다. 아직 어리고 경험이 없던 루드릭은 하라는 대로 했다.

그곳에는 아기 크리스토퍼가 누워 있었다. 루드릭의 마음은 그를 보자마자 수그러들었다. 그는 아기를 들어 올려 팔에 안고 흔들며 모든 일은 잘 해결될 거라고 속삭였다.

그는 수가 그곳에 있을 거라 기대했다. 그러나 그녀는 다시는 그를 보고 싶지 않다는 메시지만을 남겼다. 그는 증인 입회 아래 그가 친아버지라는 서약을 하고 아이가 이제 그에게 양도되었음을 증명하는 서류에 서명해야 했다. 그러고 나서 한 사무원이 수 앨러스피스는 원할 때면 언제든지 아이를 볼 수 있는 권리가 있으며 루드릭 리즈도터는 수 앨러스피스의 동의가 없이는 이갈선드를 떠날 수 없음을 알려주었다. 사무원은 루드릭에게 서류를 읽어주다가 가끔씩 눈을 들어 그를 쳐다보았다. 루드릭은 그녀가 임신했음을 눈치챘다.

그러고 나서 그는 다른 방으로 보내졌고 그곳의 사무원으로부터 "P-기만죄에 대해 오백 달러블의 벌금을 물어야 합니다."라는 말을 들어야 했다.

"P…… P…… P-기만이라구요?"

"예, 예를 들자면, 페니스(prick)나 콘돔(prophylactic), 피임약(pill)을 의미하는 거죠. 아니면 피임법이라든가."

루드릭은 뒤돌아보았다. 아이를 데리고 온 한 움이 그를 보고 웃고 있었다. 그 사무원은 그녀에게 웃음으로 답했다.

"무엇을 도와드릴까요?"

"난 단지 이 수다쟁이와 작별하고 싶어요. 난 이 주나 넘게 이 아이를 데리고 있었어요."

그 사무원은 친절하게 그녀를 위해 다음 부서로 가는 문을 열어주었다.

"그래서 말입니다, 리즈도터 씨. 당신이 피임하고 있다고 허위로 진술한 데 대한 벌금이 오백 달러블이죠. 물론 잘 아시겠지만, 부성을 할당받지 않기 위해서는 P-사무국에 가서 등록을 해야 합니다.

당신은 공식적으로 등록되어 있지 않아요. 그래서 당신은 정액 제공자로 간주되는 것입니다. 오백 달러블을 내세요."

"하지만…… 하지만 난 그렇게 많은 돈이 없어요!" 루드릭은 부끄러움과 당황으로 어쩔 줄을 몰랐다.

"할부로 낼 수도 있답니다. 우리는 비인간적(inhuwom)이지 않아요."

그에게는 아직도 사인을 해야 할 서류가 남아 있었다. 그에게 열 가지의 벌금형 과실이 부과되었고, 온갖 서류에 사인을 하고 나서야 밖으로 인도되었다.

루드릭은 아들을 점점 더 좋아하게 되었다. 학교 다닐 때 그가 가장 좋아했던 과목은 육아였다. 게다가 할아버지도 그를 도왔다. 할아버지는 젊은 시절에 놀이방 교사였고 어린이에 대해서 많이 알고 있었다. 그래서 크리스토퍼는 사랑에 관한 한 부족함을 모르고 자랐다. 그러나 그들은 가난했고 집은 비좁았다. 루드릭은 케이크 공장에서 일했다. 그는 컨베이어 벨트 앞에 삼십 년 동안이나 앉아서, 작고 둥근 케이크 위에다 녹색 설탕으로 테두리 장식을 하였다. 이따금 그는 케이크를 몇 개씩 집으로 가져오곤 했고 그러면 크리스토퍼는 걸신 들린 것처럼 그 케이크를 먹었다. 그는 상냥하고 통통한 작은 소년으로 자랐다. 그는 책가방을 메고 깡충거리며 뛰어다니면서 사람들의 귀여움을 한 몸에 받았다.

때때로, 길에서 여자아이들이 그를 쫓아다니며 "갈보."라든가 "너는 왜 크리스토퍼가 아버지의 성을 쓰는지 아니?"라고 소리칠 때면 그는 금세 주눅이 들었다. 그러면 그는 집으로 달려가서는 울면서 아버지에게 왜 그들이 그런 말을 하는지 묻곤 했다. 그러면 그의 아버지는 그것은 그들이 어리석기 때문이라는 말로 위로해 주었다. 또 할아버지는 조립 완구 세트를 가져다주었고, 그들은 그것으로 다리와 기중기 그리고 탑을 만들었다. 그러면 크리스토퍼는 금세 미소를 지었고 다시 웃었다. 그가 더 자랐을 때, 루드릭은 그에게 모든 것을 말해 주었다.

할아버지와 루드릭은 크리스토퍼가 공학에 소질이 있고 산수에 뛰어난 머리를 가졌다는 것을 곧 알게 되었다. 크리스토퍼가 자라는 동안 세워진 노스 다리 아래에서 그는 몇 시간씩 그것을 구경하기도 하고, 기술자가 난처해서 머리를 긁적일 때까지 세부도를 놓고 그와 긴 토론을 하기도 했다.

그렇지만 의무교육 기간을 끝내고 교육을 더 받는 문제에 부딪쳤을 때 그에게는 선택의 여지가 없었다. 크리스토퍼는 빈민가의 다른 또래 아이들처럼 나이를 먹자마자 나가서 돈을 벌어야 했다. 소녀들은 대부분 항구에서 직업을 얻었고, 몇몇은 바다로 나갔다. 크리스토퍼는 미용실에 취직해 턱수염과 탈모 취급을 전문으로 하게 되었다. 루스 브램을 만났을 때, 바로 그는 이곳에서 일하고 있었다.

그들은 처음에 메이드맨의 무도회에서 만났다. 크리스토퍼는 문힐에 사는 상류사회의 늙은 로디들을 방문해서 그들의 대머리를 손질하면서 무도회 티켓을 살 돈을 모았다. 보수는 깜짝 놀랄 만큼 많았다. "문힐에는 달덩이 같은 머리만 있나 보지." 훗날 루스가 이렇게 말했을 때 크리스토퍼는 흠모하는 듯한 미소로 답했다.

루스 브램과 크리스토퍼 리즈도터는 첫눈에 서로에게 반했다. 그러나 루스 브램이 한 발 늦었기 때문에 크리스토퍼는 다른 움과 메이드맨의 방으로 사라져버렸다. 브램은 결코 이것을 잊을 수가 없었다. 왜냐하면 그것은 그녀의 자존심을 상하게 했고 그녀의 화려한 남성 편력에 대한 도전으로 여겨졌기 때문이다. 심기가 좋지 않을 때면 그녀는 크리스토퍼가 경박하고 지나치게 헤프다는 증거로 이 이야기를 들먹였다. 그리고 나중에 크리스토퍼가 원한 것은 바로 그녀였음을 수차례에 걸쳐 확신시켜 주는데도 그녀는 그 일이 생각날 때마다 쓰라린 고통을 참지 못했다.

"하지만 내가 당신보고 메이드맨의 방으로 가자고 할 수는 없었잖아요. 안 그래요?" 크리스토퍼는 브램이 그 에피소드를 떠올리면서 질투로 몸서리칠 때마다 위로하듯이 말했다. 그렇다. 그들은 서로가 그 모순을 알고 있었다. "만일 그랬다면 당신은 나를 원하지조차 않았을 거예요. 그렇게 되면 우리는 결코 함께 살지도 않았을 거구요. 그래서 그때 난 당신에 대한 관심을 보이지 않았던 것뿐이라구요." 이렇게 해서 그들은 화해하고 다시 행복해졌다.

결국 그녀는 그에게 구애를 했다. 루스 브램은 속물이 아니었기 때문에 빈민굴에 사는 애인에게 구애하는 것이 조금도 괴롭지 않았다. 오히려 그녀는 열악한 환경 속에서도 잘 자라는 고결하고 진귀한 장미를 발견한 것만 같았다. 그녀는 자신의 손으로 이 장미를 좋은 토양으로 옮겨 심어서 잘 키우겠다는 신념이 싹트고 있음을 느꼈다. 그녀의 가족에게는 서민의 덤불 속에서 장미를 땄던 전례가 몇 차례나 있었다. "그것은 그저 오래된 지주 가문의 유전자를 새롭게 하는 방식일 뿐이란다." 그녀의 증조할머니는 이렇게 말씀하시곤 했다.

그들은 오랜 기간 매우 순결한 관계를 유지했다. 크리스토퍼는 아버지의 운명에서 교훈을 배웠고 보호받지 못하는 아이는 절대 갖지 않겠다고 결심했다. 그래서 루스 브램은 페트로니우스를 임신하게 된 참나무숲으로 마침내 그를 데려갔을 때, 그에게 부성보호를 공식적으로 약속해야만 했다.

크리스토퍼 브램은 하우스바운드의 역할을 행복하게 받아들였다. 그는 자신의 아버지보다 더 나은 삶을 살게 됐다는 것이 고마울 따름이었다. 그런데도 그는 때때로 공학(工學)에 대한 적성을 발전시킬 기회를 갖지 못한 것을 후회하곤 했다. 그는 가끔 이것을 루스에게 말하곤 했지만 그때마다 그녀는 단지 억지 미소를 지으며 자유 시간에 마음껏 공학을 공부하라고 말할 뿐이었다.

하지만 그에게 정말로 자유 시간이라는 것이 있는가? 그가 부성보호를 받는 한, 그에게 돌보아야 할 어린아이가 있는 한 그것은 그림의 떡이었다. 페트로니우스가 팔 개월이 되었을 때, 바가 태어났다. 게다가 바는 하나에서 열까지 아빠의 손길을 요구하는 아이다. 지금 그녀는 다 큰 소녀인데도 아빠 찾는 소리를 그치지 않는다. 그녀는 그렇게 성가시게 군다. 그런데 지금, 루스는 기쁨으로 가득 차서 아이를 하나 더 갖게 될 거라고 그에게 말하고 있는 것이다.

그는 그녀가 두 아이로 만족하기를 은근히 바랐다. 루스에겐 아이를 더 가지라는 사회적 압력도 없었다. 그러면 이제 어떻게 될까? 루스가 원한다면 임신 기간에 직장에서 휴가를 얻을 수도 있을 것이며 그렇게 되면 그는 하루 종일 집에서 그녀의 시중을 들어야 한다. 그리고 마침내 그녀가 직장으로 복귀하게 될 때면 고달픈 수유의 시기가 올 것이다. 크리스토퍼는 한숨을 쉬고는 아무 말도 하지 않았다.

"당신은 기쁘지 않은 거야?" 브램이 마음이 상해서 침묵을 깼다. "내가 장담하는데, 사랑스럽고 귀여운 여자아이라니까."

크리스토퍼는 그녀 쪽으로 몸을 홱 돌렸다. "그만둘 수 없어요?"

"그만두라구?" 브램이 따라 했다. "어떤 아버지가 태어날 딸에게 '그런' 말을 하지? 당신은 내가 낙태하기 위해 임신을 했다고 생각하는 거야? 맨움은 '낙태'가 백해무익하다는 것을 깨달아야 해. 그리고 설령 깨달을 수 없다 하더라도 그들은 그 결과에 책임을 져야만 한다구. 한 생명이 내 안에 존재하게 되는 거야. 자신의 책임을 거부하는 맨움은 사회의 암적인 존재라구."

"나는 나 자신을 위한 시간을 조…… 조금이나마 갖고 싶어요, 루스."

"당신을 위한 시간이라고? 당신은 내가 일하는 동안 하루 종일 집에서 당신 시간을 갖고 있잖아. 나는 늘 당신의 시간이 어디로 가는지 궁금해. 원한다면 우리는 언제든 청소부를 고용할 수도 있다구. 어쨌든 당신, 바가 얼마나 여동생을 바라는지 알잖아. 당신도 그 문제에 대해서 한번 생각해 봐."

"여동생이라!" 크리스토퍼가 혼잣말로 말했다. 그는 두 손으로 얼굴을 감쌌다.

"크리스토퍼…… 난 가끔 당신을 이해 못 하겠어. 오늘 난 의사를 만났어. 그러고는 하루 종일 집으로 가서 당신에게 이 소식을 전할 것을 고대하고 있었다구. 난 아마도 당신이 임신시켰다는 사실에 조금 당황할지도 모른다고 생각은 했지만 그래도 한 생명이 내 안에서 자란다는 것을 자랑스러워하고 기뻐할 줄 알았어. 그런데 지금……."

그녀는 마음이 상했으며 화가 났다. 크리스토퍼는 정말로 그녀가 속상해한다는 것을 알 수 있었다. 갑자기 그녀에게 연민을 느꼈다. 그는 도대체 어떤 맴움인가? 그녀를 껴안고, 그녀의 배를 쓰다듬으며, 자라는 것을 지켜보고, 두 손 벌려 그들의 사랑의 열매를 받아들이고, 그 아이를 사랑하고, 그녀를 사랑하고, 그들 모두를 돌보아야만 하지 않는가? 그가 아니면 어느 누가 이들을 돌본단 말인가? 만약 그들에게 등을 돌린다면 무슨 일이 벌어질까? 이기적이게도 그들을 외면하려 하다니, 하느님, 제가 어리석었습니다! 그는 그런 말을 하지 말았어야 했다. 지금 그는 그녀에게 상처를 준 것이다. 그는 부끄러웠다. 그는 엄청난 이기주의자다. 그는 못된 아버지이며 사랑스럽지 못한 맴움이다. 이것을 어떻게 보상할 수 있을까? 둘째 딸의 출생이 기대된다고, 그 딸과 루스 둘 다를 사랑한다고 말하려던 바로 그 순간, 루스가 그의 생각을 방해했다.

"어떻게 당신은 자신에게 더 많은 시간이 필요하다고 말할 수 있지? 나는 어떻고? 가족을 갖는다는 것이 무슨 의미지? 내가 하루 종일 뭘 하고 있다고 생각해? 언제 한번 내가 나 자신에게 시간을 갖도록 한 적이 있었나? 이 세상에서 내게 중요한 단 한 가지는 다른 사람에게 의미 있는 뭔가를 하는 거야. 그렇지 않으면 나는 비인간적인 로봇일 뿐이라구. 나는 당신과 아이들을 위해 일하느라 하루를 다 보낸다구. 그러면 당신은 우리를 위해 집을 잘 관리하기만 하면 되잖아. 그런데 당신은 애를 하나 더 갖는다고 불평하다니. 내 사랑, 크리스토퍼. 내가 아이를 낳으면 당신이 그 애를 받는 것은 자연의 법칙이야. 결국 아이를 임신시키는 사람은 맨움이라구."

노총각 올모스
287번 지침에 따라 가르치다

"결국, 아이를 임신시키는 사람은 맨움이에요." 노총각 올모스는 5학년 B반 학생들을 마주 보면서 대답했다. "땅 위의 모든 생명체는 자신의 근원으로 끊임없이 이끌려 가죠. 육지의 모든 생명 과정은 커다란 순환으로 볼 수 있어요. 순환은 원운동이에요."

노총각 올모스는 칠판에 원 하나를 그렸다. "원 또는 동그라미는 모든 기하학적 도형 가운데 가장 완벽하죠. 결핍이 없거든요. 원 안에는 완벽한 균형이 지배하고 있답니다."

한편으로는 원의 완벽성에 대한 생각에 매료되어, 다른 한편으로는 학생들이 조는지 관찰하기 위해 그는 잠시 멈췄다. 학생들은 조용히 앉아 있었다. 그러나 땅딸보 판당고와 앤 문힐을 제외하고는 듣는 건지 딴생각을 하는 건지 구분하기가 힘들었다.

"원은 그래서 움의 상징이지요. 움은 그녀 안에 자연의 위대한 순환을 품고 있기 때문이죠. 그러나 움이 창조한 문명에서 원은 새롭고 확장된 의미를 갖게 되었지요. 아버지, 어머니 그리고 아이의 관계를 이 원에 적용시킬 수 있어요. 아이의 생명의 근원은 아버지의 정자 세포와 어머니의 난자 세포에 있고 생명이 뿌리를 내리는 곳은 바로 어머니의 몸 안이죠."

그는 원의 꼭대기에 아버지의 정자 세포를 아주 작은 점으로, 원 둘레 중앙 조금 위에다 어머니의 난자를 크고 굵은 동그라미 모양으로 그렸다. "여기서…… 아이가…… 태아로 되는 거고…… 마침내는…… 아이가 나오는 거예요."

그는 시작점을 돌아 삼 분의 이가 되는 지점에 하트 모양으로 아이를 그려 넣었다.

"그리고 정자, 씨앗의 근원지인 아버지가 그의 팔에 아이를 안는 거죠. 말하자면 아이는 그 근원으로 돌아가는 겁니다. 동물의 세계에서는 이렇지 않아요. 이것은 문명의 성과죠. 우리는 세 점을 선으로 이음으로써 이 관계를 알 수 있어요. 그것이 원 안의 삼각형이죠."

노총각 올모스는 원에다 삼각형을 그렸다.

"여성의 상징인 원에 둘러싸인 삼각형은 문명의 상징이랍니다. 원 안에 새겨진 삼각형, 이 모양은 문명이란 움의 창조물이며 모든 진정한 문화는 움의 문화라는 사실을 상징하는 것입니다!"

노총각 올모스는 만족감과 경외심을 갖고 자신이 그린 그림을 보았다. "아름답죠. 무한한 아름다움과 완벽함. 이것이야말로 모든 이들이 아버지의 팔에 안긴 아기 도나 제시카의 그림을 볼 때 깊은 감동을 느끼는 이유랍니다."

"그러면 난자 세포도 아이의 근원이라고 말할 수는 없나요?" 앤 문힐이었다.

노총각 올모스는 누군가가 집중하고 있었다는 것을 깨닫고는 너무 흥분한 나머지 얼굴이 붉어졌다. "난자는 생명력 그 자체와 비교할 수 있어요." 그가 말했다. 생명의 기적을 염두에 두고 그는 가능한 한 고상한 용어로 말하기 시작했다. "창조 원리, 즉 난자 세포가 땅, 토양이라면 정자 세포는 콕 찌르는 핀과 같은 거라고 할 수 있죠. 자극제 또는 흥분제 같은 거예요. 그리고 난자 세포는 이 자극을 느낄 때, 생명의 과정을 작동시킬지를 결정하지요. 그러고는 대지처럼 관대하게 모든 것을 되돌려준답니다. 그래서 이 과정이 완결되면 아버지가 아이를 팔에 안게 되는 거죠."

"그러면 왜 엄마 고양이가 새끼 고양이를 돌보나요? 아빠 고양이는 자기 새끼조차도 못 알아보는데 말이에요! 어떤 때는 아빠 고양이가 자기 새끼를 죽이기도 한다구요." 집에서 고양이를 다섯 마리나 기르는 울프램 색스가 말했다.

"모든 문명은 인간이 원시적인 동물 상태에서 벗어나면서 시작되었지요. 문명의 과업은 자연의 불공평함을 고치는 겁니다. 우리는 이미 오래전에 그 과정을 겪었답니다."

"하지만 선생님께서는 맨움이 왜 아이를 돌보게 되었는지 설명하실 때 자연의 예를 드셨잖아요?" 바가 질문했다.

"아니죠. 거기서 우리는 신화와 실재를 구분해야만 해요. 신화란 현실을 아름답게 만들고 모든 신비를 이해할 수 있도록 하는 시예요. 우리는 어머니가 사랑의 결실을 아버지 품에 안겨주는 것이 얼마나 멋진가를 보다 명확히 보여주기 위해서, 우리가 알고 있는 모든 것을 망라하는 상부 구조로서 이미지를 창조하는 것이에요."

노총각 올모스는 말하기가 조금씩 어려워짐을 느꼈다. 그의 인생에서 가장 큰 불행이, 즉 그 자신이 이 멋지고 무한한 은혜의 대상이 되어본 적이 없었다는 사실이 학생들에게 생명의 은총을 설명해야만 하는 이 순간에 더 명확히 드러나는 것이었다. 그는 목소리를 가다듬었다. "이 시적인 순환 뒤에 있는 현실을 더 자세히 살펴봅시다." 그는 학생들을 보았다. 학생들은 책상 앞에 얌전히 앉아 있었다. 이것을 전달하는 것은 명백히 중요한 것이었다. 노총각 올모스는 보솜비 교장의 위압적인 두 턱을 눈앞에 떠올렸다. 그러고는 말을 이었다.

"자연은 이따금 위대하고 신성한 지혜를 보여주죠. 인류에게서 가장 중요한 성기—움의 성기—는 그래서 움의 몸 안쪽으로 보호되는 위치에 있답니다. 이것은 움의 성기가 맨움의 성기보다 훨씬 더 민감하다는 것을 보여주는 것이죠. 반면에 맨움의 성기는 바깥쪽으로 달려 있지요. 그 이유는 맨움 성기에 무슨 일이 생겨도 그리 큰 문제가 되지 않기 때문입니다. 그는 이 기관을 움의 몸 안으로 엄청난 수의 정자를 내뿜기 위해 사용한답니다."

노총각 올모스는 학생들을 진지하게 바라보았다. 어떤 애가 킥킥 웃자, 다른 아이가 '쉿' 소리를 냈다.

"엄청난 수." 그는 반복했다. "그 이유는 정자 세포가 너무도 미미해서 만약 그들 중 하나라도 성공하려면 거대한 수로 있어야만 하기 때문이죠. 정자는 너무나도 작은 세포예요. 현대 과학자들은 그것을 '세포'라고 부를 수 있는지에 대해서 문제를 제기하지요. 몇몇 연구에서는 '찌꺼기' 또는 '작은 알갱이'란 말이 대신 쓰인답니다. 맨움의 정자 세포들만큼 그렇게 작은 크기의 난자를 생산할 수 있는 동물은 우리가 알기로는 없어요. 정자 세포는 아주 작아서 일 밀리미터 안에 육만 개가 들어갈 수 있어요. 칠판에 그린 저 점은 거대하게 확대된 것이죠. 그와 반대로 난자 세포는 저 점이나 마침표 정도의 크기랍니다. 내가 그린 것보다 조금 작을 거예요. 그래서 내 그림의 난자와 정자 세포 또는 정자 알갱이의 상대적인 크기는 매우 왜곡된 것이지요. 난자가 창조 과정을 시작하기로 결정하면 이억 개의 정자들이 난자를 향해 돌진하기 시작한답니다. 이……억…… 개가."

노총각 올모스는 삼각형 위의 점 옆에다 커다랗게 200,000,000이란 숫자를 썼다.

"그것은 머리를 가진 작은 뱀처럼 생겼어요." 그는 계속했다. "이것은 삼백억 배 확대한 거예요."

그는 꿈틀거리는 검은 머리가 달린 정자 세포를 그렸다. 그는 그것을 만족스럽게 바라보았다.

"보시다시피 이것은 올챙이랑도 닮았어요. 그래서 이 올챙이 같은 알갱이 이억 개가 난자 하나를 놓고 싸우려 몸부림치는 거죠. 정자는 그 난자를 얻기 위해 열심히 경쟁해야만 해요. 마치 우리 사회에서 맨움이 움을 얻기 위해 경쟁하는 것과 마찬가지죠. 경쟁이 계속되는 동안, 난자는 평화스럽고 만족스러운 상태에서 지켜보고만 있지요. 마침내 정자 한 마리의 머리가 난자의 속으로 들어오죠. 물론 정자 세포는 무슨 일이 일어날지 잘 몰라요. 예를 들자면 타조처럼 머리만 안전하면 그 나머지도 마찬가지일 거라고 생각하지요. 난자는 곧바로 정자 세포의 나머지를 잘라버려서 그 꼬리를 난자 밖에 버려두죠. 일단 난자 안에 있는 정자는 안전해요. 난자는 얇은 막으로 자신을 싸서 일억 구천구백구십구만 구천구백구십아홉 개의 다른 정자가 들어오는 것을 막고는 창조의 과정을 시작한답니다."

꼬마 땅딸보 판당고가 손을 들었다.

"그래, 판당고."

"그러면 들어가지 못한 것들은 모두 어떻게 되나요?"

"글쎄, 그것들은 이제 불필요하니까 죽게 되겠죠. 그 승리자―난자 안으로 들어간 한 마리의 정자―는 곧 자신의 정체성을 잃어버리게 되죠. 더 이상 그 자신으로 존재하지 않는다는 뜻이에요. 그것은 꼬리를 잃어버렸기 때문이에요. 꼬리가 없이는 더 이상 독립적으로 존재할 수 없거든요. 마치 성숙한 맨움이 움에게서 부성보호를 받는 것과 똑같이 정자는 난자로부터 영양분을 공급받고 보호를 받는답니다. 이렇게 해서, 정자는 살 수 있는 거죠. 여기서 우리는 유사성을 찾을 수 있는데, 유사란 서로 닮았다는 뜻이에요. 맨움은 가정이 필요해요. 하지만 자력으로는 가정을 이룰 수 없지요. 가정을 이루기 위해 그는 수백 명의 다른 맨움과 경쟁해야만 해요. 마침내 그가 가정을 찾게 되었을 때, 움은 그에게 음식을 제공하고 모든 해악으로부터 그를 지켜주면서 그를 가정 안에 머무르게 하죠."
 앤이 갑자기 손을 들고서는 노총각 올모스가 "그래, 앤."이라고 부르기도 전에 말을 시작했다.
 "그러면 움의 집으로 들어가지 못한 맨움은 어떻게 되나요?"
 낄낄대는 소리가 교실 전체에 퍼졌다. 그러나 바가 더 듣고 싶다는 표시로 그녀의 책상을 두드리자 이내 교실은 잠잠해졌다. 노총각 올모스는 그 질문을 무시했다.
 "그래서 자연의 관점으로부터 맨움의 위치는 가정이라는 것을 알 수 있지요. 그것은……."
 "그렇지만 선생님께서는 문명을 설명하기 위해 자연을 예로 들어서는 안 된다고 말씀하셨잖아요." 바가 끼어들었다.
 "그래요. 우리는 그 점을 주의해야 해요. 요즘 들어 맨움이 아무리 항의한다 해도, 생명을 부여하고 보호하는 자는 움이며 움이 없다면 맨움은 소멸할 것이라는—그 반대는 아니지만—사실엔 변함이 없어요. 정자는 정자와 난자 모두에게 영양분을 공급하고 보호할 만한 능력이 없어요. 아이가 맨움의 성기 안에 존재할 수 없다는 사실은 변함없죠. 태아가 맨움의 음낭에서 자란다면 무슨 일이 생길지 생각하기도 두려워요. 음낭은 생명을 창조하기에는 너무 작고 약해요. 태아 때문에 음낭이 터질 거예요."
 노총각 올모스는 이제 안전지대에 있다고 느꼈다. 그는 287번 지침에 꼭 맞게 가르치고 있다고 확신했다. 그가 다음 말을 잇자 보솜비의 두 턱의 두려운 영상도 점차 사라졌다.
 "자연을 통틀어 하등동물에서 고등동물에 이르기까지 수컷이란 창조물은 쓸데없는 사치에 불과하다는 사실을 명확하게 알 수 있답니다. 거미, 개미, 벌의 수컷은 암컷과 교미를 마쳤을 때 죽거나 죽임을 당하지요. 수컷이 세상에 존재하는 유일한 목적인 자손을 생기게 하는 임무를 완수하고서는 죽게 되는 거예요. 그 무리가 수컷에게 원하는 것이 무엇일까요? 알려진 바와 같이 벌은 한 계절 내내 빈둥거리며 살 수 있어요. 벌 사회에서 수컷은 그저 빈둥대는 것 외에는 아무것도 기여하는 바가 없다는 것은 이미 알려진 바죠. 그래서 수컷은 그 대가로 자신의 생명을 나중에 지불해야 하죠. 개미의 경우에는 암컷과 짝을 짓지 못한 수컷은 즉시 죽게 되죠. 인간의 경우에 낙오된 정자 세포가 소멸하는 것과 마찬가지죠. 심지어 암캐미가 수캐미를 잡아 죽이지 않는다 할지라도, 어찌 됐든 죽게 되죠. 그들은 스스로를 부양할 길이 없기 때문에 결국 굶어 죽게 되는 거예요. 그래서 이런 사회들은 위대한 암컷, 여왕이 지배를 하고 여왕이 그 종을 살아남을 수 있게 하지요."

"그래서 이갈리아에서 부성보호를 받지 못한 많은 맨움들이 가난하고 굶주리는 건가요?" 울프램이 물었다.

"맞아요, 울프램. 맨움은 스스로를 부양하기가 힘들어요."

"그건 계급 차이가 있기 때문이에요." 앤이 씩씩거리며 말했다.

"맞아요! 우리 엄마가 그랬어요."

"나는 그 문제를 토론하지는 않겠어요. 내가 말할 수 있는 것은, 우리가 알고 있는 모든 사회에서 스스로를 부양하기 위해서 죽도록 열심히 일해야만 하는 것은 맨움이라는 거예요."

노총각 올모스는 잠시 멈췄다. 그는 혼란스러웠다. 맞아! 맨움은 열심히 일해 왔어. 이것은 287번 지침에 부합한다고는 할 수 없는데. 주제를 바꿔 안전한 화제를 찾는 것이 더 낫겠다고 그는 생각했다. 물고기! 바로 그거야.

"그렇지만 많은 종류의 물고기에서 알 수 있듯이 어린 새끼를 돌보는 것은 아버지예요. 물론 이 기이한 현상에 대한 설명이 있지요. 그것은 새끼 물고기가 어미 몸 안에서 자랄 수 없기 때문이기도 하지만, 수정과 배태도 어미 몸 밖에서 일어나기 때문이기도 하답니다. 여기서 아버지는 즉각 자신의 역할을 알게 돼요. 예를 들어 작살물어와 같은 몇몇 종에서 보금자리를 만들고 어린 새끼들을 보호하는 것은 아버지랍니다. 그래서 물고기, 특히 작살물어가 남녀 간에 평등하고 합리적으로 역할이 분담되는 사회, 우리 어머니 나라, 이갈리아의 상징이 되었답니다."

꼬마 땅딸보 판당고가 다시 손을 들었다.

"뭐지요, 판당고?"

"하지만…… 우리의 경우는 평등하지 않아요. 선생님께서는 지금 어린이는 아버지가 돌봐야 한다고 말씀하셨잖아요, 그리고……."

"예, 바로 그렇게 말했어요. 동물의 왕국(queendom)에서 가장 지능적인 동물인 물고기처럼 평등하죠. 하지만 우리는 쓸모없다고 해서 맨움을 죽이거나 하지는 않아요. 문명은 맨움이라는 종을 활용할 방법을 찾아왔어요. 그 점이 우리 사회의 진정한 위대함이죠. 맨움은 자연 상태에서 그들이 차지했던 쓸모없는 위치에만 머무르지 않게 된 거죠. 그래서 인간 사회에서 맨움은 그들 존재에 대한 정당성을 갖게 되었다고 말할 수 있는 거예요. 말하자면, 그들은 살 권리를 갖게 된 것이죠. 그런데도 우리는 맨움이란 인간을 완벽하게 문명화할 수는 없다는 것을 알 수 있어요. 사실 대부분의 맨움들은 본능적으로 자신들의 유일한 목적이란 꾸미고 장식하는 것이라는 점을 아나 봐요. 그것이 맨움이 외모에 신경을 더 많이 쓰는 진짜 이유이기도 하지요."

"그것은 그저 맨움이 어리석기 때문이라고 생각해요." 바가 말했다.

"글쎄, 어떤 면에서는 그렇게 말할 수도 있겠지요. 또 어떤 면에선 멋지게 보이기 위해서만 존재한다는 것이 맨움을 어리석게 만들 수도 있지요. 동물들의 세계에서도 같은 현상을 볼 수 있어요."

"'현상'이 무슨 뜻이에요?"

"'현상'은 말하자면 벌어지는 어떤 '것'을 뜻해요. 그리고 동물들의 세계에서는, 예를 들어 수사자는 화려한 갈기를 가졌지만 하루 종일 앉아서 햇볕을 쬐고 크게 으르렁거리는 것 외에는 아무 일도 하지 않아요. 그에 반해 암사자는 가족을 위해 음식을 구하죠. 이와 유사하게, 우리는 수많은 종류의 포유류 수컷이 뿔을 가지고 있는 것을 볼 수 있어요. 마치 들이나 숲을 걸을 때면 언제나 여기저기 쓸고 다니는 맨움의 스커트처럼, 가는 곳마다 나무에 걸리기만 하고 별다른 용도가 없는데도 말이에요. 그리고 무엇보다도 새의 왕국이 좋은 예지요. 여기서 수탉이 펼치는 휘황찬란한 색깔의 깃털은 암탉을 유혹하는 것 외에는 별다른 목적이 없어요. 최근 들어 맨움의 의상을 치장하는 데 깃털이 유행하는 것도 비슷한 맥락이지요. 수탉이란 새는 차려입는 것 이외에는 아무런 생각도 하지 않고 종족을 보존한다는 의미도 몰라요. 그래서 수탉은 자기도 알을 품을 수 있다는 사실을 모르죠. 만약 수탉이 하는 게 있다면 암탉이 부화시킨 병아리에게 먹이를 찾아주는 것이 고작이겠지요."

"왜요, 수탉은 '꼬끼오' 할 수 있잖아요."

"그래요." 노총각 올모스가 대답했다. "정말 쓸모없는 짓이지요. 만약 인간이 동물들을 문명화한다면 이러한 점에 대해 뭔가 대책을 세워야 할 거예요. 수탉, 황소, 수퇘지, 숫양이나 수말의 실질적인 용도는 무엇일까요? 왜 농장 사람들은 모두 수컷이 태어나면 그렇게 실망할까요? 그것들은 모두 도살용이죠. 인간에게 고기를 공급하는 데에만 유용할 뿐이에요. 몇 마리는 번식을 위해서 기르는데 너무나도 자주 말썽을 일으켜 우리 안에다 밧줄로 묶어놔야 해요. 그렇지만 암컷의 경우는 다르죠. 생명을 유지하는 데 필요한 영양을 제공하는 것은 암컷이지요. 그래서 우유, 달걀과 같이 순전히 암컷의 몸에서 나오는 것들만 인간이 이용할 수 있어요. 수컷은 이만큼 기여하는 바가 없기 때문에 자연적으로 가치가 없어지는 거죠. 다른 한편으로 수컷은 번식의 기능 이외에 오락을 위해, 인간의 즐거움을 위해 이용되기도 한답니다. 과거에는 황소씨름이나 수탉싸움이 있었어요. 지금은 수탉의 횃소리 경연대회와 수퇘지 경주대회가 해마다 가을에 있지요. 그것을 제외하면 수컷은 쓸모가 없어요."

노총각 올모스는 갑자기 교실 뒤편에서 크게 킬킬대는 소리를 들었고 책상 사이로 쪽지가 전달되는 광경을 목격했다. 그는 교단을 내려가서 쪽지를 낚아채고는 펼쳐 보았다. 거기에는 큰 글씨로 '이것을 전달 바람.'이란 지시 사항이 적혀 있었고 그 아래에는 이런 내용이 실려 있었다. '왜 올모스는 자신이 쓸모없는 포유류 수컷이라는 것을 인정하지 않는지 모르겠어. 아마 그는 가을에 열릴 횃소리 콘테스트에 참가하려나 보지?' 노총각 올모스는 시선을 쪽지에서 떼고는 위엄을 지키려고 무진 애를 썼다. 그는 너무 화가 나서 차마 말을 할 수가 없었다. 수많은 생각이 뒤섞여서 머리가 어지러웠다. 이 수업은 시간 낭비였던가? 아니면 바로 이것이 287번 지침에 따른 수업의 결과란 말인가? 그는 말을 하기 위해 숨을 들이마셨다. 하지만 그가 말하기도 전에 누군가 끼어들었다.

"선생님께서는 왜 부성보호를 받으신 적이 없나요?" 물어본 것은 바였다.

그는 얼굴이 새빨개졌다. 어떤 아이들은 킥킥거렸으며 다른 아이들은 입 닥치라고 말했다. 그리고 나서 교실은 조용해졌다. 학급 전체가 그를 보고 있다. 답을 요구하는 것이다. 건방진 질문임에도 불구하고 답을 원하는 것이다. 노총각 올모스는 침을 꿀꺽 삼켰다.

"움은 맨움보다 더 영리해요. 그들은 더 지적이고 더 유능하죠. 움은 타고난 리더예요."

"그게 무슨 상관이에요?" 또 바였다.

"그래서 움은 어떤 분야에서건 자기보다 우월한 자를 만나게 되는 것을 결코 바라지 않죠. 움이 훨씬 우월하고 대부분의 영역에서 실세를 장악하고 있다 하더라도 완전히 장악하지는 못한 영역이 하나 있어요. 바로 신체적인 힘이죠." 그는 지금 한참이나 벗어나 있다. 마치 287번 지침이 그의 머리에서 지워진 것처럼.
"그래요, 지금은 신체적 힘이 바로 여성적인 특성이 되었지요. 그것은 움이 더 작은데도 맨움보다 더 열심히 신체 훈련을 한 결과죠. 소년과 소녀의 체육 시간을 한번 비교해 보세요. 소녀들은 역도와 포환, 뛰면서 장애물을 넘는 크로스컨트리를 하는 데 반해 소년들은 어떻게 우아하게 걸을지를 배우고 소프트볼 게임을 하죠. 이것은 자연의 불공평함을 고치기 위해 노력한 영역의 좋은 본보기입니다. 대부분의 움보다 훨씬 크고 강한 맨움들이 몇몇은 늘 있게 마련이지요. 이 맨움들은 좀처럼 부성보호를 받기가 힘들어요. 바로 저처럼요."

이 말을 하기까지 노총각 올모스에게는 엄청난 용기가 필요했다. 사실 그는 어느 누구에게도 이런 얘기를 이렇게 직접적으로 한 적이 없었다. 좋은 직업을 가진 자신은 행운아라고 그는 늘 생각했다. 그와 비슷한 체격을 가진 맨움들은 거의 다 청소 부대, 수선조 또는 부엌 여단과 같은 매우 힘든 직업에 고용되거나 아니면 팔루리아로 보내졌다.

그는 성장기 동안 자신의 힘이 세지는 것을 피하려고 할 수 있는 모든 것을 해보았다. 주로 그는 아버지와 함께 집에 앉아서 바느질을 했다. 하지만 그것은 도움이 안 됐다. 그가 열세 살 때, 팔씨름을 해서 어머니를 이겼고, 이 때문에 이 주 동안이나 늙은 교장 올모스는 심기가 사나워져서 학생들은 그녀를 보기만 해도 공포에 떨었다. 그럼에도 불구하고 그는 여전히 어떤 움이 그를 택할 것이라는 희망을 가졌고 힘을 감추기 위해 할 수 있는 모든 일을 다 했다. 그렇게 많지는 않았지만 그와 침대로 가길 원하는 움에게는 최선을 다해 복종했는데도, 그의 자지가 얼마나 큰가에 대한 험담만 퍼졌다. 한 번도 같이 잔 적이 없는 어떤 움이 그의 자지가 발기했을 때 약 육십 센티미터가 되더라고 말하는 것을 직접 들은 적도 있었다.

그의 주변에서 싸움이 일어날 때마다, 비록 사람들이 서로에게 불친절하다는 사실이 가슴 아플지라도 그는 결코 끼어들지 않았다. 무거운 짐을 옮겨야만 할 때, 마음으로는 매우 돕고 싶었지만 그는 결코 도움을 주지 않았다. 그리고 체육 시간에는, 그의 잘 발달된 근육이 방해가 된다는 듯이 서투르게 움직임으로써 나쁜 점수를 받았다.

그러나 아무리 숨기려고 해도, 누구나가 그는 성적으로 매력 없고 크고 억세기만 한, 어떤 움도 자기 집에 두려고 하지 않는 맨움들 중 한 명이란 것을 알 수 있었다.

"그러면 선생님은 정말로 그렇게 힘이 세요?" 바가 물었다.

"마음만 먹으면 주먹으로 이 책상을 때려 부술 수도 있어요."

노총각 올모스는 자신이 한 말에 놀랐다. 학생들은 낄낄대며 웃기 시작했다. 노총각 올모스가 책상을 쳐서 산산조각 내는 것을 떠올리면서. 그 생각은 정말로 말할 수 없이 우스운 것이었다.

"비록 내 손은 이렇게 크고 강하지만 맨움의 손이란 건 언제나 어린아이를 포근히 감싸 안고 모든 위험으로부터 아이를 보호하기 위해 존재한다고 생각해요."

이제는 반 전체가 더 크게 웃어댔다. 어찌 된 일인지 뭔가 잘못 돌아가고 있다. 그가 자신의 불행을 털어놓았기 때문에 학생들은 적잖이 당황했다. 게다가 학생들은 크고 힘센 육체에 대한 올모스의 생각이 전혀 그럴듯하지 않다는 것도 알고 있다. 또 그가 진실을 말했다는 것을 알기 때문에—그래서 그가 신파극의 주인공이 아니라 감정을 가진 한 인간이라는 것을 알기 때문에—그들은 소리 죽여 웃기 시작했고 무슨 말을 해야 할지 몰랐다.

노총각 올모스는 더 이상 이 상황을 통제할 수 없음을 깨달았다. 그는 자신이 한 말들을 후회했다. 이제 모든 것이 정상으로 돌아갔다. 전과 다름없이 산만해졌다. 통제 불가능한 상황은 계속 이어졌다. 교무실의 선생들과 어울리는 것이 그에게는 결코 쉽지 않았다. 그도 이미 파악했지만, 선생들도 학생들과 똑같은 방식으로 그를 보았다. 선생들은 단지 웃지 않을 뿐이었다. 그럼에도 불구하고 학생들이 더 가깝게 느껴지는 것은 그들은 그 앞에 앉아 있어야만 하고, 어린 데다가 순진하리만치 어리석기 때문이었다. 그들은 지금도 배울 수가 있다. 아니 적어도 그들 중 몇몇은 그럴 수 있다. 아마 이 교실에서 적어도 한 명은 그가 무엇을 말하고자 하는지 알고서 비슷하게 느낄 수도 있을 것이다. 단 한 사람만 있어도 이 수업은 가치 있는 것이 될 수 있다. 언젠가 그 한 사람은 올모스가 말한 것을 깨닫게 될 것이다. 그것이 올모스가 포기할 수 없는 이유였다.

그들은 이제 중얼거리고 소곤대며 킬킬 웃어댔다.

"말해! 어서!" 그는 누군가가 속삭이는 소리를 들었다.

"ㅎㅎㅎ." 숨죽이는 웃음소리가 있었다. "왜 안 해?"

아마도 뭔가 궁금한 것이 있고 더 알고 싶은게 있나 보다. 그는 자신이 알고 있는 거라면 뭐든지 얘기할 것이다. 그 자신의 신상에 관한 것이라도. 그렇게 해서 그가 학생들과 친해질 수만 있다면 말이다. 선생은 학생들에게 마음을 열어야 한다. 그는 언제나 그렇게 생각했다. "궁금한 것 없나요?" 그가 망설이며 물었다.

"있어요!" 앤 문힐이 크고 정확하게 말했다. "저 주근깨와 빨간 머리를 가진 친구, 이름이 뭐더라. 맞아, 시프리안. 시프리안의 아버지가 선생님이세요?"

"그래요, 걔는 선생님을 똑 닮았어요." 누가 말했다. "말 조심해." 다른 누군가가 낮게 말했다.

5학년 B반 교실에 무언가를 박살 내는 소리가 울려 퍼졌다. 노총각 올모스가 그의 책상을 쳐서 산산조각을 냈던 것이다.

페트로니우스의 열여섯 번째 생일

"그러고 나서 그가 한 주먹으로 책상을 쳐서 산산조각 냈다구." 바가 의기양양하게, 저녁 식탁의 한쪽 끝에서 다른쪽 끝을 훑어보면서 이야기했다. 그녀는 소시지에 손을 뻗었다.

"가장 끔찍한 것은……." 그때, 루스 브램은 접시가 흔들릴 정도로, 주먹으로 식탁을 탕탕 쳤다.

"어머니가 노총각 올모스만큼 세지 않아서 다행이네요." 페트로니우스가 중얼거렸다.

브램이 그를 노려보았다. "뭐라고 했지?" 그녀가 불쾌하다는 듯이 물었다.

"아무 말도 안 했어요." 페트로니우스는 식탁을 내려다보았다.

"아니야. 말했어!" 바가 소리쳤다. "다행이라고……."

"조용히 해, 바!" 크리스토퍼가 끼어들었다. "오늘이 페트로니우스 생일이라는 것을 잊지 마라. 이제 얌전히 좀 굴어."

"얌전하다는 말은 남자애들한테나 쓰는 말이에요."

"왜 생일 케이크를 안 먹고 있는 거죠?" 크리스토퍼가 물었다. 그는 주의를 딴 데로 돌리는 것이 아이들과 움들에게 가장 좋은 방책임을 알고 있다. "페트로니우스가 먼저 해."

크리스토퍼가 일어나서는 파인애플 케이크를 커다란 조각으로 잘라 페트로니우스의 접시에 옮겨 담았다. 그 조각은 약간 기울어지더니 옆으로 누워버렸다.

"하! 이제 페트로니우스는 부성보호를 받을 수 없다." 바가 기쁜 듯이 소리쳤다. "이제 내 차례야. 그렇죠, 아빠?"

그녀는 자신의 접시를 크리스토퍼에게 건네주었다. 그녀의 케이크 조각은 똑바로 서 있었다. "보라구! 이렇게 돼야 하는 거야." 그녀가 페트로니우스 코밑에다 그것을 들이대며 말했다. "나는 페트로니우스가 나이 들면 노총각 올모스처럼 될 거라는 데 돈을 걸겠어."

"만약 내가 그렇게 된다면, 난 너를 마구 때려주고 말 거야."

"그렇다면 난 내 PS를 꺼내기만 하면 돼. 그러면 넌 끝장이야."

"도대체 무슨 말을 하는 거니, 바?" 크리스토퍼가 물었다.

"옛날에 모든 움들은 PS를 가지고 다녔대요. 그것은 자지를 자르는 가위(prick-scissors)를 줄인 말이죠. 만약 덩치 큰 맨움이 나를 괴롭힌다면 그것을 꺼내는 거예요. 싹둑!" 그녀가 웃었다. "역사 시간에 배운 거라구요."

"하지만 그건 너무 지독하잖니! 사실이에요, 루스?"

루스는 깊은 생각에 잠긴 채, 음식을 씹으면서 고개를 끄덕였다. "그 관습은 도나 제시카 213년에 폐지되었지." 그녀가 말했다.

"내가 국회로 들어가서 그것을 다시 도입해야지." 바가 선언했다. "그러고 나서 그걸 페트로니우스에게……."

루스 브램은 일부러 헛기침을 했다. "그러지 않아도 된다는 것을 알게 될 거야, 내 딸아. 그 당시엔 맨움을 길들이는 데 다른 안전한 방법이 없었기 때문에 PS가 필요했지. 그때에는 맨움들이 가끔 움들을 공격했지만 지금은 그런 일을 생각조차 할 수 없잖니."

"왜요?" 페트로니우스가 반쯤 먹은 케이크 조각에서 고개를 들었다.

"왜요?" 그의 어머니가 빈정대듯이 따라 했다. "생각조차 할 수 없기 때문이지. 아니면 너는 덩치 크고 힘센 맨움이 자기보다 훨씬 약하고 이길 승산이 없는 움을 공격하는 것을 상상할 수 있나 보지?"

그렇다. 그것은 정말 상상도 못 할 일이다. 페트로니우스는 다시 케이크를 먹었다. 바는 맨움이 움을 덮치는 것을 상상하고는 크게 웃어댔다.

"그렇기 때문에 노총각 올모스가 그런 식으로 마구 화를 낸 것은 걱정할 만한 일인 거야."

"올모스의 진짜 문제는 축 늘어진 소시지를 가졌다는 거라구."

크리스토퍼는 나이프와 포크를 떨어뜨렸다. 루스는 딸을 꾸짖듯이 쳐다보았다. 그러나 페트로니우스는 어머니의 입가에서 웃음의 흔적을 발견할 수 있었다.

"도대체 그런 표현을 어디서 배웠니?"

바는 케이크를 다 먹은 다음 새로 먹기 시작한 훈제 소시지를 입에 가득 물고서 대답했다. "올모스가 축 늘어진 소시지를 가졌다는 것은 세상이 다 알아요. 그리고 밤마다 이상한 크림으로 늘어진 음낭을 문질러 대죠. 하지만 어디 낄 데가 있어야죠······."

루스 브램은 주체할 수 없다는 듯 크게 웃음을 터뜨렸다. "입 닥쳐, 바! 난 식사 중이야."

현관 벨이 울렸다.

"아, 배러스커리네가 왔나 봐요."

"그래, 그분이 너에게 깜짝 놀랄 만한 선물을 줄 거야, 페트로니우스!" 루스 브램이 그들을 맞으러 나가면서 진지하게 말했다.

팔 밑에 커다란 꾸러미를 들고 빙긋 웃고 있는 리즈 배러스커리, 작고 알록달록한 핸드백을 든 브리토베르트 그리고 그들 뒤로 말쑥한 카누 신발을 신고 눈에 띄는 금색 페호가 달린 파티복을 입은 귀여운 두 아들 발드리안과 꼬마 땅딸보 판당고, 이렇게 배러스커리 가족은 현관 계단에 서 있었다.

"안녕하세요!" 일등 잠수부의 하우스바운드가 소리쳤다. "이렇게 모두를 만나게 되다니 좋네요. 그리고 생일 축하한다!" 그는 집 안으로 들어와서는 두 손을 페트로니우스에게로 뻗었다. "아유! 몰라보게 컸네. 벌써 턱에 솜털이 나기 시작하고, 기특도 하지! 그렇지, 배러스커리가 직접 네 선물을 가져왔단다. 그러니 나를 너무 호기심 어린 눈으로 볼 필요는 없어요. 좋은 거니까, 걱정 마라. 뭔지는 알지만 아직 못 봐서 나도 기대되는구나. 난 사람들이 선물을 푸는 것을 보는 게 좋아. 그 안에 무엇이 들어 있는지 알더라도 흥분되는 건 마찬가지야. 그리고 바! 만나서 반갑구나. 물론 오늘은 페트로니우스가 주인공이지만 어떻게 우리가 너를 잊을 수 있겠니. 게다가 이렇게 씩씩한 움으로 잘 자랐는데. 그리고 크리스토퍼! 잘 지냈어요? 지난번 이후로 수백 년은 지난 것 같네요. 정말 서로 얼굴 보기도 힘드네요. 그런데 당신은 진짜 멋지게 집을 꾸며놨군요! 우리처럼 오래된 친구 사이엔 정말 그럴 필요가 없는데. 하지만 당신이 꾸민 이 방은 정말로 멋지네요. 그리고 이 경치! 음, 우리는 이런 전망이 없어요. 그래서 나는 이따금씩 리즈에게 브램 씨네와 같은 전망을 갖는 것이 소원이라고 말하곤 해요. 내가 전에 말했잖아요. 그녀가 바다로 나갔을 때 그녀를 멀리 지켜볼 수 있으면 한다고. 하지만 그녀는 이사 갈 여유가 없대요. 있는 그대로가 좋다나요. 그녀야 좀처럼 집에 없으니 모든 게 좋다고 말하는 거죠. 하긴 우린 뒤뜰에 멋진 숲을 갖고 있긴 해요. 지금은 겨울이라서 나뭇잎들이 무성하지는 않지만요. 당신은 내가 무슨 말을 하는지 아실 거예요. 지금도 너무 아름다워요. 마치 수정으로 뒤덮인 것처럼요……. 그런데 우리 때문에 이렇게 수고하실 필요는 없었는데, 아시잖아요. 그리고 이 외출을 얼마나 고대했는지는 '상상도' 못 하실 거예요. 알다시피 애들을 돌보려면 집에 있어야 하니 좀처럼 나가기가 힘들거든요. 난 이 외출을 몇 주 동안이나 기다려왔다구요. 뭐 이제는 애들이 다 컸지만, 그래도 그 애들을 보살피려면 집에 붙어 있어야 하잖아요. 게다가 리즈가 밖에서 전화를 걸 때도 집에 있어야 하고, 또 어딜 나가고 싶어도 어딜 가야 할지도 모르겠고. 알

다시피 정말로 우린 서로를 더 자주 봐야 한다고 늘 생각하지만 지난여름 이후로는 통 만나질 못했네요. 요전부터 생각하고 있었는데요, 내가 리즈한테도 말했지만 나하고 친한 사람은 당신밖에 없어요. 내가 놀러 갈 사람은 당신밖에 없는데 가기가 쉽지 않아요. 그래도 당신은 언제든지 마음만 먹으면 나보다 자주 오실 수 있잖아요. 정말로 당신은 일을 너무 많이 하시는 것 같네요. 제 말은, 여기 와서 너무 기뻐요."

페트로니우스는 배러스커리를 보았을 때 머릿가죽이 욱씬거리는 것을 느꼈다. '아도니스 호'에서 그녀가 그에게 접근했던 그날 밤 이후로 그는 그녀를 본 적이 없다. 그런데 지금 여기 그녀가 만면에 미소를 지으며 손에 커다란 선물 꾸러미를 들고서는 다가오고 있는 것이다. 발드리안과 꼬마 땅딸보 판당고는 기대에 찬 눈으로 페트로니우스를 쳐다보면서 바짝 그녀의 뒤를 따라왔다.

"무엇을 마시겠나?" 루스 브램이 찬장으로 가면서 물었다.

"난 블러디 모리스(블러디 매리라는 술이 있음—옮긴이)를 마시겠어. 그리고 우리 하우스바운드는 약하고 부드러운 와인을 마실 거야." 배러스커리가 말했다.

"판당고, 내가 수집한 우표 볼래?" 바가 물었다. 그들은 사라졌다. 크리스토퍼가 커피를 준비하기 시작했다.

"도와드리겠어요. 도울게요. 정말 집안일이란 끝이 없어요. 지난주에는 발드리안이 집에 와서는……."

브리토베르트 배러스커리의 목소리가 부엌의 컵과 접시 사이로 사라졌다. 발드리안과 페트로니우스는 저녁 식탁을 치우고는 그들을 따라 나갔다.
"여기 새로운 부성 법규의 초안이 있네." 루스 브램은 배러스커리 쪽으로 두꺼운 서류 뭉치를 흔들면서 말했다. "발의는 물론 생활협동조합에서 했지."

리즈 배러스커리는 그 서류를 관심 있게 훑어보았다. 모든 페이지의 요점을 기억하려는 듯 한 장 한 장을 찬찬히 넘기면서, 동의한다는 듯이 고개를 끄덕였다.

그들은 커피 테이블 옆 구석에 있는 팔걸이 의자에 앉았다.
"어떻게 될지 지켜보는 것은 흥미로울 거야."
"암, 그렇고 말고."

그들은 잠시 허공을 응시했다. 루스 브램은 손가락으로 테이블을 두드리기 시작했다. "아니 도대체 이 맨움들은 뭘 하는 거야? 커피를 타는 데 웬 시간이 이렇게 오래 걸리나."

"나한테 시간이 얼마나 지났냐고는 묻지 말게!"

"글쎄, 정말로 이렇게 오래 걸리지는 않는데. 늘 그렇듯이 앉아서 실없는 잡담이나 하고 있겠지. 쫑알쫑알."

브램은 일어나서 거실과 부엌 사이에 있는 복도로 갔다. 부엌문은 닫혀 있었다. 그는 옷장의 반신 거울 속에 비친 자신을 잠시 쳐다보았다. 그녀는 머리 모양을 가볍게 매만져 가다듬고 어깨를 약간 뒤로 젖히고는 옷깃을 세웠다. 그녀는 부엌에서 두런두런하는 낮은 목소리를 들을 수 있었다. 그녀는 귀를 기울였다.

"······그리고 리즈는 거의 매일 저녁 나가요. 이젠 저녁에 혼자 있는 것이 무섭다고 말하기도 정말 지쳤어요."

"나도 루스가 클럽에서 늦게 돌아올 땐 가끔 무서워요. 무슨 일이 생겼나 겁도 나고요. 우리, 좀 더 자주 커피를 마시는 게 어때요?"

"리즈는 전화가 올 수 있으니까 내가 항상 집에 있기를 바라요. 그녀가 집에 도착했을 때 내가 있다면 어쨌든 그녀에겐 좋겠지요. 난 대개 뜨거운 것을 준비해 놔요. 리즈는 밤에는 뜨겁고 이국적인 것엔 꼼짝 못 해요. 하지만 때때로 난…… 난 정말로 내가 무슨 가치가 있나 의심스러워져요. 난 그저 주방용 기구처럼 항상 집에 있는 거예요. 내가 무슨 말 하는지 아시겠어요?"

"그래요, 나도 때때로 그렇게 느껴요……."

아하, 그래서 커피를 타는 데 그렇게 오래 걸리는구나. 그들은 뒤에서 욤들을 헐뜯고 있는 것이다. 루스는 얼굴이 붉어지는 것을 느꼈다. 문가에서 엿듣게 된 것은 의도적인 것은 아니었다. 하지만 그녀는 듣지 않을 수 없었다. 맨움은 함께 모이기만 하면 너무 크게 떠든다. 그녀는 크게 기침을 하고 문 손잡이를 세게 돌렸다. 거기엔 크리스토퍼, 브리토베르트, 페트로니우스와 발드리안이 담배를 피우면서 몰래 술을 마시고 있었다.

"그래, 여기에 있었군." 루스는 크리스토퍼의 입에 가벼운 입맞춤을 했다. "모두 여기 따로 앉아 있을 건가? 나와서들 어울리지그래?"

그들은 일어나서 컵과 유리잔을 옮기기 시작했다. 그들은 잔을 채우고는 거실에 있는 원형 탁자에 둘러앉았다.

"믿을 수 있겠나? 그들이 술을 마시며 앉아 있더라구." 브램이 배러스커리에게 말했다.

"맨움이란. 맨움이란 늘 뒷구멍에서 슬쩍 하려고 든단 말이야."

"맞아. 그런데 알고 보면 몰래 하는 것도 아니지."

맨움들이 웃었다.

"그리고, 새 교각 프로젝트에 대해서는 어떻게 생각하나?" 배러스커리가 브램에게 물었다. 크리스토퍼는 주의를 집중하여 귀를 기울였다. 그 교각 프로젝트는 크리스토퍼가 시작 단계부터 큰 관심을 가졌던 것이다. 그는 그 계획을 속속들이 잘 알고 있으며 문제점들을 해결할 수 있는 나름의 방안도 생각하고 있었다.

"문제가 있지." 브램이 배러스커리에게 말했다. "예를 들자면, 계단을 하강식보다는 상승식으로 하는 것이 더 나을 텐데, 문힐이 잘못 생각한 거지."

"하지만 그건 가능하지가 않……." 크리스토퍼가 말했다.

"그런데 문힐이 의견을 갑자기 바꿨더군." 배러스커리가 그의 말을 끊고 브램에게 말했다.

"그녀가 회사를 인수하려고 하는 것이 분명해. 문제는 클리버지와 웡을 자기편으로 끌어들일 수 있느냐 하는 거지. 그것은 보솜비의 말마따나 꽤나 어려울걸."

맨움들이 웃었다.

"그리고 합의되는 방식에 따라 소송 비용과 잡다한 경비가 들 테고, 결국 그 단계를 지연시키려는 시도가 있을 거야. 그렇게 해서 야당이 최종 계획에 제동을 거는 거지. 그 문제는 아마 클리버지의 사임으로 일단락되겠지만 그녀만 나가게 되지는 않을 거야. 그러니까 상황이 531년 대조정과 비슷한 거지." 브램이 배러스커리에게 말했다.

"자네는 지금 말도 안 되는 얘기를 하고 있군! 대조정은 531년 훨씬 전의 일이야. 그때의 합의는 실제로 일련의 단계들을 거쳐 사람들의 상상과는 매우 다른 상황 속에서 조용히, 평화적으로 이루어졌지. 자네는 그때 마라마라가 말한 것이 야당의 의도를 표현한 것이라고 생각하는 건가? 쓸데없는 소린 그만둬!" 배러스커리가 브램에게 말했다.

"그 부분에서 자넨 항상 틀려." 브램이 흥분하여 말했다. "아무도 대결을 진심으로 원하지는 않는다구. 그리고 문힐은 자기가 하는 말이 무슨 뜻인지도 알고. 달빛 아래서 가끔 이상한 짓을 하기는 하지만 말이야."

맨움들이 웃었다.

"자네는 마지막 단계가 주요 관심사라는 사실을 결코 무시할 수 없을 거네!" 브램이 드디어 열을 받고 있었다.

"하지만 마라마라는 지도자들 중의 하나였어! 게다가 그녀는 엘피 라이프도터의 지지를 받고 있었지!" 배러스커리는 얼굴이 새빨개졌다. 그녀는 자신의 주장이 근거를 잃게 될까 봐 두려워하기 시작했다.

"그게 무슨 상관이야! 배러스커리, 그게 어떤 성격의 리더십이었지? 섹시한 맨움 앞에서 꼼짝 못 하는 거 말인가? 그 이상도 그 이하도 아니야."

"난 그 기능보다는 효과를 생각하고 있었네."

"그래요, 어떻게 되려는 건지……." 브리토베르트 배러스커리가 말문을 열었다.

"아냐, 아냐, 아냐." 브램이 끼어들었다. "사실 우린 언제나 은폐된다는 것을 명심해야 돼. 그것이 바로 그 당시 위대한 마라마라가 제안한 강력한 슬로건이었지."

맨움들이 웃었다.

"은폐라." 브램이 맨움들을 무시하고 배러스커리에게 다시 말했다. "사람들은 그걸 믿지. 중요한 것은 무대 뒤에서 진행되는 조작이 아니라 사람들이 무엇을 믿느냐 하는 거야. 사람들은 마라마라를 믿었어. 그래서 다른 사람들을 곤경에 빠뜨렸지. 지금 상황도 그때와 똑같아. 물론 새로운 계획이 있고 마라마라의 정치적 생명이 끝났다는 점은 다르지만 말이야."

배러스커리는 이 논쟁이 더 이상 지속될 수 없으며 브램의 주장이 승리했다는 것을 깨달았다.

"그렇지, 난 그 점에선 자네에게 동의하네. 그 점에선 동의해." 그녀는 이렇게 말했는데 마치 그 사실을 숨기려는 것처럼 보였다.

"그래요, 그것이 당신의 좋은 점이에요……." 브리토베르트가 말하기 시작했다.

"넓게는," 배러스커리가 계속 말했다. "임신 규정을 새로운 흐름에 맞추어 개정해야만 해. 부성 법규도 마찬가지야. 괜한 난리법석을 피우면 안 되지. 지금 상황에서 임신 규정은 아무 의미도 없어. 왜 인구가 감소하겠어? 너무 뻔하잖아. 그렇지 않아? 자네가 얼마 전에 말한 것처럼 아무도 임신하고 싶어 하질……."

바로 그 순간, 루스 브램이 갑자기 일어서려다 무릎을 테이블 모서리에 세게 부딪치는 바람에 컵, 유리잔, 그리고 테이블 위에 있던 모든 것들이 날아가고 말았다. 그녀는 평상시보다 두 배로 크게 눈을 뜨면서 손으로 입을 막고 뛰쳐나갔다. 잠시 후, 사람들은 화장실에서 들려오는 가련한 소리를 들었다. 배러스커리는 뭔가를 물으려는 듯이 크리스토퍼를 쳐다보았다. 그는 뺨이 화끈거리는 것을 느꼈다. 그는 자신에게 쏟아지는 호기심을 느낄 수 있었다.

"맞아요." 그가 말했다. "바로 그거예요. 그건……." 그는 잠시 멈췄다. 그것은 자신의 의도가 아니었다고 말하려 했던 것이다. 그는 부끄러워져서 조용히 있었다.

"크리스토퍼!"

크리스토퍼가 그녀를 돕기 위해 달려갔다. 약 이십오 분이 흐른 뒤 루스는 가운을 입고 얼음주머니를 머리에 얹고 체온계를 입에 문 채 거실로 돌아왔다. "음." 그녀는 체온계를 입에 문 채 혀 짧은 소리로 말했다. "아무튼, 난 앞으로 팔 개월 동안 일하러 나가지 않기로 했어."

"축하해요!" 브리토베르트가 큰 소리로 말했다. "기분이 좋지 않다면 우리가 이만 가는 게 낫지 않을까요?" 그는 늙은 맨움이 아기를 쳐다보듯이 한쪽으로 머리를 기울이고선 브램을 바라보며 말했다.

"아니, 아니 그냥 계세요. 아무쪼록! 페트로니우스는 어디에 있는 거야? 빨리 선물을 풀어봐야지?" 브램이 앉으면서 쾌활하게 물었다.

페트로니우스와 발드리안은 구석에서 체스 게임을 하고 있었다. "곧 가요." 발드리안이 깊이 열중한 채 말했다. "내가 왕을 잡았어! 이제 몇 번만 움직이면 장군도 잡을 수 있겠다."

페트로니우스는 여왕을 한 칸 뒤로 뺐다.

"내 그럴 줄 알았지!" 발드리안은 준남작 부인을 옮겨 여왕이 도망갈 데가 없게 했다.

페트로니우스가 웃으면서 말했다. "생일을 맞은 소년에게 그렇게 하다니!" 그러고는 게임이 즐거웠다고 인사했다. 그는 진 것은 아무렇지도 않았다. 발드리안도 마찬가지였다.

"너는 매번 똑같은 실수를 하는구나." 브램이 말했다. "왕을 너무 빨리 옮겼잖니."

사실 페트로니우스는 지난주에 어머니에게 한 게임을 이겼었다.

"그만두고 빨리 와라!"

"판당고!" 발드리안이 소리쳤다. "판당고, 바! 페트로니우스가 선물을 푼대!"

층계참을 가로질러 계단을 허겁지겁 내려오는 발소리가 들렸다.

"난 뭔지 알지롱." 판당고가 뛰어오면서 말했다.

"말하지 마!"

페트로니우스는 큰 선물 꾸러미의 포장끈을 푸느라 애를 먹었다. 크리스토퍼가 가위를 건네주었다. 자르고 몇 겹의 종이를 벗기니 커다란 상자가 나왔다. 그는 그 뚜껑을 살짝 들었다.

"빨리 펴봐!" 바가 마루 위를 껑충껑충 뛰면서 소리쳤다.

페트로니우스가 뚜껑을 열었다. 그러자 거기에는 팔과 다리가 달려 있고 바지 가랑이에 페호가 딱 달라붙은 크고 칙칙한 녹색 옷이 있었다.

"맨움용 잠수복이다!" 바가 탄성을 지르고 손바닥을 치면서 웃었다.

"세상에나! 너무 멋지네요!" 브리토베르트가 말했다.

"배러스커리가 직접 고안한 거야." 브램이 말했다.

"하지만 브램의 생각이란다." 배러스커리가 자신의 작품 위로 몸을 숙이면서 말했다. "봐라, 페트로니우스. 이것은 상어 이빨에도 절대 뚫리지 않는 재료로 만든 거란다. 너희 엄마가 지시한 것을 정확히 따른 거야. 다음번엔 우리와 함께 바다 밑으로 가는 거다."

"어떠냐, 페트로니우스?" 브램이 물었다.

페트로니우스는 바닥에 있는 물건을 쳐다보았다. 그에게는 그 고무 재질의 옷감이 살아 있는 것으로 보였다. 선원이 되겠다는 꿈을 이렇게 구체적으로 생각해 본 적은 한 번도 없었다.(사실 그는 자신을 맨움이라 생각해 본 적은 한 번도 없었으며 뱃사람이 되기를 바라면서도 남자 뱃사람이 되어야 한다는 사실을 전혀 깨닫지 못했던 것이다.)

그는 뺨이 달아오르는 것을 느꼈다. 모든 사람들이 그가 눈물을 펑펑 쏟으면서 열광과 찬탄을 보내기를 기다리고 있었기 때문에 더욱 이 잠수복을 입을 수가 없었다. 그것은 보면 볼수록 그를 삼켜버리려는 아메바 같은 괴물로 보였다. 끔찍했다. 그의 뱃사람다운 뚝심은 모두 사라져버렸다. 덧붙여진 작은 페호는 커다란 탑이 되어, 심해에 사는 괴물들의 총공격을 기다리고 있는 것 같았다.

그가 뭔가를 말해야 할 시간이 왔다. 더 이상 기다리게 할 수는 없었다. 이제 그는 감사의 마음을 전하고 그들에게 가장 큰 꿈이 이루어졌다고 말해야 한다. 그는 그 전에도 감사하고 기쁜 척을 한 적이 있었다. 서둘러, 페트로니우스! 뭔가를 말하란 말이야! 얼마나 행복한가를 보여주라구!

페트로니우스는 계단을 뛰어올라 방으로 들어가서는 문을 잠갔다. 그는 책상에 턱을 괴고 앉았다. 그의 눈은 상기되어 있었고 온몸이 떨리고 있었다. 그들과는 말하고 싶지 않다. 죽을 때까지 그들과는 결코 말하지 않을 거야. 어떻게 그들의 얼굴을 볼 것이며, 이런 일이 있은 후에 어떻게 평상시의 나로 돌아갈 수 있겠어? 그들이 과연 잠수복을 입을 수 없었던 나의 심정을 이해할 수 있을까? 그것은 잠수복이 아니었다. 그것은…… 맨움용 광대 복장이었고 맨움의 다른 옷처럼 우스꽝스러웠다. 어째서 물속에서조차 광대가 되어야만 하지? 어째서 다리 사이에 그것을 가졌다고 해서 가는 곳마다 늘 괴롭힘을 당해야 하는 거야? 어째서 그것을 제거하지 못할까? 만약 자지를 자른다면 어떻게 될까? 그것을 잘라내고 봉합하고는 당당하게 내려가서 말하는 거다. "보세요, 난 더 이상 자지가 없어요. 이제 뱃사람이 될 수 있겠죠? 이제 보통 잠수복을 입을 수 있겠죠? 이제 나도 물속에서 잠수할 수 있고 다른 사람들처럼 보통 인간이 된 거죠?" 페트로니우스는 고개를 떨구었다. 그는 치마 틈새 사이로 삐죽이 나와 있는 작은 물건을 응시했다. 이것으로 뭘 한단 말인가? 왜 거기에 있는 것일까? 결국, 이것은 완전한 무용지물이다. 소변을 보기 위해서라면 움들처럼 깨끗하고 작은 입구만 있어도 될 텐데. 그리고 성적 쾌락을 위해서라면 움들과 같은 작은 돌기만 있으면 되고. 어째서 맨움은 이렇게 우스꽝스럽게 생겼을까? 그리고 어째서 맨움이 우스꽝스럽게 생겼다는 사실이 늘 강조되는 것일까? 그렇게 혐오스럽게 보인다면 어째서 그 부분을 가리지도 못하는 걸까?

페트로니우스는 어딘가로 도망치고 싶었다. 하지만 그는 평생 문이 잠긴 방에서만 살 수는 없다는 것을 잘 알고 있다. 조만간 문을 열고 걸어 나가 부모를 다시 봐야만 한다는 생각에 그는 두려움을 느꼈다. 이 부끄러운 육체로부터 벗어나 창밖으로 날아가서 구름 위에, 아! 그곳에 머물 수만 있다면. 그렇게만 된다면 나는 머릿속에 있는 것만으로 이루어질 테고 그러면 구름을 움직여 어디론가 갈 수 있을 텐데. 내가 있는 이곳과는 완전히 다른 곳으로. 그곳에서는 사랑스러운 두 팔이 나를 받아들여서 나는 다시 육체를 갖게 될 거야. 그 몸은 사랑스럽고 부드러우며 결코, 결코, 결코 내가 다리 사이에 어떤 것을 가졌다는 것을 떠올리게 하지는 않을 거야.

그런 곳이 있지 않을까? 나를 데리고 도망갈 누군가가 없을까? 그로? 그녀는 어디 있을까? 왜 그녀는 오지 않는 것일까? 그녀가 와서 나를 데리고 이 괴물을 거부할 수 있는 어떤 곳, 폐호가 달린 잠수복이 없는 곳으로 갈 수는 없는 것일까?

그, 그녀의 것이 되다

메이바이트 만의 한가운데에는 뱃사람의 오두막이 있다. 그것은 이야기에나 나올 법한, 짚으로 이은 지붕과 작은 창살이 달려 있는 창문 그리고 두 개의 굴뚝이 달린, 돌로 지은 오두막이었다. 그래서 그 집은 이갈선드의 관광 엽서에 흑백사진으로 자주 등장하곤 했는데, 그 사진은 '전통 있는 럭스―그 옛날 뱃사람의 오두막'이란 제목이 붙은, 참나무 잎사귀 사이로 만을 가로질러 찍거나 공중에서 찍은 것들이었다.

오두막 아래에는 작은 다리가 있었으며 옆에는 오두막보다 세 배 정도 큰, 심하게 파손된 헛간이 있었다.

페트로니우스는 언제부터 이 오두막을 알게 되었는지 기억할 수 없었다. 그것은 그의 존재의 한 부분이었다. 아주 어렸을 때, 그는 아버지와 함께 물가를 따라 걷다가 언제나 만의 반대편에 앉아 바닷가를 바라보는 것으로 산책을 끝내곤 했다. 한번은, 그를 임신한 곳은 오두막 뒤의 참나무숲에서였다고 아버지가 말해 주기도 했다.

이런 어렸을 적 기억 때문에 페트로니우스는 이곳에 특별한 애착을 갖고 있었다. 그가 이곳을 알게 된 이후로 그곳에는 아무도 살고 있지 않았다. 그 오두막은 언제나 잠겨 있었다. 그는 엽서에 등장하기 훨씬 이전부터 그 오두막에 대해 알고 있었으며, 그 사진들을 신성모독으로 간주했다.

그는 어머니에게 누가 그 오두막의 주인인지를 물어보았다. 어머니는 아마 공황 때에도 팔지 않았던 몇 안 되는 메이바이트 사람들 소유일 거라고 설명해 주었다. 대부분 그런 오두막은 파괴되거나 아니면 다시 지어졌다.

페트로니우스는 그 오두막에서 살면서 누구의 방해도 받지 않고 작은 유리창 창살을 통해 밖을 내다보고 앉아 파도를 따라 이 생각 저 생각 하는 것을 꿈꾸곤 했다. 그는 언제나 바닷가에서 살고 싶었다. 그는 멀리 바다가 보이는 고층 아파트에 살고 있었지만 멀리서 내려다보는 것은 바닷가에서 사는 것이라 할 수 없었다. 바닷가에서 산다는 것은 섬세한 잔물결, 물마루와 골을 볼 수 있으며 물결치는 파도 소리를 들을 수 있고 바다 내음을 맡을 수 있는 것을 뜻한다. 그것이야말로 바닷가에서 사는 것이다. 그의 어머니는 그렇게 사는 것은 낭만적인 뱃사람 이야기에나 있을 뿐이라고 말해 주었다. 만약 모든 사람들이 바닷가에 살기로 결심한다면 무슨 일이 벌어질까? 그중에는 바다를 한 번도 본 적이 없는 이들도 있을 것이다. 사실 페트로니우스 자신도 전통 있는 내륙 가문 출신이었다. 그들의 발아래에는 언제나 굳은 땅이 있었으며 그들은 삶의 현실을 뼈저리게 느끼고 있었다. 그들이 과연 바다를 그리워했던가? 페트로니우스는 사회성을 더 많이 배워나가야만 한다. 인간으로 존재한다는 것은 땅과 연결됨을 의미하며, 삶의 요구에서 벗어나 늘 다른 곳을 꿈꾸는 것은 전형적으로 맨욲적인 것이기 때문에 움이 바다로 나가는 일을 담당하게 되었다고 브램은 말했었다. 만약 맨욲이 뱃사람이 되었다면, 그들은 그저 땅과 삶의 요구에서 벗어나 몇 년이고 계속해서 바다에 머물렀을 것이다.

페트로니우스는 바다를 한 번도 본 적이 없는 사람들이 있을 거라는 생각에 우울해졌다. 하지만 까닭을 알 수 없었다. 그것은 마치 어머니가 그에게 코나 귀나 기억력이 없는 사람이 있다고 말해 주었을 때 들었던 느낌과 같았다.

그해 봄, 페트로니우스는 메이바이트로 누군가가 돌아왔다는 것을 알았다. 몇 번 지나치면서 그는 큰 헛간에서 망치 소리와 톱질 소리를 들었다. 누군가가 나무를 베고 오두막 앞으로 자라난 덤불을 없앴으며 집 뒤의 작은 텃밭을 경작하고 있었다. 얼마 후 그는 작은 다리가 고쳐져 있는 것을 보았는데 그 다리 끝에는 꼬리를 휘감은 작고 귀여운 검은 고양이가 앉아 있었다. 그 고양이는 다리 건너에서 페트로니우스에게 신비스럽게 윙크를 했다. 고양이란 동물은 마치 세상에서 철저하게 혼자인 것처럼 보이게 하는 특별한 능력을 갖고 있다. 그 고양이는 뒷발로 귀 뒤를 재빨리 긁고는 누군가가 고양이를 위해 밖으로 내다 놓은 그릇이 있는 오두막 쪽으로 총

총히 걸어갔다.

그 사건이 있은 후부터 페트로니우스는 절대로 어두워진 다음에는 숲 속을 혼자 걷지 않았다. 어느 날 저녁, 그는 늦도록 혼자 물가에 앉아 있는 자신을 발견했다. 그는 만의 끝자락에 있는 바위에 기대어 깊은 생각에 잠겨 있었다. 잔잔한 물결이 발끝을 찰싹찰싹 쳤으며, 마침내 하늘을 보았을 때는 이미 날은 저물고 있었다. 아직 햇빛이 남아 있긴 했지만, 숲은 금세 어두워질 것이다.

그는 바닷가를 따라 걸어오는 발소리를 들었다. 그는 자신이 들은 게 정말로 발소리였는지 확신하지 못했기 때문에 감히 주위를 둘러보지 못했다. 또 그들일지도 모른다. 그는 큰 바위 뒤로 조심스럽게 숨었다. 어두운 그림자가 조수표를 따라 터덜터덜 걸으면서 젖은 부목 조각과 해초를 집어 올렸다. 크고 강한 움직임이었으므로 그 사람이 움이라는 것을 알 수 있었다. 그는 안심을 해야 할지 두려워해야 할지 몰랐다. 아마 그녀는 그가 두려워하는 사람일지도 모른다. 만약 그가 그녀에게 동행을 요청한다면 어떻게 될까? 동행해 준 다음, 그를 강간한다면?

페트로니우스는 생각했다. 실제로 흉악한 사람—공격할까 봐 그가 늘 두려워하는 무시무시한 움—을 만나더라도 마음을 열고 다가가서 손을 내밀면, 그리고 목숨이 위험하니 도와달라고 말한다면 그녀가 도와주지 않을까? 순진함, 있는 그대로의 진실한 순진함은 보호가 필요 없다, 그것은 스스로를 보호한다고 페트로니우스는 생각했다. 그는 어디선가 그 구절을 본 적이 있었다. 하지만 그가 숲에서 당했을 때 바로 그렇게 하지 않았던가? 그때……. 페트로니우스는 그 생각을 떨치려고 노력했다. 아니, 그들은 그렇게 보이지 않았다. 그들은 무시무시하지도 않았고, 보통의 움보다 두 배나 크지도, 비틀린 얼굴을 갖고 있지도 않았다. 그들은 평범한 움이었다. 페트로니우스는 등뼈 아래로 한기가 지나가는 것을 느꼈다. 공포가 온몸을 사로잡았다. 낮에는 그 검은 옷을 입은 세 명의 움들이 생각나지 않았다. 그러나 밤이 되면 떠올랐다. 자꾸 자꾸. 페트로니우스는 그들이 나타나서 자신은 말 한마디도 못 하고 당하기만 하는 꿈을 꾸었다. 그는 언제나 그들이 원하는 대로 해야만 했다. 만약 다른 사람에게 이 사실을 말한다면 더 자주 올 것이라고 그들은 말했다. 언제나 이 꿈에서만 깨면 그는 땀에 흠뻑 젖어 있었다. 조금씩 달라지긴 했지만 거의 매일 똑같은 꿈을 꾸었다. 그는 물가로 내려가서 양손으로 물을 조금 떠서 얼굴에 끼얹었다. 그러자 기분이 좀 나아졌다. 그는 마치 지금 막 바다에서 돌아와 보트를 묶어놓고 잡아 온 물고기를 구우며 진한 커피 한 잔과 독한 술을 마시고 있는 움처럼 행동하려고 했다. 그는 일어서서 만의 끝을 향해 천천히 걷기 시작했다.

그가 만 끝에 다다를 때까지도 그 움은 그를 알아보지 못했다. 그런데 그녀가 갑자기 얼굴을 돌렸을 때, 그는 그녀가 누구인지 알아차리고는 충격을 받았다. 그는 당황했고 도망치고 싶었다. 마치 그녀를 방해한 것만 같아서 그곳에 없는 체하려고 무진 애를 썼다. 자신은 단지 우연히 지나치게 된 것이고 바닷가로 너무 가까이 갔다가 예기치 않게 헤매게 된 것처럼 보이려고 했다. 이제 그는 숲의 어둠 속으로, 가던 길을 계속 갈 것이다. 그는 집으로 가던 중일 뿐이다. 그 길에서 잠시 벗어났지만 이젠 집으로 가는 길이며 더 이상 그곳에 머물지 않을 것이다. 게다가, 그녀는 그를 보지도 못했다. 그것은 단지 빛의 속임수이며 그녀는 그런 일에 관심도 두지 않을 것이다. 안녕.

페트로니우스가 돌아서서 나무들 사이로 막 몇 걸음을 떼었을 때다.

"페트로니우스 브램!"

그녀의 목소리가 어둠 속으로 울려 퍼졌다. 그는 돌아섰고, 그녀 쪽으로 몇 발을 내딛다가 잠시 멈추고 나서는 곧장 그녀에게로 걸어가 얼굴을 정면으로 쳐다보았다.

"겁이 났니?"

"아뇨."

"그렇지 않다면 뭐가 두려운 거지?"

"난 어둠이 무서워요."

"하지만 어둠 속에선 아무도 너를 볼 수 없어. 두려울 게 아무것도 없지."

그녀는 그의 손을 잡아 오두막으로 데려갔다.

그로 메이도터는 그렇게 살고 있었다. 안은 매우 단순했다. 작은 소파, 탁자, 파라핀 램프, 등받이가 없는 의자, 책꽂이, 벽난로가 있었고 그 앞에 고양이가 앉아 있었다. 벽에 걸려 있는 것은 뱃사람의 옷을 입은 커다란 늙은 움의 사진이었다. 클라라 스파크스 얼굴의 특색 있는 윤곽을 그린 커다란 녹색 포스터도 한 장 있었다. 이것을 보면서 페트로니우스는 조금 걱정이 되었다. 루스 브램이 이 세상에서 경멸하는 것이 있다면, 그것은 바로 스파크스주의였다. 텔레비전이나 클럽에서 누군가가 못마땅한 소리를 할 때면 그녀는 씩씩거리며 "스파크스주의 쓰레기들!"이라고 말했으며 페트로니우스는 클라라 스파크스가 실제로 무엇을 의미하는지 알기 오래전부터, 아주 어렸을 때부터 이 소리를 들어왔다. 사실 그는 지금도 잘 모른다.

갑자기 그로 메이도터는 약간 난처해하는 것처럼 보였다. "물론, 여기는 궁전 같지는 않지." 그녀가 말했다. "아직 다 꾸미지를 못했어. 그래도 따뜻하긴 하지. 의자에 앉아. 그게 여기 있는 가구 중 그나마 접대할 수 있는 거라구."

페트로니우스는 의자에 앉았다. 그는 왜 미처 깨닫지 못했는지 이해할 수 없었다. 메이바이트, 메이도터. 당연히 연관된 것인데도. 그녀가 회사에서 나와 독립하고 싶어 한다고 배러스커리가 말한 적이 있었다. 메이바이트 사람들은 죽었거나 멀리 떠나갔는데 그로 메이도터는 돌아온 것이다.

"참, 너한테 줄 게 있어." 그로는 다른 방으로 들어갔다. 그녀는 등 뒤로 무언가를 들고는 살며시 미소를 지으면서 페트로니우스 앞에 섰다. 그녀는 그의 발 앞에 그것을 내려놓았다. 녹색 체크 무늬 카누 신발 한 켤레였다.

"왜 이것을 가져갔죠?"

"지금처럼 깜짝 놀랄 것을 알았기 때문이지." 그녀는 웃었고 맞은편 목조 침대 위에 앉아서 몸을 앞으로 기울이고는 그를 바라보았다. "나는 네가 조만간 오리란 것을 알았지. 그래서 난 네가 올 때까지 기념품으로 그것을 간직한 거야. 난 페티시스트적인 데가 조금 있거든."

"그게 무슨 뜻이죠?"

"다른 사람 소유의 어떤 것을 갖는 데서 에로틱한 흥분을 느끼는 것을 뜻하지. 사람이 아니라 물건에서 말이야."

"다른 사람 소유의 '사람'은요?" 그가 혼란스러워 질문했다.

"난 전혀 그렇게 말하지 않았어. 물건이라고 했지."

"그래요, 어느 누구도 다른 이에게 소유되지 않아요. 물건만 그럴 뿐이죠."

"사실 그렇지 않다는 걸 알잖아. 예를 들어, 넌 내 거지."

페트로니우스는 아무 말도 안 했다.

"처음에 난 너의 신발을 가졌지. 난 그것을 여러 달 동안 갖고 있었어. 이젠 너를 갖게 될 거야."

"하지만 난 가버릴 텐데, 신발이라도 간직하고 싶지 않나요?"

"그렇지만 넌 아무 데도 안 갈 거야, 그렇지? 너도 알잖아. 넌 가지 않을 거야."

"그러나 난 집으로 가야만……."

"그래, 그래, 그래. 넌 너희 아빠가 계시는 집에 가야겠지. 그리고 네 소중한 어머니가 계시는 집에 가야 하고 여동생 때문에도 가야 하고 학교에 가려면 집으로 가야 하고 숙제를 하기 위해서도 집에 가야겠지. 그리고 일기를 쓰기 위해서도. 네가 집에 가야만 하는 이유는 너무 많아."

"내 일기에 대해서 무엇을 알고 있는 거죠?"

"네겐 비밀을 털어놓을 수 있는 사람이 있잖아? 네가 안심하고 모든 것을 말할 수 있는 사람 말이야. 정확히 말하자면 사람은 아니지만 언제나 그 자리에 있지."

"서…… 석상 말이죠?"

"그래, 서쪽 해변에 있는 석상 말이야."

"당…… 당신에 대해 말하는 것을 들…… 들었군요."

"응, 넌 날 사랑하지."

"난 당신을 잘 몰라요."

"그래, 넌 날 몰라. 그래도 넌 날 사랑해."

"당신에게 실망했어요."

"그게 날 사랑한다는 증거야. 네가 날 사랑하니까 실망도 하게 되는 거야."

"당신은 내가 공격당할 때 도와주지 않았어요."

"강간을 말하는 거군. 아냐. 난 몰랐어. 내가 알았더라면, 난 그년들을 죽였을 거야. 너에게 해코지를 못 하게 말이야."

"메이드맨의 무도회 이후 나에게 연락을 안 했잖아요."

"하고 싶었지만 할 수가 없었어. 넌 너무 어리잖아. 이제 겨우 열여섯이라구. 난 너보다 열 살이 더 많아, 페트로니우스. 난 너의 젊음을 방해해선 안 된다고 생각했지. 그래서 네 신발을 가져왔던 거야. 해변에서 넌 나를 봤지만 나인 줄 전혀 모르더군. 몇 번이나 네 옆을 지나쳤는데도. 난 너를 어릴 때부터 알았지. 하지만 어떤 것도 너에게 요구할 수가 없었어. 왜냐하면 넌 너무 어리거든. 난 네가 자신의 의지에 따라 오기를 바랐다구."

그러면 지금은? 이것은 자신의 의지에 따른 것인가? 그녀는 그를 사랑하는가? 그녀는 그를 사랑한다고 말하고 있는 것인가?

"당신은 '아도니스 호'에서 배러스커리가 나를 끌고 가려고 할 때도 도와주지 않았어요."

그로는 눈살을 찌푸리며 그를 쳐다보았다. "뭐라구? 이 늙은 암퇘지!"

페트로니우스는 얼굴을 붉혔다. "그녀는 금방 그만뒀어요." 그는 중얼거렸다.

"그녀가 너에게 눈독 들이고 있는 것은 알고 있었지만. 참, 잠수복에 대해서도 얘기했어……."

"그것은 끔찍한 잠수복이에요. 그것은…… 그것은……."

"페호가 달렸지. 안다구. 어리석긴. 옛날에 럭스에서는 맨웁들이 페호 따위는 입지 않았어. 그것은 근대의 산물이야. 상류계급의 고 안물이라구. 그런데 지금은 사회의 전 계층으로 퍼졌지. 나에게 너는 페호를 하건 하지 않건 언제나 사랑스러워. 그녀를 가까이하지 않겠어. 그녀 밑에서 더 이상 일하지 않을 테야. 난 내 일을 시작하겠어."

"무슨 일을 하겠다는 거죠?"

"여기 메이바이트에서 어업을 다시 시작할 거야."

"이상한 사람이군요."

"그래, 난 이상해. 넌 날 몰라. 내게 실망했을 거야. 그럼 이제 끝난 건가? 어린 로디?"

"아니에요. 이제 시작하는 거예요."

"페트로니우스!" 그녀는 일어서서 두 팔로 그를 안았다. "그 말은 내가 당신을 보호해도 된다는 뜻이야?"

"다…… 다…… 당신이 내…… 내게 부…… 부성보호를 준다는 의미인가요?"

"그래!"

페트로니우스는 고개를 끄덕였다. "왜……." 그는 속삭였다. "왜 이제야 왔어요?"

"하느님 어머니! 그건 얘기가 길어."

그것은 현실 같지 않았다. 마치 소설 같았다. 밖에는 바다가 있었고, 바람이 오두막의 담을 휘감았으며, 창문에는 조각난 어둠이 있었다. 그녀가 그의 머리칼을 어루만지면서 바라보는 난롯가에는 불꽃이 피어오르고 있었다. 빛과 열기가 자동으로 조절되고, 가로등과 주차장과 다른 고층 건물들이 풍경을 이루고, 깔끔하고 균형 있게 정돈된 공원과 정원이 합쳐진 '우드랜드'가 있는 고층의 아파트 단지가 불과 한 시간 거리에 있다는 것은 믿기 어려웠다. 멀고 먼 옛날에 럭스 섬 전체는 메이바이트 만의 끝에 있는 이곳과 비슷했다. 그 당시 사람들은 난롯가에 옹기종기 앉아 옴들의 흥미진진한 모험담에 귀를 기울이곤 했다.

그로 메이도터와
그녀의 자랑스러운 가족

그로 메이도터는 AJ 510년 몹시도 추운 봄날 아침, 스파웃에서 남쪽으로 4.5마일 떨어진 바다 위 고기잡이 배에서 태어났다. 그녀의 할머니 바야는 두 이모가 그물을 끌어 올리고 그녀의 어머니가 배 바닥에 앉아서 그로를 낳을 때 그 배에 함께 타고 있었다.

그로가 충분히 컸을 때, 할머니는 그녀가 바람 소리보다 두 배는 더 크게 울어대서 그 배에 있던 모두가 자랑스러워했다고 말해 주었다. 할머니는 그로의 출생 이야기를 할 때마다 이 이야기를 반복했다. 바람 소리보다 두 배나 우렁차서 가슴은 자랑으로 가득 찼다고. 그리고 할머니는 죽을 때까지 그로의 생일이 돌아올 때면 이렇게 말했다. "그랬단다. 넌 태어났을 때, 무척 크고 강했지. 넌 태어나자마자 그물을 가지고 네 이모들을 돕겠다고 나서서 너를 말려야만 했단다." 할머니는 파이프에 불을 붙이면서 빙긋이 웃었다.

"그날은 폭풍이 너무도 심했지. 마리아가 죽은 그날 이후로 그런 날이 없었단다." 할머니는 언제나 자랑했다. 그 만의 남쪽을 소유했던 마리아 메이바이트 서던은 그로의 할머니의 할머니인 올드 메이의 동생이었다. 그런데 할머니는 그녀를 '죽은 마리아'라고만 불렀다. 때때로 할머니는 마리아에 대해 말할 때, "바랄두스는 몹시 슬픔에 잠겼지."라고 덧붙였다. 그 후로는 그렇게 폭풍이 심한 날은 없었다고 한다. 할머니에게 그로는 눈에 넣어도 안 아픈 손녀였다.

사람들이 올드 메이도터를 '바야'라고 부른 것은 오래전부터였다. 그리고 그 이름은 그녀가 이 만의 지도자라는 사실을 나타냈다. 이갈선드의 지주들은 그것을 욕설로 사용했지만 바야는 오히려 그 이름을 명예의 상징으로 받아들였다. 바야는 파고 7의 바다만큼이나 거칠었고 언제나 자신이 잡은 생선의 껍질, 뼈, 지느러미까지 모두 먹었다. 크기는 상관없었다. "발라 먹는 것은 현대의 어리석음이지." 그녀는 이로 연골을 오도독 씹으면서 그렇게 주장하곤 했다.

뱃사람들 대부분은 그로가 세상에 태어나기 오래전에 굴복했다. 하지만 바야는 필사적으로 싸웠다. 그야말로 필사적이었다. 그녀는 이 오두막 저 오두막을 다니면서 뱃사람들을 선동했다. 바야는 "절대로 저 바위와 참나무를 포기해선 안 돼. 그것이 너희가 가진 전부야."라고 말했다. 그러나 소용없었다. 지주들과 무역회사들 그리고 정부가 고용한 공무원들은 바위와 참나무에 대해 눈이 핑핑 도는 가격을 제시했다. 최소한 그 가격은 그렇게 많은 액수를 한 번도 들어본 적이 없었던 뱃사람들에게는 황홀한 것이었다. 그들은 돈 문제에 관한 한 아는 바가 없었기 때문에 삼천 달러블이면 손가락 하나 까딱 안 하고도 여생을 보낼 수 있다고 생각했다. 바야는 그것에 대해서도 싸웠다. 바야는 가게에 발을 들여놓자마자 손가락 사이로 돈이 술술 빠져나가는, 무시무시한 도시의 이야기를 사람들에게 들려주었다.

그러나 소용없었다. 뱃사람들은 하나둘, 팔아치우고 시내로 일자리를 찾아가거나 더 먼 곳으로 떠났다. 아니면 자취도 없이 사라졌다.

그러나 바야는 끝까지 남았다. 그녀는 사람들이 떠나버린 후, 몇 십 년 동안 땅을 지켰다. 그녀는 가족 이외에는 어느 누구와도 말하려 들지 않았다. 이따금씩 "결코 난 어머니의 땅을 팔지 않겠어!"라고만 다른 이들에게 말할 뿐이었다. 그로는 할머니의 그 말을 기억했다. 그 뜻이 뭔지 알기 전부터 그 말을 기억했다. 그 말소리를 기억했고, 할머니가 그것을 말할 때의 목소리를 기억했다.

그리고 할머니는 숲을 큰사슴처럼 빠른 걸음으로 걸어 다녔으며, 나무를 자르고 심다 지쳐 집으로 돌아와서도 늘 생동감이 넘쳤다. 그리고 지주들이 모든 것을 사버린 후부터는 럭스에서 벌어지는 일들에 대해 대단한 반감을 갖고 있었다. "팬시 사람들이 이제 이사 올 거야." 그녀가 말했다. "더 이상 럭스에는 진짜 사람들이 살지 않아. 그들은 단지 인조인간일 뿐이지. 이사 오는 사람들 말이야, 그 사람들은 여기에 일하러 오는 것이 아니야. 그저 살려고 오는 것이라구!" 할머니는 손바닥으로 넓적다리를 쳤다. 그녀는 유머 감각을 잃는 적이 없었다. "이런 얘기 들어본 적 있니? '살기'만 하고 그곳에선 일하지 않는다! 도대체 왜 그런 데서 살고 싶어 하는 거지?"

그렇다, 할머니는 현대 세계는 미쳤다고 생각했다. 하지만 그녀는 빈틈이 없었다. 그 섬으로 모여드는 젊은 작살물어 사냥꾼들이 경악을 금치 못하게, 할머니는 어느 날 갑자기 스파웃 일대 어업에 대한 독점권 소유를 증명하는 서류를 내놓았다. 옛날부터 뱃사람들은 각자가 자기 영역을 갖고 있다는 것을 서로 간에 묵인했다. 그러나 바야의 어머니인 올드 메이는 이것을 서류로 남기기 위해 시(市) 당국의 도장을 받으려고 온갖 고생을 무릅쓴 단 한 사람이었다. 이것은 몇십 년 전의 일이다. 공무원은 그것을 보고 웃고는 화려한 도장이 찍힌 그 서류를 유효하다고 인정했다. 그리고 올드 메이가 일 년에 네 번으로 나누어 지불해야 했던 이 달러블을 바야에게 부과했다.

조합의 공무원들은 바야가 색이 바랜 서류를 반 세기가 지난 지금에 와서 그들의 코밑에 대고 흔들었을 때, 너무나 기가 막혔다. 처음에는 그저 웃어넘기려 했다. 그러나 몇 번의 재판을 거치면서 서류의 신빙성이 증명되고 또 증명되었다. 법정에서 변호사와 법관들은 정말로 그 서류가 무효임을 선언하고 싶었으나 신성불가침의 사적 소유권을 침해하여 이갈리아의 정의를 깨뜨리게 될까 두려워했다. 그래서 그들은 그 서류가 법률적으로는 타당하나 도덕적으로는 옹호될 수 없다고 판결을 내렸는데(법관들은 도덕적 측면만 언급했다.), 그 이유는 어업은 모두를 위한 것이고 어느 누구도 특권을 행사할 수 없으며 모든 사람이 자유경쟁을 통해 이익을 얻을 수 있기 때문이라는 것이었다.

이렇게 하여 바야는 몇 년 동안 자신의 영역에서 새 잠수부들을 몰아낼 수 있었지만, 그녀의 건강은 악화되기 시작했고 마침내 현대적 장비를 갖춘 잠수부들과 경쟁하는 것은 불가능하다는 것을 깨닫게 되었다. 그래서 바야는 그녀의 권리를 사고 싶어 하는 북부 무역상사에 연락했다. 그 회사는 기뻐하며 어마어마한 액수를 제시했다. 바야는 즉시 남부 무역상사로 가서 그녀가 얼마를 제의받았는지를 말해 주었다. 몇 달간 그 두 상사를 왔다 갔다 한 후, 그녀는 최종적으로 마음을 굳혔으며 그녀의 권리를 북부 무역상사에 팔았다. 그리고 돈을 반으로 나눠 북부 무역상사에 반, 남부 무역상사에 반을 투자했다.

바야의 맏딸이며 그로의 어머니인 키트는 메이바이트를 상속받았다. 바야는 밑의 두 딸이 능숙한 잠수부가 되도록 조처를 취했다. "이 미친 시대에 난 너희들을 위해 할 수 있는 최선을 다했다." 바야가 임종할 때, 한숨을 쉬며 말했다. "스파웃에서 동쪽으로 반 마일 떨어진 바다에 나를 묻어라, 거기서 태양이 뜨니까." 그러고서 그녀는 숨을 거두었다.

그때 그로는 겨우 다섯 살이었다. 이모들은 모두 그 오두막을 떠났고 그로와 어머니만 잠시 그곳에서 살았다. 키트 메이도터는 누구에게도 부성보호를 주려 하지 않았다. 키트는 어머니에게서 맨움에 대한 태도를 물려받았다. 바야는 언제나 맨움은 사치품일 뿐이며 순전히 예외적이고 임시적인 경우가 아니라면 맨움을 둘 만한 여유는 없다고 말했다. 바야의 딸들이 바다로 따라 나갈 만큼 충분히 자랄 때까지 이웃의 아들들이 교대로 돌봐주었다. 많은 뱃사람들이 이와 비슷한 생활을 했기 때문에 그들에겐 각자의 맨움이 필요 없었다. 어업철에는 대략 움들 네 명당 한 명의 맨움이 있었다. 현대에 와서 맨움을 문명화시키고 유용하게 만들려는 시도를 바야는 어리석은 짓이라고 생각했다. "맨움들이란 야생 원숭이에 불과하고 그들은 언제나 그 모양일 거다." 그녀는 이렇게 말하곤 했다. "그들은 자신이 아닌 다른 이들을 위해서 손가락 하나라도 까딱하는 걸 배울 수 없을 거야. 신은 맨움들 중 한 명을 길들이지 않아도 되도록 나를 수호해 주셨지." 뱃사람들 사이에서 하우스바운드는 상류계급의 이상한 짓거리로 보였다. 옛날 럭스에서 태어난 대부분의 맨움들은 본토에서 부성보호를 받지 못하면 팔루리아 지방의 탄광에서 생을 마쳤다.

그로는 황홀감에 젖어 자신을 바라보고 있는 페트로니우스를 쳐다보았다. 그로의 가족 이야기는 페트로니우스가 전혀 모르던 세계에 눈을 뜨게 해주었다. 그는 맨움의 인생에 가차없이 난폭하게 뛰어들어 그 인생을 영원히 바꾸어놓은 강한 움들에 관한 소설들을 생각했다. 새장에서 벗어나, 별이 빛나는 하늘과 끝없이 펼쳐진 바다로 맨움들을 데리고 나가는 움 말이다. 그는 그로가 그런 움이란 것을 알았다. 그는 언제나 그녀 곁에 있을 것이다. 여기 그가 늘 꿈꾸었던 움이 있다. 키가 크고, 독립적이며, 자연의 힘과 조화를 이루며, 부자이고…….

"나의 어머니는 전 재산을 탕진하셨지." 그로가 말을 이었다. "어머니는 나를 팍스로 데리고 가서 그곳에서 예술가로 잘살았어. 어머니는 항상 맨움들에게 둘러싸여 있었고 예술가는 아름답고 젊은 맨움들에게 둘러싸일 필요가 있다고 내게 말했지. 일종의 영감이라나. 하지만 어머니는 어느 누구에게도 부성보호를 주길 원하지 않았어. 나에게 아버지가 필요하다고 어머니가 생각할 거라는 기대 때문에 맨움들은 나와 놀아주고 내 비위를 맞추었지. 열여섯이 되자마자 난 떠났어. 바다로 가서 몇 년 동안 떨어져 있었지. 난 전형적인 움의 삶을 살았어. 말하자면 항구마다 소년이 한 명쯤은 있었던 거지. 오, 페트로니우스. 난 내가 했던 모든 일들, 술 마시고 창남과 관계를 맺고 하는 따위의 일을 차마 네게는 다 말하지 못하겠어. 대개 뱃사람의 삶은 그런 것이지. 외국에선 열한 살 이상이면 맨움들이 그렇게 몸을 팔지. 그러던 어느 날, 나는 갑자기 어머니가 돌아가셨다는 전보를 받았어. 난 무엇 때문에 어머니가 돌아가셨는지 몰라. 아마 술 때문이었을 거야. 그래도 어머니의 죽음은 나에게 충격이었어. 난 나의 유년시절 고향을 생각하게 됐고 바야가 말하곤 했던 것들을 다시 하고 싶어졌어. 그래서 이렇게 고향에 돌아왔지. 처음으로 장례식 때문에 고향으로 돌아온 거야. 하지만 장례식엔 참석하지 못했어. 너무 늦었거든."

그로는 잠시 말을 멈추었다.

"어머니……." 그녀는 구슬프게 말했다. "정말, 어머니란 무엇일까? 넌 결코 이해할 수 없을 거야. ……어머니가 재산을 탕진했다 하더라도 난 어머니를 자랑스러워하지 않을 수 없어. 왜냐하면 강풍이 부는 얼음장 같은 봄날 아침에, 스파웃 저 너머에서 나를 낳으셨으니까. ……그녀는 민중의 한 사람이었어. 아이를 낳는 진정한 민중의 한 사람……."

탄생 궁전에서

대(大)탄생 궁전은 이갈선드 남부 방류처리장 위 고지대 중턱에 자리 잡고 있었으며 그곳에서 팍스를 향해 남동쪽으로 출산 대로가 뻗어 있었다. 문힐의 도심 한가운데 자리 잡고 있는 탄생 궁전은 대탄생 궁전보다 십 년 일찍 지어졌다. 그런데 그곳에서 출산을 하는 움들이 소음이 의식을 방해한다며 불평을 하기 시작했다. 생명의 위대한 기적이 주는 황홀함이 주중엔 소음에 묻혔기 때문이다. 첫 번째 불평이 나오자마자 정부는 교외의 평화로운 곳에 현대식 건물을 새로 짓기로 결정했다. 그 계획은 지금까지의 예산 중 가장 비중이 큰 항목이었다. 예산은 각료들 중 한 명이 직접 출산하러 그곳에 왔다 간 후 곧바로 책정되었다.

새로운 대탄생 궁전은 거대하고 붉은빛이 도는 삼각형의 석조 건물로, 활 모양의 창문이 나 있고 세 귀퉁이에는 둥근 종탑이 있었다. 그 건물 본관 입구에는 대리석으로 만든 긴 계단이 있었다. 궁전은 다양한 크기의 삼각형 출산실들로 이루어져 있었는데, 출산할 움들은 지불 능력에 따라 방을 예약하도록 하우스바운드에게 시킨다.

"딸일 거야." 브램 가족을 태운 커다란 검은색 전기 리무진이 출산의식에 온 하객들의 행렬 앞을 빙 돌 때 바가 말했다. 때는 늦은 가을이었으며 날씨는 음울하고 스산했다.

"만약 그렇다면, 난 집을 나갈 거야." 페트로니우스가 말했다.

"그러면 난 딸이길 더 바라야겠네." 바가 말했다.

"그만해! 안 그러면 내가 집을 나간다." 크리스토퍼가 말했다.

충격을 받은 페트로니우스와 바가 그를 쳐다보았다.

"아빠가?" 바가 말했다. "아빠는 집을 떠날 수 없잖아. 안 그래?"

크리스토퍼는 가장 큰 출산실을 예약했다. 산달에는 준비해야 할 것이 끝도 없었다. 의식의 세세한 부분을 모두 준비해야 했지만 그가 루스에게 자문을 구하면, 그녀는 자잘한 것을 챙기는 것은 맨 움의 몫이라고만 말할 뿐이었다. 게다가 임신 중이라는 것만으로도 자신은 충분히 할 일을 하고 있는 것이란다. 그가 언제 그녀에게 일일이 다 걱정해 달라고 부탁한 적이 있었는가?

이번 임신 때, 그녀는 몹시 뚱뚱해졌다. 끊임없이 군것질을 해서 거의 십 개월 내내 크리스토퍼는 샐러드와 수프, 스튜, 프리카세(송아지나 닭의 고기를 잘게 썰어 스튜를 만들어 그 고깃국물을 친 요리—옮긴이), 특별히 엄선한 야채의 설탕절임과 맛있는 디저트를 만들어야 했다. 하루는 올리브를 먹고 싶다고 해서 크리스토퍼는 올리브를 구하기 위해 마을을 샅샅이 찾아다녔으나 어디서고 올리브 철이 아니라는 대답만 들었을 뿐이다. 제철이 아니라는 것도 루스에게는 변명에 불과했다. 결국 그는 팍스에다 올리브의 탁송을 주문했고 올리브는 그로부터 삼 일이 지난 후에야 도착했다. 크리스토퍼는 네 개의 올리브 단지를 들고 루스에게 달려갔으나 테라스의 소파에 누워 있던 그녀는 혐오스럽다는 듯이 돌아눕기만 했다. "당신은 내가 지금도 올리브를 먹고 싶어 할 거라고 생각해?" 그녀는 화를 내며 반문한 다음 임신한 움은 크리스토퍼도 잘 알고 있듯이 갑자기 욕구가 생기고 갑자기 뭔가를 열망하게 된다고, 그렇기 때문에 그것을 만족시키려고 삼 일이나 지난 후에 뛰어오는 것은 아주 어리석은 짓이라고 참을성 있게 설명해 주었다.

그 일이 있은 직후, 그녀의 입덧은 더 심해졌다. 이와 똑같은 이야기가 반복되었다. 크리스토퍼는 그녀의 욕구를 만족시키려고 몇 달을 뛰어다녀야만 했다. 한번은 몇 분 안에 그녀가 원하는 것을 즉각 만들어낼 수 있도록 희귀한 과일과 야채를 파는 가게를 마음속으로 그려보기도 했다. 오죽했으면 그랬을까.

그는 체중이 줄었고 루스는 그가 얼마나 말라 보이고 쪼글쪼글해졌는지 불평하기 시작했다. "세월이 당신을 갉아먹기 시작하는구려, 늙은 맨움." 그녀가 말했다. 크리스토퍼는 웃었다. 그는 임신한 움에게 대드는 것은 위험하다는 것을 알고 있었다.

예부터 임신 중에 어머니가 자신의 뜻대로 하지 못하면 기형아가 태어날 수도 있다는 말이 있었다. 여러 가지 금기도 있었다. 예를 들어 하우스바운드가 가르마를 타면 언청이 아이가 태어나게 되고, 맨움이 임신 중인 아내에게 화를 내면 아이가 사시가 된다는 등등이었다. 옛날 미신에 불과하지만 크리스토퍼는 그것을 완전히 무시할 수는 없었다. 어쨌든 이번이 그가 경험한 가장 힘든 임신이라는 점만은 분명했다.

그들은 건물 중앙에 있는 커다란 삼각형 방으로 올라갔다. 큰 창문에서 한 줄기 광선이 오르간과 루스 브램이 누울 침대 위로 쏟아졌다. 성가대 소녀들과 사제는 아직 도착하지 않았다. 그것은 아이가 나올 때까지 시간이 걸릴 수도 있다는 의미였다.

크리스토퍼는 긴 의자 앞쪽에 앉았고, 그 옆엔 장녀인 바가 앉았다. 그리고 그다음에 페트로니우스가 앉았다. 크리스토퍼는 모서리마다 놓여 있는 석상을 발견했다. 페트로니우스와 바가 태어난 문힐에 있던 옛 궁전에도 똑같은 조각상이 있었다. 아래쪽 한 모서리에는 발을 굳건히 땅 밑으로 묻고 팔은 들어 올린, 크고 멋진 임신한 움이 있었다. 다른쪽 모서리에는 벌거벗은 채 크게 울부짖는 갓 태어난 여아상이 있었으며 위쪽 모서리에는 맨움상이 있었는데, 아이를 수태시키고 돌보는 맨움의 두 가지 주요한 기능을 상징하는 두 개의 머리와 네 개의 팔과 네 개의 다리를 가진 모습이었다. 이 조각상은 서로 등과 둔부가 결합되어 있었기 때문에 사람들은 한 방향에선 움을 향해 발기된 페니스를, 다른 방향에선 새로 태어난 아이를 향해 팔을 벌리고 있는 측면 윤곽만을 볼 수 있었다. 생명의 순환이었다. 주고 또 받는 것이다. 모든 방이 삼각형 모양이라는 것은 문명의 규칙적인 순환을 강조하기 위한 것이었다.

"아빠!" 바가 말했다. "난 그로랑 페트로니우스가 그짓을 했다는 데 돈을 걸 거야! 열 달 후면, 페트로니우스는 여기에 앉아 있겠지.

아버지로서 말이야." 그녀가 웃었다. "만약에 그로가 페트로니우스를 보호하고 싶다면 말이지. 그거야 확실히 알 수는 없지만, 그래도 그로가 저런 얼간이를 원한다고는 상상할 수 없어······."

"조용히 해, 바. 여기는 신성한 곳이고 지금은 우리 모두에게 신성한 순간이야."

"신성이라!" 바가 콧방귀를 뀌었다. "난 이렇게 무시무시하고 지루한 방에서는 절대로 아이를 낳고 싶지 않아. 난 네 마리의 백마가 끌고 앞에선 트럼펫이 울려 퍼지고 환호하는 군중들이 있고 풍선과 꽃가루가 날리는 도심을 지나는 멋진 마차 위에서 출산할 거야······."

문이 열리고 금색으로 수놓은 폭이 넓은 붉은색 망토를 걸친 한 사제가 들어와서는 바닥을 지팡이로 세 번 내리쳤다. 그것은 임산부가 들어오고 있음을 의미한다. 사제 뒤로 짧은 붉은색 가운을 걸치고 피라미드 모양의 검은 모자를 쓴 성가대 소녀들이 들어왔다. 그들은 배꼽 아래 아무것도 걸치지 않고 있었다. 성가대 소녀들은 침대 머리맡과 오르간 사이에 세 줄로 늘어서서는 자신들의 음모로 검은 삼각형의 긴 변을 만들었다. 그 음모는 모두 바닥에서 똑같은 높이에 있었다. 끝으로 루스 브램이 흰색 가운을 입은 산파 두 명과 함께 들어왔다. 브램은 검은색 출산복을 입고 있었다. 그녀가 성가대 앞에 있는 침대 머리로 가로질러 갈 때, 오르간은 조용한 서곡을 연주하고 있었다. 그곳에서 브램은 검은색 출산복을 벗어 던지고 그들 앞에 건장한 알몸으로 섰다. 그녀가 옷을 벗어 던진 바로 그 순간, 오르간과 성가대는 탄생 서곡 칸타타를 연주하기 시작했고 브램은 출산대 위로 우아하고 활기차게 걸어 올라갔다.

그녀가 누운 다음에는 하객들이 두 개의 출입구를 통해 들어와 임신한 움 조각상과 신생아의 조각상을 지나 브램의 가랑이를 정면에서 볼 수 있는 곳에 앉았는데, 그들은 앞으로 그 산고의 과정을 함께할 사람들이었다.

두 개의 마이크가 침대 머리맡 가까이에 놓여 있어서 브램은 그 자리에 모인 사람들에게 출산의 경과를 일정한 간격으로 알려줄 수 있었다. 탄생 서곡 칸타타가 끝났을 때, 그녀는 삼십 분 전쯤에 첫 번째 진통이 왔고 그 통증은 전신으로 퍼졌다고 설명해 주었다. 그녀는 마지막 출산 이후로 너무 오랜 시간이 흘렀기 때문에, 온몸을 뒤흔드는 첫 번째 진통을 느끼는 것이 얼마나 멋진지 거의 잊고 있었다고 말했다. 그녀는 이 진통은 어느 누구도 쉽게 경험할 수 없는 감각적인 쾌감이므로 만약 사람들이 일을 안 해도 된다면 늘상 임신만 하고 있을 거라고 말했다. 맨움과의 성교가 물 한 잔을 마시는 것과 같다면 출산은 포도주를 마시는 것과 같다고도 덧붙였다.

이 말이 끝나자 하객들은 박수를 쳤고, 성가대는 삼중창으로 「거룩한 진통 찬송가」를 불렀다. 노래가 끝났을 때, 브램은 다시 말하고 싶다는 신호로 손을 들었다. 그녀는 양수가 곧 터지려 한다고 말했고 성가대는 곧장 종소리같이 청아한 목소리로 「양수 찬가」를 부르기 시작했는데 그 노래는 마치 봄날 졸졸 흐르는 시냇물 소리 같았다. 이 곡이 끝나고 나서 사제는 이웃나라 팍스 사람들이 감탄해 마지않는 출산 의식을 행하기 시작했다.

커다란 유리를 통해 들어오는 빛은 서서히 드리워지는 커튼 때문에 점차 희미해졌고 거의 느낄 수 없게 되었다. 고요만이 흐르고 있었다. 사람들은 브램의 편안하고 고른 숨소리를 듣고 있었다. 자궁이 천천히 열리기 시작하는 이 단계에서는 오직 브램만이 이 침묵을 깰 수 있다. 그녀는 이 단계를 위한 반주로 가장 유행하는 팝송 하나를 부탁했다. 그녀는 다른 어떤 것보다 팝 뮤직이 긴장을 푸는 데 도움이 된다는 것을 알게 됐다고 말했다. 한 시간 정도 팝송이 흘러나왔다. 그녀의 배는 부드럽게 올라갔다 내려갔다 했다. 이따금씩 그녀는 마이크에다 마치 신처럼 무중력 상태에 있는 것 같다고 말했다. 그녀는 이 느낌을 즐길 수 있도록 조용히 해줄 것을 요구했다. 팝송이 멈췄다. 완전한 정적이 삼십 분간 계속되었다. 모두들 그녀의 배가 올라갔다 내려갔다 하는 것을 지켜보았다. 흥분이 절정에 달했다. 브램은 무아지경에 빠져 "위대한 진통이 시작된다!"고 소리쳤다.

사제의 조수들은 그녀의 옆구리와 허리를 문질렀다. 가끔 브램은 작은 기쁨의 신음 소리를 냈다. 출산도가 열릴 때 브램의 몸에는 특별한 기름이 발라졌다. 그녀의 숨소리는 점점 가빠져서 환희에 찬 리드미컬한 속삭임으로 변했다. 조수들은 열심히 향기로운 연고로 브램을 문질렀다. 마지막 수고를 위해서 그녀의 음순을 따뜻하고 부드러워질 때까지 마사지했다. 브램이 마이크를 잡자 모두 숨을 죽였다. "머리가 나와요!" 그녀는 공표를 하고 출산 의자로 가서 힘을 주기 시작했다. "구스베리 잼!" 그녀가 소리쳤다. 그 말은 즉시 궁전 식당으로 전해졌고 잠시 후 커다란 구스베리 잼 한 통이 그녀에게로 배달되었다. 그녀는 잼을 먹고 얼굴이 빨개지도록 힘을 주었다. 브램의 자궁문은 따뜻한 수건으로 마사지되고 있었다. 진통이 그녀의 전신을 뒤흔드는 것을 똑똑히 볼 수 있었다. "지금 딸의 머리가 나오려는 것을 느낄 수 있어요. 아주 튼튼한 꼬마인가 봐요." 브램은 황홀경에 빠진 듯한 웃음을 지었다. 모두가 박수를 쳤다. 크리스토퍼는 일어나서 두 팔을 벌리고 그녀에게로 달려갔다. 브램은 천천히 다리를 벌리고는 기쁨에 젖어 소리쳤다. 산도에서 머리가 보였다. 크리스토퍼는 침대 발치에 서서 기다렸다. 성가대는 「탄생 캐롤」을 불렀고 오르간은 탄생 서곡의 마지막 악절 크레센도를 연주했다. 아이가 나오는 마지막 몇 분 동안 완벽한 정적이 감돌았다.

사제는 그 자리에 모인 사람들과 오르간 연주자에게 그 아이가 아들인지 딸인지 알려주어야 한다. 만약 딸이라면 사제는 지팡이를 들어 삼각점이 천장으로 향하게 하며, 아들이라면 마룻바닥을 향하도록 한다. 딸이라면 후주곡은 장조로 연주되고 아들이라면 단조로 연주된다. 모든 것이 조용했다. 브램은 헐떡거리며 마지막 안간힘을 썼다. 브램은 딴 세계에 있었으며, 움의 인생에서 이 순간만큼은 외부의 어떤 소음도 절대로 방해해서는 안 된다는 것을 모두 알고 있었다.

페트로니우스는 숨을 멈추고 눈을 감았다. 그는 아들이기를 속으로 되뇌었다. 그는 남동생을 원했다. 남동생이길, 오 신이시여, 남동생이게 하소서!

머리 전체가 나오고 그다음 어깨가 나왔다. 브램은 그 아이를 잡아서 밖으로 빼내고는 자신의 배 위에 뉘었다. 페트로니우스는 사제의 지팡이를 응시했다. 잠시 사제의 지팡이가 어느 방향으로 움직일지 알 수 없는 이 순간이 영원히 지속되는 것 같았다. 그런데 지팡이는 천천히 아래를 향해 움직이기 시작했다. 잠시 후, 오르간 연주자는 단조로 후주곡을 연주했다. 아기의 몸은 수건으로 정성스레 닦였다. 페트로니우스는 바가 옆에서 실망하여 한숨 쉬는 소리를 들었다. 하객들은 박수를 쳤다. 태반이 나왔다. 하객들이 다시 박수를 쳤다. 태반이 들어 올려졌고 그 아름다운 색에 모두들 감탄했다. 브램은 탯줄을 잘랐다. 아이가 울기 시작했다. 축하의 박수가 다시 쏟아졌다.

산파는 아이를 검은 모포에 싸서 사제에게 건네주었고, 사제는 크리스토퍼의 팔에 아이를 안겨주었다. 성가대는 감동적인 「부성의 찬송」을 부르기 시작했다. 그 찬송은 시작도 끝도 없는 부성의 영원성을 강조하기 위한 것이었으므로 처음엔 제창으로 그다음엔 변주곡으로 불렀다. 크리스토퍼는 페트로니우스와 바에게로 갔다. 바는 그 작은 창조물을 쳐다보기만 했다. 페트로니우스는 붉은 주름이 진 어린 동생의 뺨에 키스하고는 지금까지 본 아기 중 가장 사랑스럽다고 생각했다. 그의 어린 동생이 손을 움직였을 때, 페트로니우스는 자신의 커다란 주먹을 다섯 개의 앙증맞은 손가락 위에 올려놓아 그 따뜻함과 움직임을 느꼈다. 그는 조심스럽게 크리스토퍼를 보았다. 크리스토퍼가 아기에게 웃음을 지어 보였다.

사제는 바닥을 쿵 소리 나게 치고는 탄생을 찬송했다. 그녀가 노래를 마쳤을 때, 브램이 침대에서 벌떡 일어나 크리스토퍼와 아이에게로 갔고 잠시 소란이 있었다. 사람들은 그들을 축하하기 위해 앞으로 몰려나왔다가 탄생 궁전 앞 계단으로 나갔다. 계단에서는 사람들이 브램과 아이를 안은 크리스토퍼의 사진을 셀 수도 없이 많이 찍었다. 그다음에는 출생 파티를 위해 다 함께 럭스에 있는 그들의 아파트로 갔다.

그들이 집에 도착했을 때, 협동조합 대규모 브라스밴드가 그들을 놀라게 하려고 미리 와 있었다. 축하 파티를 위해 그들은 정장으로 갈아입은 뒤 「브리니 만의 딸들」이란 이갈선드 시의 축가가 크고 활기차게 연주되는 가운데 하객들을 맞이했다.

크리스토퍼는 갓 태어난 아들을 들어 올려서 아이의 손을 잡고 흔들었다. 이 광경을 지켜본 이들은 모두 감동했다.

그 후, 브램은 사흘 내내 떠들썩한 술잔치에 취해 지냈다.

아이 돌보기와 젊은 시절의 꿈

'그로에게. 나는 항상 자유를 꿈꿔 왔어요.' 정말 바보스럽고 감상적인 첫머리였다. 페트로니우스는 편지를 뚫어지게 쳐다보고 나서 창문 밖을 바라보았다. 그러나 그것은 사실이었다. 그렇지 않은가? 그는 항상 자유를 갈망해 오지 않았던가?

그는 편지를 찢어버렸다.

'그로, 당신에게 오랫동안 하고 싶었던 말이 있어요. 내 남동생이 석 달 전에 태어났을 때, 내가 거기에 앉아 있었는데…… 음, 그때 생각했던 것을 당신에게 말해 주고 싶어요. 내가 생각했던 것은…….' 잠시 멈추고 그는 창밖을 내다보았다. 어두웠다. 그는 어둠 속에서 자신의 둥근 머리를 보았다. 바보스러워 보였다. 가는 목과 헝클어진 머리, 곱슬곱슬한 턱수염. 그렇게 우스꽝스럽게 보이는데도 어떻게 심각하고 진지한 감정으로 앉아 있을 수 있었을까?

그는 편지를 다시 읽었다. '나는 생각하고 있었어요…….' 그는 무엇을 생각하고 있었던가? 물론, 그녀에 대해서다. '나는 정말로 거기에 누워 있는 사람이 당신이기를 진심으로 바랐어요. 그리고 아이를 받아주는 사람이 나이기를 원했죠. 오, 그로! 그건 세상에서 그 무엇보다도 내가 하고 싶은 거예요. 나는 당신의 아이를 갖기를 원해요. 이제 당신도 알겠죠. 말하지 말았어야 했겠지만, 그것은 사실이에요. 줄곧 원해 왔어요…….' 자유로워지는 것을 원해 왔어요. 그는 생각했다. 자유로워지는 것을 그리고 그로의 아이를 갖는 것을. 사랑하는 움의 아이를 갖는 것. 그리고 자유로워지는 것.

그는 고개를 들어 창문에 비친 자신을 다시 보았다. 이번에는 계속해서 뚫어지게 쳐다보았다. 어떻게 자유로우면서도 동시에 아이를 가지는 것이 가능할까? 정말 가능한 일일까? 물론이지. 아빠에게 가능한 일이 아니었다고 해서 나에게도 불가능한 것은 아니니까. 그로는 엄마와는 달라. 그로는 나를 사려 깊게 대해. 그녀는 나에게 많은 것을 말해 주었지. 그녀는 나를 사랑하고 나에게 매우 많은 것을 가르쳐주지.

그는 그녀의 팔에 대해 생각하기 시작했다. 그녀의 어깨와 팔. 얼마나 꽉 안아주었던가. 그녀의 가슴에 기대면 얼마나 편안하고 따뜻했던가. 그녀는 영원히 함께 있고 싶고 결코 집으로 돌아가고 싶지 않게 만드는 사람이었다.

또다시, 그는 읽고 있던 것을 찢어버렸다. '그로에게. 사랑해요.' 그는 그것을 빤히 바라보았다. 그는 다시 한번 편지를 훑어보면서 조금 더 다듬었다. '그로 메이도터. 사랑해요. 페트로니우스. 페트

로니우스 브램은 그로 메이도터를 사랑합니다. 당신을 사랑해요, 사랑해요, 사랑해요.'

그때 미라벨로의 울음소리가 들렸는데, 크리스토퍼가 곧장 미라벨로에게 가는 것 같았다. 미라벨로는 자기 방을 갖고 있었기 때문에 밤에 루스가 아기 때문에 잠에서 깨는 일은 거의 없었다. 페트로니우스는 밖으로 나가보았다.

"아빠? 피곤하시면 제가 미라벨로에게 노래를 불러줄게요."

크리스토퍼는 웃으면서 페트로니우스의 뺨을 쓰다듬어주었다.

몇 주 만에 페트로니우스는 아이를 돌보는 데 익숙해졌다. 그는 착하게도 방과 후 매주 이틀을 장관실로 미라벨로를 데려가서 루스가 아기에게 젖을 먹일 수 있게 했다. 엄마가 근무하는 동안 아기는 아침에 한 번, 오후에 한 번 젖을 먹을 수 있다.

루스는 모성 휴가도 다 거절했다. 그녀는 아이를 낳은 후 즉시 일터로 돌아갈 것을 결심했다. 다른 움들처럼 그녀는 모성 휴가와 복직 사이에서 선택권을 갖고 있었다. 일터로 곧바로 돌아간다고 해서 어떤 추가 혜택이 있는 건 아니었다. 추가 혜택이 있다면 당연히 움들은 출산 후 곧바로 일하러 돌아가려 할 것이기 때문이다. 그러나 그것은 루스에게 중요하지 않았다. 그녀는 더 이상 집에 있는 것을 참을 수가 없었다. 그녀는 빨리 사무실로 돌아가고 싶어 안달이 났다. 지시를 내리고 예쁜 비서들이 지나갈 때 엉덩이를 두드리고 싶었다. 미라벨로가 태어난 지 사흘이 지나자 그녀는 장관실로 출근했다.

결과적으로 크리스토퍼가 하루에 두 번 장관실로 가야만 미라벨로는 젖을 먹을 수 있었다. 미라벨로가 일곱 달 동안이나 젖을 먹었기 때문에 크리스토퍼는 지쳐버렸다. 그러나 이것은 어쩔 수 없는 일이었다. 만일 엄마가 수유하는 동안 안정을 못 한다면, 그리고 계속해서 화를 내게 된다면 젖이 말라버릴 것이기 때문이다. 아이의 음식이 없어지지 않도록 하기 위해 아빠는 어떻게 행동해야 하는가? 아이는 모든 것에 우선한다. 모든 사람들이 그렇게 생각했다. 크리스토퍼도 마찬가지였다.

루스는 다시는 임신을 하지 않겠다고 말했다. 결코 임신하지 않겠다고. 갑자기 아이를 갖게 된 것이 '그의' 생각이었던 것처럼 되어버렸다. 또한 그녀는 출산이라는 독특하고 황홀한 경험도 잊어버린 것 같았다. "당신은 아이를 갖는 기쁨을 잊었어요?" 크리스토퍼가 떠보듯이 물었다. "아니. 하지만 일은 일이야."

크리스토퍼는 더 이상 아무 말도 하지 않았지만 사실 루스가 일터로 되돌아가서 한숨을 돌릴 수 있었다. "또다시 문제가 생기지 않도록 당신이 정소를 제거했으면 하는데." 루스는 말했다. 사실 크리스토퍼는 루스가 수술을 원한다는 데 안심을 했다. 그러나 그는 자신이 불임이 된다는 생각에 공포와 슬픔을 동시에 느꼈다.

이번에도 페트로니우스는 많은 도움을 주었다. 그러나 루스는 페트로니우스가 오는 것을 좋아하지 않았다. 아버지가 엄마의 가슴으로 아이를 데려오는 것이 당연한 일이었기 때문에 그녀는 페트로니우스가 대신 오는 것을 마지못해 동의했던 것이다. "자네도 알다시피." 그녀는 동료에게 냉담하게 말하곤 했다. "움은 이제 발언권이 없어졌다니까. 맨움들은 항상 자기 맘대로 하려고 하거든. 에이 참."

"그럴래?" 크리스토퍼가 고마워하며 말했다.

"음, 제가 「꽃노래」를 불러줄게요. 어렸을 때 저한테 불러주셨잖아요."

크리스토퍼는 페트로니우스의 입술에 키스했다. 페트로니우스는 아빠의 목에 팔을 감고 웃었다. 그렇게 아빠를 가까이서 보니 최근에 머리카락이 얼마나 가늘어졌는지 알 수 있었다. 그는 몸도 말랐고 지쳐 보였다. 크리스토퍼는 곧 가발을 써야 할 것이다. 더 이상 이런 상태로 돌아다닐 수는 없을 테니.

"안녕히 주무세요, 아빠."

크리스토퍼는 손을 가볍게 한 번 깍지 끼고는 웃으며 침대로 들어갔다. 페트로니우스가 미라벨로에게 갔을 때 미라벨로는 여전히 눈을 크게 뜨고 울고 있었다. 미라벨로는 페트로니우스가 알고 있는 아이 중에서 가장 사랑스러운 아이였다. 그는 「꽃노래」라는 5절로 된 노래를 부드럽게, 천천히 부르기 시작했다.

그 노래는 높은 탑의 꼭대기 방에 감금되었던 젊고 아름다운 청년에 대한 유명한 발라드에서 유래한 것이다. 난폭한 엄마가 그를 감금시켰지만 그의 선함은 아무도 앗아 갈 수 없었다. 그는 거기서 창문 밖으로 아름다운 꽃을 던지며 홀로 앉아 있었다. 그가 어디서 꽃을 가져오는지 그 노래는 이야기해 주고 있지 않았지만, 어쨌든 그는 계속해서 여러 달 여러 해 동안 거기에 있었고 창문 밖으로 꽃을 던졌다. 그리고 그의 턱수염은 점점 길게 자랐다. 아주 길게 되었을 때, 그 턱수염은 창문을 넘어 높은 탑벽 아래로 드리워졌다. 어느 날 용감한 구혼자가 말을 타고 왔다. 말이 달릴 때마다 가슴이 당당하게 출렁거렸다. 그녀는 탑의 발치에서 저 높이 있는 아름다운 연인을 올려다보았고 그에게 갈 수 없는 것이 얼마나 비참한 것인지 연이어 노래를 불렀다. 그러는 동안 턱수염은 계속해서 아래로 자랐다. 마침내 턱수염이 충분히 자랐을 때 그녀는 그것을 붙잡고 그가 있는 곳까지 올라갈 수 있었다. 이렇게 해서 그 젊은 시인은 난폭한 청년 엄마의 사악한 계략에도 불구하고 아름다운 연인을 얻게 된 것이다.

"턱수염이 아프지 않았나요, 아빠?" 페트로니우스가 어려서 그 노래를 들었을 때 이렇게 물었다. 그러나 그 이야기는 그것에 관해서는 아무것도 알려주지 않았고, 페트로니우스는 그렇게 청년의 턱수염을 당기게 하는 것은 이상하다고 생각했다. 그러나 그 발라드는 아름다운 곡조였다. 그 이유 때문에 그는 그 노래를 불렀다. 말도 안 되는 이야기이지만 놀랍도록 편안하게 하고 친밀감을 느끼게 해주기 때문이었다.

그는 창 옆에 서서 차례차례로 노래를 다 불렀다. 3절의 중간쯤에서 미라벨로는 잠이 들었다. 그러나 페트로니우스는 밖을 내다보면서 계속 노래를 불렀다.

창밖으로 브램이 임신 수당으로 산 밝은 오렌지색 새 전기차 슈퍼카우 1313이 번쩍거리고 있었다.

셰라클 장군과
그녀의 탐험에 대한 시험

'대성장 시대(BJ 732 — AJ 213)에 이갈리아는 국가로 조직되었다. 그 시대 초기에 풍부하고 광대한 팔루리아의 광물이 발견되었다. 셰라클 장군이 이끈 2대 정복 탐험(BJ 732와 729)은 팔루리아 땅의 유목민을 동쪽의 대평원으로 후퇴하도록 만들었다…….' 바는 '동쪽'이란 단어에 집게손가락을 올려놓은 채 역사책으로부터 거북스레 고개를 들었다.

"난 이걸 전혀 몰랐어!"

그러나 운동장 울타리에 기대 책 속에 머리를 파묻고 있는 다른 아이들은 아무런 반응을 보이지 않았다. 노총각 올모스가 역사 시험을 치르겠다고 말했던 것이다. 바는 계속해서 읽어나갔다. '셰라클 장군은 이갈리아 역사상 가장 특이하고 매력적인 인물들 중 하나였다. 현재는 그녀의 일기 일부만이 전해 오고 있다. 그 글들은 설득력 있고 논리적이며 전술가적인 정신을 보여주고 있으나 동시에 인류와 정의에 대한 그녀의 따뜻한 감성을 보여준다. 이 모든 것이 완벽하게 조화를 이루고 있는 것은 그녀가 얼마나 위대한가를 드러내준다. 예를 들면, (사료 15번) 둘째 날 저녁. 이천 명의…….'

바는 손가락을 '이천'이란 단어에서 멈췄다.

"앤! 사료들도 외워야 해?"

"쉿! 그래. 세라클에 관계된 것은 무조건."

'……맨움들이 살해당하다. 장례 연설. 삼백 명의 맨움들이 부상당하다. 발견된 사람들 중 몇몇은 큰 고통을 호소하고 있다. O에게 기도하고 제물을 바친다면 그들은 살지도 모른다…….'

"O가 누구야?"

"하느님 어머니! 좀 조용히 할 수 없어? 대모(the Great Allmother)인 도나 제시카 전에 사람들이 믿었던 신이야. 그녀의 힘과 지혜는 젖꼭지에 있었지. 그녀는 젖꼭시가 여덟 개였어."

'……적은 죽음의 계곡을 건너 퇴각했다. 매복한 이갈리아의 병력은 맞은편에 있었다.'

'이 짧은 발췌문에서도 위대하고 지적인 정신을 볼 수 있다. 전투 계획을 세우는 법을 알았던 움, 그러나 전쟁은 희생을 의미한다는 것을 알았던 움. 그 자료는 또 하나의 흥미로운 사실을 밝혀준다. 그 당시 비공개 전투에서는 맨움들을 이용했다는 것이다. 기병대는 움들로 구성되지만 앞서가는 보병대는 맨움들로 구성된다. 맨움을 전투에 내보내는 것은 오늘날에는 야만적으로 보인다. 역사학자들은 이러한 관행이 사기를 저하시켰다고 지적했다. 그러나 이런 식으로 맴움을 이용한 이유는 지금처럼 이갈리아가 심각한 인구문제에 직면해 있었다는 사실에 있다. 출생률 저하를 방지하기 위한 조치를 지속적으로 취할 필요가 있었다(395쪽을 보라.)······.'

"395쪽을 읽어야 하니?"

"아니, 그건 요즘의 인구문제에 대한 거야. 그걸 읽을 필요는 없어."

'말하자면, 나라의 움 인구가 감소하지 않도록 보장하는 것이 필요했던 것이다. 가임(可妊) 움들의 높은 사망률은 인구 증가에 재난이 될 수 있었다. 다른 한편 맴움 인구의 감소는 출생률에 아무런 영향도 끼치지 않았을 것이다(경제학을 참조. 각주를 보라.)······.'

"앤? 각주도 읽어야 한다고 그랬니?"

"아니, 그건 중요하지 않아."

"인구 감소에 관한 이 부분 이해하겠니?"

"그래, '문명' 부분에서 배웠어. 핵심은 출생률이 해마다 변한다는 거야. 만일 출생률이 낮다면, 그것은 그들이 자랐을 때 늙은 사람들에 비해 젊은 사람들이 매우 적다는 것을 의미하지. 그리고 노동 인구의 부족을 의미하기도 하고. 연출생률의 지나친 변동을 막기 위해서는 비교적 움 인구가 안정되어야 해. 반면 맴움의 인구는 별로 중요하지 않아······ 그건 우리 엄마가 국회에서 캠페인을 벌이고 있는 내용이기도 해. 그렇다고 생각하지 않니?"

"맞다고 생각해, 그러나······." 바가 말했다. 사실 바는 그 문제에 특별히 관심을 가진 적이 없었다.

'셰라클이 대전투에서 승리하고 돌아왔을 때, 그녀는 지혜로써 왕국을 건설했다. 이갈리아는 세 개의 주요 지역으로 나뉘었다. 1) 어업과 교역을 하는 해안, 2)광업, 수공업, 소규모 산업을 하는 팔루리아, 3)관개시설, 수로와 해협을 갖춘 동쪽 대농업 지역. 세라클은 엄격했지만 공정한 지배자였다. 그녀는 사람들의 존경을 받았고…….'

종이 울렸다.

"이런! 아직 준비가 안 됐는데."

"나도."

"난 아무것도 모르겠어."

"세라클이 무엇으로 임명되었지……?"

"그녀는 이갈리아의 최고 통치자, '동등한 사람들 중 제일'이라는 뜻을 가진 프리마로서 존경받았고 팔루리아 대공(grand dame)의 작위를 받았어."

"하지만 팔루리아는 이갈리아의 일부잖아."

"절대 아냐. 팔루리아는 어떤 특권을 가진 주로서 조직되었어. 그리고 그녀 대신에 봉건 영주(overlady)가 통치하도록 했지."

6학년 B반 아이들이 계단을 터벅터벅 올라와 교실로 들어섰다. 바는 급히 '최고 통치자', '대공', '봉건 영주'라는 말을 손목에 적었다. 그녀는 이미 많은 수의 날짜들을 적어놓았다.

"봉건 영주가 뭐야?"

노총각 올모스가 들어왔다.

"쉬……!"

"좋아! 오늘은 간단한 역사 시험을 치르도록 하겠어요." 그는 새 책상에 오른손을 얹고 말했다. "긴장할 것은 없어요." 그는 다소 신경을 곤두세우면서 계속 말을 이어나갔다. "단지 몇 개의 짧고 간단한 문제예요. 여기 내 가방에 복사된 문제지들이 들어 있습니다."

그것은 사과하는 것처럼 들렸다. 그가 교실 저쪽을 바라보았다. 학생들은 평소보다 조용하게 선생님을 보면서 자리에 앉아 있었다. "이제 역사책을 전부 치우고 펜만 올려두세요. 내가 여러분들에게 답안을 쓸 종이를 줄 거예요."

학생들은 큰 소란을 피우며 책을 치웠다. 몇몇은 책상 뚜껑의 구석 아래에 책을 숨기려 애를 쓰기도 했다.

"자, 이제 책상 위에 있는 거 '몽땅' 치워요. 판당고, 답안지를 나눠주겠니? 나는 문제지를 나눠줄 테니까. 문제지를 받더라도 모두 조용히 하세요."

노총각 올모스는 책상 사이를 걸으면서 오른쪽 왼쪽으로 번갈아 문제지를 나눠주었다. 서로 반대편에 앉아 있는 아이들은 그가 지나가자마자 의논을 하기 시작했다. 그는 왔다 갔다 하면서 천천히 문제지를 나눠주었다.

"쉿! 너 내가 말한 것을 들었지."

그들은 보통 때처럼 신호를 보냈다.

그가 책상 주위를 한 바퀴 다 돌았을 때, 교실은 쥐 죽은 듯이 조용했다. 모든 학생들은 문제지를 놓고 조용히 앉아 있었다. 앤 문힐이 쓰윽쓰윽 펜 소리를 내면서 곧바로 답을 쓰기 시작했다. 땅딸보 판당고도 번호 순서대로 크고 둥글고 가지런한 글씨로 답을 써나갔다. 바는 답안지를 뚫어지게 바라보며 앉아 있었으나 읽었던 것은 하나도 기억나지 않았다. 그녀는 웃음거리를 만들어 전체 분위기를 깨뜨릴 기회를 엿보느라고 주위를 둘러보았다. 그러나 모두들 문제를 푸는 데 여념이 없었다.

그녀는 낙심한 채 문제들을 꼼꼼히 읽었다.

'1) 대성장 시대는 언제였는가?

2) 왜 우리는 그때를 대성장 시대라 부르는가?

3) 최고 통치자 셰라클에 대해 쓰고 그녀가 역사상 가장 중요한 인물 중 한 명으로 간주되는 이유를 설명하라.

4) 셰라클 통치 아래서 맨움의 지위는 전쟁과 평화 시에 각각 어떠했는가?

5) 우리는 황금 시대에 대해 무엇을 알고 있는가?'

노총각 올모스는 목청을 가다듬었다. "문제에 대해서…… 질문 있나요?"

"예. 답을 쓸 수 없으면 어떻게 해야 돼요?"

"문제 번호만 쓰고 다음 문제로 넘어가도록 하세요."

"하지만 전부 답을 쓸 수 없으면 어떡해요?"

교실 여기저기서 낄낄거리는 웃음소리가 새어 나왔다.

"몇 개는 쓸 수 있을 거예요. 생각 좀 해보세요."

다시 조용해졌다. 노총각 올모스는 책상 위로 숙인 학생들의 머리를 둘러보았다. 모두 조용히 뭔가를 쓰고 있었다.

바는 손목에 써놓았던 메모를 재빨리 슬쩍 보았다. 그리고 노총각 올모스를 한 번 훔쳐보았다가 손목을 보고 다시 쓰기 시작했다.

'1) 대성장 시대(BJ 732 — AJ 213) — 그것은 도나 제시카(우리의 신) 이전 시대를 의미한다.' 그녀는 풀이 죽어서 다른 문제들을 훑어봤지만 그 문제들에 대해서도 맞는 답을 할 수가 없음을 깨달았다. 그녀가 손목에 쓴 메모는 아무 소용도 없었다. 그래서 그녀는 이렇게 썼다.

'2) 상상력의 부족 때문에. 사실 대성장 시대에는 아무것도 제대로 자라지 않았고 그나마 자랄 수 있던 것도 아주 적었다. 그러나 사람들은 그 시대를 무엇인가로 불러야 했고, 대성장 시대로 부른다고 해서 안 될 게 뭐가 있겠는가? 그것은 진보가 이루어지고 있고 상황은 항상 더 좋아지고 있다는 것을 사람들에게 믿게 하기 위해서였다. 물론 사실은 그 정반대였다. 그 시기 동안 상황은 점점 더 나빠졌다. 팔루리아라는 멀리 떨어진 구역에서 고립된 존재로 사는 것이 어떠할지 한번 생각해 보라.'

'3) 최고 통치자 셰라클은 실제로 이갈리아 전 역사상 가장 위대한 독재자였다······.' 바는 자신의 재치에 킬킬거리며 웃었다. '사람들이 자신에게 복종하지 않으면 셰라클은 그 자리에서 그들의 머리를 동강 내버렸다. 그럼에도 불구하고, 그녀는 거의 신으로서 존경받았다. 그녀는 철의 손과 광포한 야만성으로 왕국을 확장시켜 나갔고, 자신이 권력을 잡도록 모든 것을 편성했다. 그녀는 또한 글을 쓰고 싶은 강한 충동을 가지고 있어서 자신이 가장 위대한 시인이라고 상상했다. 나는 내가 태어나기 오래전에 그녀가 죽은 것을 기쁘게 생각한다.'

'4) 비참했다 — 삭막하고 단조로웠다. 노예 같은 삶이었다.'

'5) 나는 황금 시대에 대해 '우리'가 아는 것은 하나도 없다고 분명히 말할 수 있다. '우리'는 누구인가? 교과서는 항상 '우리'가 크고 단일한 대중이라고 가정한다. 다른 사람이 황금 시대에 대해 무엇을 알고 있는지 모르겠지만, 나는 아무것도 모르겠다.'

바는 대단히 만족해하며 자신의 답안을 훑어보았다. 그녀는 웃었다. 이것은 그녀를 돋보이게 할 것이다. 싱글거리면서 그녀는 답안지 맨 위에 이름을 쓰고 손을 들었다.

"끝났어요!"

"벌써 다 했어요, 바?"

"예."

"검토도 했어요?"

"예."

노총각 올모스는 그녀에게 다가가 답안지를 받았다.

"이제 가도 돼요?" 바가 물었다. 그가 대답도 하기 전에 그녀는 이미 일어나 있었다. 종이 울리기 오 분 전 이내에는 나갈 수가 없게 되어 있었다. 그는 고개를 끄덕였다. 바는 도시락 가방을 들고 문을 박차고 나갔다. 이것을 본 다른 아이들 역시 아직 십오 분이나 남았는데도 똑같이 했다. 그들은 잇달아 답안지를 제출했고 오 분 정도가 남았을 때는, 판당고만 남아서 크고 둥그스름한 글씨로 답안지를 쓰고 있었다. 주위에서 일어나는 소란은 마치 다른 세상에서 일어나고 있는 것 같았다.

노총각 올모스는 시험 결과에 화가 치밀었다. 그는 자신이 규정대로 학생들을 가르치고 있다는 것을 보솜비에게 보여줄 증거로 답안지를 사용해야겠다는 막연한 희망을 품고 있었다. 책상 사건 이후로 그의 주위에는 많은 소문이 나돌고 있었다. 그러나 그 시험은 그의 희망을 소용없게 만들었다. 일주일 후 그는 분홍색 가방에 답안지를 넣고 6학년 B반에 들어가서는 이렇게 말했다. "글쎄, 여러분들은 나의 기대 수준을 '넘어버린 것' 같아요. 물론 6학년 B반이 특히 날카롭다는 것을 알고는 있었지만. 우리가 했던 토론은 여러분들이 보통 이상으로 영리하고 주의 깊다는 것을 보여주었어요. 그럼에도 불구하고, 나는 여러분들이 그렇게 성숙하게 역사적 문제를 다룰 수 있을 것이라고는 생각지 못했어요. 솔직히 말하면 나는 여러분들이 자랑스러워요."

그는 잠시 멈췄다. 학생들은 다음에 그가 무슨 말을 할지 말없이 빤히 쳐다보았다. 그들은 놀랐다. 그들은 선생님이 말하고 있는 것이 진심인지 아닌지 분간할 수 없었다. 그들은 각자가 시험을 끔찍하게 못 쳤다는 것을 알고 있었지만, 아무도 다른 사람들이 어떻게 시험 쳤는지는 알지 못했다. 아마 자신의 것을 제외하고는 다른 모든 답안들이 뛰어나게 훌륭했을 거라고 생각했다.

"여러분들 중 가장 뛰어난 사람의 통찰력을 함께 보도록 해요. 가장 뛰어난 답안 하나를 읽어줄게요."

그는 가방에서 바의 답안지를 꺼내 아주 재미있게 읽었다. 가끔 동의하는 듯이 고개를 끄덕이기도 하고 다음과 같이 부연 설명을 하기도 했다. "여러분들도 알다시피, 바로 이렇게 하는 거예요."

학생들은 전보다 더욱 혼란스러워졌다. 그들은 그가 진지한 것인지 비꼬고 있는 것인지를 구분할 수 없었다. 다 읽고 나서 그가 말했다. "덧붙여야 할 것이 딱 한 가지 있어요. 여러분 대부분이 이십오 쪽의 각주를 읽지 않은 것 같은데, 너무 길어서 안 읽었나 보죠. 나머지 내용은 그렇게 잘 알고 있으면서, 이 각주의 내용을 잘 모른다는 것은 거의 수치라고 할 수 있어요. 그래서 말인데, 이십오 쪽을 펴고 나머지 시간은 그것을 읽고 공부하는 데 보내기 바랍니다."

학생들은 고분고분하게 당장 이십오 쪽을 폈다. 아무도 말을 하지 않았다. 바도 역시 고개를 숙이고 책들을 대충 넘기고 있었다. 각주는 각 장의 끝에 좁은 줄 간격에 아주 작은 활자로 인쇄되어 있었다. 그들은 빽빽한 지문과 씨름하기 시작했다.

'대성장 시대 동안 이갈리아는 움 중심적인 사회였다. 공공 생활은 전적으로 움들에 의해 지배되고 있었다. 맨움들은 이등 시민으로 간주되었고 성장 시대의 이갈리아인들은 맨움들의 가장 중요한 기능은 아이들을 생기게 하는 것이라고 생각했다. 맨움들은 오늘날처럼 가정에서 움들과 동등한 지위를 누리고 있지 않았다. 그들은 아이를 낳는 목적이 있을 때에만 움들과 함께 있도록 허락받았다. 또한 아이에게 아버지 노릇을 하는 것도 허락되지 않았다. 모든 소년들의 운명은 '열 살 분류소'에서 결정되었다. 매년 봄에 열 살짜리 소년들은 그들이 씨내리가 될지 일꾼이 될지를 결정하는 판관들 앞에 섰다. 십 퍼센트만이 씨내리로 선택되었다. 나머지는 팔루리아로 보내 광산과 노역장에서 일을 시키거나 아니면 목재를 자르도록 대황야로 보냈다. 우리는 팔루리아와 대황야에서 맨움들이 어떻게 살았는지 거의 알지 못한다. 글로 쓰인 자료가 부족하기 때문이다. 그들의 삶이 틀림없이 불행했을 거라고 단정 지을 수 있을 뿐이다. 우리는 씨내리들이 어떻게 살았는지에 대해서는 조금 더 많이 알고 있다. 왜냐하면 그들은 사회와 빈번한 접촉을 가졌기 때문이다.

그들은 줄지어 선 큰 텐트들로 이루어진 숙소에서 살았다. 그들은 드문 경우에만 숙소 밖으로 나오는 것이 허락되었다. 그들에게 찾아간 것은 움들이었는데, 보통 축제 전날 술을 마신 후에 큰 무리를 지어서 갔다.

숙소에서 떠날 수 있는 휴가는 특별히 천부적인 재능을 가진 씨내리에게만 가끔 하사되었다. 그는 정자를 제공하면서 어느 시기든지 자유롭게 여기저기 걸어 다닐 수 있었다. 이런 소수의 특권을 가진 맨움들은 종종 사회에서 신분 상승을 하기도 했으며 수백 명의 아이들의 아버지가 되기도 했다.

오늘날의 기준으로 보면, 대성장 시대에 맨움들을 다루었던 방식은 야만적이고 비인간적이었다. 그러나 그 시대의 이갈리아인들은 그렇게 생각하지 않았다. 우리는 항상 그 시대의 기준으로 역사적 시기를 판단할 수 있도록 주의해야 한다. 맨움들이 사회에 아무런 기여도 하지 않았다는 사실은 그 당시에는 당연하게 받아들여졌다. 그들은 그저 집에서 기르는 가축과도 같은 존재였다. 모든 인간은 동등한 권리를 가진다는 근대적 신념은 대성장 시대의 이갈리아인들에게는 이해할 수 없는 것이었을 것이다. 그녀들은 틀림없이 자신들의 사회는 앞선 시대에 비해 진보된 사회라고 생각했을 것이다. 대성장 시대 전에 있었던 황금 시대에는 맨움들이 불필요하고 해로운 존재라고 여겨졌다는 것을 기억해야만 한다. 그들 중 약 십 퍼센트만이 살아남았다. 불행히도 우리는 황금 시대의 사회적 조건에 관해서는 거의 아무것도 알지 못한다.'

땅딸보 판당고는 책에서 고개를 들었다. 그는 눈앞의 허공을 꿈꾸듯이 응시하며 생각에 잠겼다. 황금 시대, 그때의 삶은 어떠했을까? 그 이름에는 뭔가 흥분시키는 것이 있었다. 판당고는 큰 집의 안에 있는 자신을 상상했다. 넉넉한 옷을 입고 크고 편안한 의자에 파묻혀서, 하인에게 지루함을 덜기 위해 씨내리를 데리고 오라고 명령한다. 수영장 옆의 가로수와 흰 비둘기가 있는 넓은 안뜰에 앉아서, 그들은 이야기를 조금 나누다가 은쟁반 위의 포도와 포도주 몇 잔을 먹을 것이다. 그러고 나서 판당고의 지혜, 아름다움, 소박한 성격을 닮은 재능 있는 아이를 만드는 일을 시작할 것이다.

갑자기 판당고는 매우 슬퍼졌다. 판당고가 황금 시대에 살았다 한들 그가 움이었을 것이라고 누가 말할 수 있단 말인가? 누가 머릿속에 그런 생각을 집어넣었던가? 누가? 누가?

이갈선드의 밤

"발드리안? 잠들었어?"
"으…… 음……."
땅딸보 판당고는 형의 숨소리가 고른지 귀 기울이며 누웠다. 그는 항상 잠든 체하고 있었다. 발드리안의 이불이 움직였다. 자기 전에 함께 이야기를 나누는 것은 포근한 느낌을 주었다. 가끔 판당고가 발드리안의 이불 밑으로 파고 들어가 침대가 따뜻해질 때까지 누워 있곤 했다. 그리고 나서 판당고는 자신의 침대로 갔다. 그들은 자기 전에 서로 "잘 자."가 아니라 "안녕."이라고 말하곤 했다. "안녕, 나는 지금 꿈나라로 간다."
"발드리안? 안 자고 있지. 숨소리 들으면 다 알아…… 그리고 움직였잖아."
"으으음……."

"있잖아, 나 역사 시험에서 좋은 점수를 받았어. 잘했지?"
"으으으으음······."
"이봐. 내가 뭘 생각하고 있는지 알아? 난 왜 항상 역사는 움들에 대해서만 말할까 궁금해하고 있었어. 그리고 그건 움들이 아주 중요한 존재이기 때문일 거라는 생각이 들었어. 그런데 그다음에는 내가 아주 중요하지 않다는 느낌이 드는 거야······."
"으으음······."
"그리고 또 언어 자체가 역사의 한 부분과 같다고 생각했어. 무슨 말인가 하면, 예를 들면, 글쎄, 많은 예들이 있어. 예를 들면, 이런 예처럼······."
"너 말끝마다 '예를 들면'이라고 할래?"
"아니야. 그렇지만 예를 들어, '맨움'이라는 말을 생각해 봐. 이 말에 대해 생각해 본 적 있어? 내 말은, 그것은 맨움은 단지 어떤 종류의 움이라는 것을 의미한다는 거야. 움이 어떤 종류의 맨움인 것은 아닌데 말이지. 왜 그들은 '맨'이라고 말하지 않지? 인간 전체를 의미할 때에도 움이라는 말을 쓰지. '움의 권리'······ '움이 만든 섬유(인조 섬유)', 많은 예들이 있지."
"글쎄, 언제든 네가 원한다면 '움(wome)' 대신에 '휴움(huwome)'이라고 말할 수 있어. 그건 중립적인 말이지."
"응, 하지만 휴움조차도 움이라는 뜻의 고대어 우모(womo)에서 나온 말이야. 우모 사피엔스(womo sapiens)처럼. 그것이 휴우미타스(huwomitas)라는 말의 어근이야. 올모스가 우리에게 이 단어들의 어원을 말해 줬어. 그건 정말 재미있어."

"으으으음……."
"형, 이거 알고 있어? 나는 나이가 더 들면 맨움해방주의자가 될 생각이야."
"그건 너한테 도움이 되지 않을 거야."
"그래, 그럴 수도 있어. 난 언어학자가 될 수도 있어. 언어를 제대로 이해하는 것은 정말 중요해. 그러면 움들이 사회를 통제했다는 것을 보여주는 모든 말들을 체계적으로 뿌리 뽑을 수 있을 테니까."
"그래, 한번 해봐."
"형, 에바 보솜비에 대해 생각하고 있구나."
"아니야, 페트로니우스를 생각하고 있었어."
"그래? 뭘 생각하고 있었는데?"
"아무에게도 말하지 않겠다고 약속해."
"그래!" 판당고는 침대에서 일어나 앉았다.
"우리는 소년들의 비밀 모임을 시작했어."
"그래? 뭔데, 바느질 클럽?"
"아니야! 그 모임에서 바느질은 금지되어 있어. 그리고 움들에 대해 얘기하는 것도 금지야."
"우와! 대단하다. 나도 낄 수 있을까?"
"아마 네가 좀 더 커야 될 거야."
"하지만 언제쯤이면 되는 건데? 형은 이 년 전에도 그렇게 말했어. 그리고 그때부터 이 년 전에도, 그리고 그때부터 또 이 년 전에도. 난 이제 더 이상 클 것 같지 않아."
"아니야. 작을 때는 원래 그런 생각이 드는 거야."

"그래, 아마 나는 꼬마 미라벨로와 비밀 모임을 시작하게 되겠지. 그 애는 아주 귀여워. 그 애가 아주 조금만 더 크면……."
"안녕, 판당고. 나는 꿈나라로 떠날 거야."
"안녕, 발드리안."

* * *

페트로니우스는 물 밑으로 점점 더 깊이 빠져들었다. 몸에 부딪치는 물이 여름이면 그렇듯이 부드럽고 따뜻하게 느껴졌다. 주위는 온통 초록빛이었다. 파랗게 반짝반짝 빛났다. 바다 밑바닥으로, 검은 머리의 물결을 이루면서 발드리안이 헤엄쳐 내려와 페트로니우스의 새 잠수복을 칭찬해 주었다. 페트로니우스는 그를 껴안으며 그와 함께 있을 때 이 옷을 입게 되어서 기쁘다고 말했다. 그들이 서로 포옹하고 있는 동안 발드리안은 페트로니우스 몸 아래쪽을 손으로 천천히 쓰다듬었다. 페트로니우스는 갑자기 더 아래쪽으로 끌려가고 있다고 느꼈다. 발드리안이 물에 빠져 죽을 것 같아서 끌어 올렸는데 그러고 나서 보니 발드리안이 아니라 큰 석상이었다. 그다음 그는 바닷가 석상 앞에 서 있었다. 그리고 물에 빠질 뻔했는데 왜 여전히 거기에 서 있는지, 동상에게 물었다. "그것은 알기 쉬워." 동상이 대답했다. 그때 페트로니우스는 정말로 알기 쉽다는 것을 알았다. 석상이 그의 잠수복을 입고 있었던 것이다. 페트로니우스가 그것을 알아차리지 못했을 뿐. 석상은 비밀 소년 클럽에 가입할 수 있는지를 물어보았다. "왜냐하면, 사실 난 항상 바느질을 증오했거든."

* * *

꼬마 미라벨로가 누운 채 울어대고 있었다. 크리스토퍼는 침대에서 내려와 발끝으로 걸어가서는 작은 포대기를 들어 올렸다. 그는 다시 침대로 기어와서 루스가 깨지 않도록 주의하면서 그녀의 가슴에 미라벨로를 살며시 눕혔다.

* * *

보솜비 교장의 목소리가 거실에서 천둥 치듯 울려 퍼졌다. 시프리안은 침대에 누워, 띄엄띄엄 들려오는 아버지의 흐느낌을 들었다. 그는 이런 일에 매우 익숙해져서 그것은 잠자도록 어르는 자장가처럼 들렸다. 그러나 아버지의 흐느낌이 너무 커지면 그는 거실로 나가서 함께 흐느끼며 안아주곤 했다. 오늘 밤은 그 정도는 아니었다. 십오 분 동안 그 상태로 있었는데 사태는 이제 진정되어 가는 것 같았다. 항상 똑같았다. 엄마는 아빠가 우둔하다고 말했다. 아빠는 엄마가 그를 사랑하지 않는다고 말했다. 그들은 이 문제를 결코 해결하려고 하지 않았다.

시프리안은 다른 가족도 이런지 궁금했다. 이갈선드의 모든 가족이 밤에는 아내와 하우스바운드가 소리 지르고 흐느끼면서, 낮에는 세상에 거짓된 웃음을 보이는 것인지 궁금했다.

만일 그렇다면, 아마도 노총각 올모스는 결혼한 사람들보다 혼자서 더 잘 살고 있는 셈이다. 시프리안은 큰 빌라에서 혼자 살고 있는 노총각 올모스에 대해 생각했다. 전에도 종종 그랬듯이, 그는 올모스와 함께 살 수 있기를 기원했다. 그는 그를 직접 찾아가서 "당신이 진짜 나의 아버지인가요?" 하고 물어볼 결심을 수백 번이나 했었다. 왜냐하면 그것이 정말 사실이라면, 그와 함께 살면서 그랜드피아노를 치고 그의 이야기를 들으며 사는 것이 차라리 더 낫다고 생각했기 때문이었다. 판당고는 그가 대단히 좋은 이야기를 한다고 말했다. 시프리안은 학교에서 그에게 배워본 적은 없었다.

"당신은 정말 어리석어, 게으르고 쓸모없는 멍청이야!"

"거드! 당신은 날 사랑한 적이 한 번도 없었어요!"

시프리안은 몸을 뒤척이다가 귀까지 이불을 끌어당겼다.

그는 결코, 결단코, 절대 부성보호를 받고 싶지 않았다! 그것은 죽음보다도 더 나쁜 운명이었다.

* * *

노총각 올모스는 피아노 앞에 앉아서 깊은 밤을 주시하고 있었다. 큰 유리창 너머로, 눈이 천천히 쏟아지고 있었다. 여기에서는 시내 전체와 만(灣)을 볼 수 있었다. 도시와 불빛과 럭스 다리가 보였다. 눈 속에서 모든 것이 평화로웠다. 모두들 곤히 잠들고 눈이 포근히 쌓여서 모든 악한 생각을 덮어버렸다. 그는 눈송이에 대한 시를 짓기 시작했다. 「눈의 송시」라고 부르고선 그것에 붙일 곡조를 만들기 시작했다. 그래도 그는 어떤 것을 먼저 완성해야 하는 건지, 음악인지 가사인지 결정할 수가 없었다.

가사와 곡조는 아마도 함께 진행되어야 할 것이라고 그는 생각했다. 주제가 있다. 사악한 것들 위에 내리는 눈. 이제 그가 할 일은 그 눈을 암시하는 몇 가지 음조들을 찾아내는 것이었다. 그것은 훌륭한 화음이 많은 올림C단조가 될 것이다. 사악한 것은 E장조와 어울릴 것이고 분노는 B7에 어울린다. 그것은 자신의 분노다. 빌라에 혼자 앉아 있으면서 그는 자신의 생각에 빠져든다. 도시에 관해, 거기에 살고 있는 사람들에 관해. 온 세상 어디에도 그가 하고 싶은 것을 못 하게 할 수 있는 사람은 없다.

평생, 노총각 올모스는 자신의 뜻대로 살았다. 그는 자기 식대로 생각했고 연주했고 화음을 맞췄다. 문힐의 크고 외떨어진 빌라에서.

2부

문힐의 빌라

문은 요란한 소리를 내며 열렸고, 거칠고 헝클어진 길고 붉은 머리의 올모스가 들어왔다.

"자, 이것이 나의 맨움해방주의자 운동의 데뷔다." 그는 싱긋 웃으며 말했고 모두와 악수를 나눴다. "늦어서 미안해. 안녕 페트로니우스, 안녕 시프리안, 안녕 발드리안, 안녕 릴레리오, 그리고 안녕 꼬마 판당고! 좋아, 틀림없이 너희들 모두 궁금해하고 있겠지. 왜 사과 파이를 핑계로 너희들을 여기로 초대했는지 말이야. 물론 우리 집에 사과가 엄청나게 많기 때문이지. 하지만 그게 다는 아니지……."

그는 잠시 동안 그들을 보면서 계속 선 채로 있었다. 오랫동안 그는 집에 새로운 맨움 운동의 회원을 초대하고 싶어 했다. 그는 맨움 운동에 대해 자신이 생각하고 있는 것을 완벽하게 확신하지 못했고, 실제로 그 운동의 회원이 누구인지도 몰랐다. 그러나 그가 여러 해 동안 가르쳐오면서 좋아하게 된 꼬마 판당고가 회원이라는 말을 듣고는 그들과 만나는 것이 좀 더 편안하게 느껴졌다.

맨움해방주의자들은 올모스의 가입에 대해서 회의적이었다. 구세대의 맨움들은 너무 틀에 박혀 있다는 것이었다. 노총각 올모스 역시 움들의 논리를 단순하게 지지하는 맨움의 전형이 아니었던가? 그는 여러 시간 계속해서 움들의 문화와 움들의 역사, 모든 것에 관한 움의 관점을 설파하지 않았던가? 그는 정말 의식이 없는 사람이지 않았는가?

"너희들은 내가 너무 의식이 없다고 생각할 거야. 그러나 나는 문힐의 빌라에서 나 자신에 대해 생각해 왔고, 이후의 계획을 가지고 있어. 그래서 말인데 나는 정말 너희들의 말을 듣고 싶단다…… 너희들이 항상 하던 대로 회의를 할 수 없겠니? 난 더 많은 것을 듣고 싶어. 그래서 나의 위치를 좀 더 잘 평가했으면 한단다……."

그들은 거실 가운데 있는 크고 둥근 테이블 주위에 둘러앉았다.

"아페리티프 마실래? 블러디 모리스야." 노총각 올모스가 병과 잔 들을 내왔다. 그는 약간 긴장하고 있음이 틀림없었다.

테이블 끝머리에 앉아 그가 말했다. "내가 여기에 없었다면 너희들은 오늘 모임에서 무슨 얘기를 하려고 했었니?"

"메이바이트의 상황에 대해 얘기했을 거예요." 페트로니우스가 말했다.

"그럼 지금은 그것에 대해 말할 수 없다는 거니? 그러니까…… 비밀이야?"

그들은 모두 페트로니우스를 보았다. 그는 머리를 흔들었다. "그로는 더욱 탄탄한 조직을 원한다고 했어요."

"전형적인 움 우월주의자군!"

"저는 그녀가 움 우월주의자라고 생각하지 않아요. 그녀가 우리한테 얼마나 많은 것을 가르쳐주었는지 생각해 보세요! 그녀는 우리에게 나무일, 고기잡이하는 것을 가르쳐주었어요. 작살물어 잡는 방법까지 가르쳐주었는걸요."

노총각 올모스가 양손을 탁 쳤다. "오! 그랬어? 난 늘 작살물어를 잡으러 가고 싶었는데!"

"그래요, 우리들도 그랬죠. 피 흘리면서 고기 잡는 것을 보기 전까지는요."

"그러나 이갈선드의 맨움들은 작살물어가 잡히길 원하지."

"그걸 결정하는 것은 하우스바운드가 아니야. 그것을 잡아서 돈을 버는 것은 움들이지. 그들이야말로 어떤 일이 벌어질지를 결정하는 거라고. 만일 그들이 작살물어로 아무것도 얻지 못한다면 내일이라도 당장 그만둘 거야."

"이건 우리가 토론하려던 게 아니었어. 그로가 말한 '더욱 탄탄한 조직'은 뭘 뜻하는 거야? 그녀는 우리가 지도자를 뽑는 걸 원하는 건가?"

"하지만 우린 이미 지도자가 있잖아."

페트로니우스는 열이 올랐다.

"지도자는 너지, 페트로니우스? 나는 그렇게 생각하고 있었단다. 너는 학교에서 항상 똑똑했으니까." 노총각 올모스가 말했다.

"아니에요. 발드리안은 그로를 얘기하는 거예요."

"내 생각에 그로를 나쁘게 말하는 것은 이제 그만둬야 할 것 같다. 그녀가 움인 것은 그녀 잘못이 아니잖니. 그녀는 최선을 다하고 있어. 거의 일 년 동안 그로의 집에 마음대로 드나들었잖아? 그런데도 그로가 우리 모임을 방해한 적은 없었어."

"그래, 그녀가 없었다면 맨움 운동도 있지 못했을 거라는 생각이 들어."

"사실이야. 그녀에게 감사해야 할 것이 많아."

갑자기 조용해졌다. 노총각 올모스는 술을 더 따르고 잔을 들었다. 그들은 자신들이 집중을 하고 있지 않다고 느꼈다. 감히 건드리지 못하는 많은 고통스러운 일들이 있었다. 페트로니우스는 그로가 그의 애인이기 때문에 다소 어색한 위치에 있었다. 그러나 그녀는 이것저것 참견하고 시시덕거리지 않았던가?

"페트로니우스." 발드리안이 그의 손을 잡았다. "더 탄탄한 조직이란 뭐야?"

"그녀는 우리가 맨움 운동 내에서 클라라 스파크스 전집을 학습할 스터디 그룹을 조직하길 원해."

판당고가 주먹으로 테이블을 쳤다. 그것은 그가 최근에 배운 몸짓이었다. 그는 맨움의 덕목인 온화함을 보여주는 데 지쳐 있었다. "움들은 무언가를 하기 전에 모든 것이 조직에 묶여 있길 원해. 울프램이 운동을 그만두기 전에 우린 얘기를 했잖아. 울프램이 말한 건 모두 앤 벤트리지한테 배운 것이었어. 나는 클라라 스파크스를 읽었어. 난 똑똑하고 급진적이었기 때문에 그녀의 전집을 다 읽었지. 그러나 그것은 맨움에 관한 것은 아니었어. 만일 맨움이 존재하지 않는다면 좋은 책이겠지만, 그러나 우리는 존재하고 있잖아."

노총각 올모스는 평소 교실 책상 앞에 서서 하는 것처럼 집게손가락을 펴고 천장을 올려다보았다. "내가 여기서 끼어들어도 될까?"

그들은 고개를 끄덕였다. 그들은 지쳐 있었다. 블러디 모리스는 맛있었고 전망도 아름다웠지만 실제로 그들이 여기에 온 것은 아마도 오해에서 비롯된 것 같다고 생각하고 있었다.

"맨움들에 관한 옛날 책이 많이 있지." 노총각 올모스는 말했다. "거의 잊힌 책들이지. 우선, 나는 'P'라는 익명으로 쓰인 『가부장제의 붕괴』를 추천하고 싶다. 거의 50년 전에 팍스에서 출간됐는데, 하지만 번역되지는 않았을 거야……."

"어떤 내용인데요?"

"음…… 맨움이 움들보다 발언권이 많았던 사회가 한때 있었다는 내용이지."

"확실하게 그런 사회가 있었다는 것을 누가 어떻게 알죠?"

"고고학자들이 발굴하고 연구했겠지, 뭐."

"그래요, 하지만 발굴하고 연구하는 것이 전부는 아니야, 판당고. 그것은 항상 연구하는 사람이 누구이고 그 사람이 무엇을 찾으려고 하는가에 달려 있기 때문이지. 그리고 찾은 것을 어떻게 해석하는가도 중요하지. 너희들 모두 「곡괭이를 든 수수께끼 같은 맨움」이라는 이갈리아 국립박물관의 유명한 조각을 알고 있지? 곡괭이를 들고 있는 근육질 맨움의 고대 조각상 말이야. 난 대담하게도 그것을 「땅을 경작하는 맨움들」이라고 부르지. 그러나 모든 전문가들은 움들이기 때문에, 손에 그런 도구를 들고 어떻게 맨움이 그런 자세로 서 있을 수 있는지 이해할 수 없는 거야. 맨움들은 땅을 경작할 수 없다고 생각했으니까."

"그래요. 맨움들은 못 하잖아요."

"'그들'이 아니라 '우리'야, 발드리안. 왜냐하면 모든 것을 움들이 설명하고 결정하니까 우리는 심지어 우리 자신들에 대해서도 '그들'이라고 말하잖아……."

"그러나 우리는 땅에서 일할 수 없어! 아마 그는 아내를 위해서 괭이를 들고 있었던 것이겠지."

"항상 전문가들은 바로 그런 식으로 고대 가부장제의 모든 흔적들을 설명하지. 종종 그들은 고대 조각들이 움의 모습을 나타내는 것이라고 주장하기도 해. 삼척동자도 그게 맨움의 몸이라는 것을 확실히 알 수 있을 때도 말이야. 모든 문화가 반드시 움들에 의해 지배된다는 가정 외에는 어떤 근거도 없이 그런 말을 하는 거야."

그들은 모두 노총각 올모스를 쳐다보았다. 그는 부드럽게 아이들을 보고 웃었다. "그런데 난 너희들이 그것으로부터 더 많은 것을 얻을 수 있을 것이라고 생각해. 스파크스의 사상을 공부하는 것보다 더 많이. 내가 클라라 스파크스가 모든 시대를 통틀어 가장 통찰력 있는 사상가 중의 하나가 아니라고 말하는 것은 아니야. 결코. 그러나 세상에는 스파크스가 심각하게 다루지 않는 중요한 것들도 많이 있어."

노총각 올모스는 확신하지 못하겠다는 듯 그들을 차례차례 보았다. "내가 말을 너무 많이 했구나. 정말 나는 너희들의 계획을 알고 싶어. 나 혼자 떠드는 것은 싫구나. 직업병이야……."

"ML에서는 많은 계획을 가지고 있어요." 판당고가 말했다. "맨움 동맹을 말하는 거예요. 우리 모임의 이름이죠." 페트로니우스가 설명했다.

"그래요. 그런데 이제 우리도 무엇을 해야 할지 모르겠어요." 릴레리오가 말했다. 그는 결코 많은 말을 하지 않았지만, 무엇인가를 말할 때는 그들이 딜레마에 빠졌을 때였다.

"우리는 그녀가 모든 상황을 주도하고 있는 것을 그냥 보고만 있을 수는 없어." 페트로니우스가 마루를 내려다보면서 말했다. 그 말은 구원과도 같았다. 모두 그가 그 말을 하기를 기다리고 있는 중이었다. 그는 노총각 올모스를 바라다보았다. "우리는 왜 당신이 우리더러 오라고 했는지 모르겠어요……."

노총각 올모스는 약간 몸을 움직여 방을 둘러보았다. 오랫동안 잊어버리고 있었던 것이 갑자기 생각나서 그것을 찾고 있는 사람처럼 보였다.

"우리는 많은 계획이 있어요. 그러나…… 올해 총선거가 있을 거라고 생각해서…… 그래서 가능한 다양한 행동들을 고려해 왔죠…… 하지만 이건 비밀이에요. 그렇지 않다면 허사가 될 테니까요."

"나도 이해해." 노총각 올모스가 말했다. "난 나가서 자두 브랜디를 좀 가져오지—사과 파이도 기다리고 있어." 그는 일어섰고 발드리안이 그를 따라 부엌으로 갔다. 그들은 여섯 조각의 사과 파이와 집에서 만든 자두 브랜디를 갖고 돌아왔다. 그들 모두 노총각 올모스가 앉을 때까지 기다렸다. "자, 건배!" 그들은 잔을 들었다.
"내 정원에 이렇게 많은 과일들이 있다니 난 정말 운이 좋은 사람이야. 그것도 여러 종류로 말이지. 우리 집에 와서 내 채소밭을 보살피고 지키는 움이 한 명 있어. 그녀가 항상 왔다 가지. 그녀는 거의 한마디도 말을 안 해. 지난 오십 년 동안 항상 똑같았어. 그녀는 적어도 백 살은 됐을 거야. 그녀가 과수원과 채소밭을 돌보지 않거나 집 뒤꼍의 잔디를 깎지 않은 날은 한 번도 없었어. 그녀가 없었다면 난 여기서 땅을 이용할 수 없었을 거야. 콘필드가 그녀의 이름이지. 어때, 맛 괜찮아? 건배!"
그들은 잔을 높이 들었다.
"으으으음, 정말 좋아!"
그들이 음식을 들기 시작했다.
"으으으음, 환상적인 사과 파이예요, 올모스. 어떻게 만들었어요?"
"먼저 사과를 석 달 동안 저장했다가 꺼내서는 얇게 잘라 노릇노릇해질 때까지 기름에 튀겨. 그러고 나서 축축한 티슈로 조금 말려서는 으깬 비스킷, 계피, 설탕이 든 주머니에 넣고 통째로 흔들어. 다음으로는 파이 접시에 놓고 마지막으로 설탕으로 범벅이 된 달걀 노른자를 그 위에다 뿌려. 그리고 30분 동안 오븐에 구우면 되지. 그러면 다 된 거야. 간단하고 쉽지. 건배! 여기 모두 모이니 멋지구나."
"선생님?" 시프리안이었다. 그는 저녁 내내 아주 조용했다. "당신이 제 아버지라는 것이 사실인가요?"
침묵이 흘렀다. 모두 묻고 싶었지만 감히 물어보지 못한 것을 시프리안이 질문한 것이었다. 자신이 묻지 않았다면 아무도 묻고 싶지 않았을 것이다.

"모르겠어…… 너 정말 알고 싶니?"

노총각 올모스가 그것에 대해 말하는 것을 어려워하고 있음은 분명했다. 그들 모두 그가 산산조각 내버린 책상을 생각했다.

시프리안은 끄덕였다. "제 생각에는 당신이 제 아버지예요. 왜냐하면…… 우린 서로 닮았거든요."

그것은 사실이었다. 그들은 똑같이 아주 긴 코와 붉은 머리카락을 가지고 있었다. 이제 시프리안은 젊은 맨움으로 성장했고, 올모스처럼 강인한 체격과 넓은 어깨를 갖게 되었고, 한탄할 만큼 남성성이 부족했다.

"거드는 너를 가졌을 때 그로드리안과 함께 있지 않았어. 그녀는 그때 나와 함께 있었지. 그녀는 여기 일층 뒷문으로 살금살금 들어오곤 했지. 너를 가진 것도 아마 그때였을 거야, 시프리안. 우리는 럭스의 숲에서 로맨틱하게 걷곤 했지. 너의 엄마는 아름다웠단다, 시프리안. 지금도 아름답지만. 그러나 그녀는 나를 인정하려 하지 않았어."

노총각 올모스는 꿈을 꾸듯 허공을 바라보았다. 젊은 맨움들은 귀를 기울였다. 갑자기 올모스의 얼굴이 다르게 보였다. 그의 나이 든 모습 뒤로 연인과 함께 거니는 젊은 맨움일 때의 그가 보였다. 그들은 그의 움을 부드럽게 애무하는 크고 강한 근육질의 몸을 보았다. 저녁 하늘이 그의 이마에 비치고 있었다. 그들은 자신의 인생 이야기에 다소 고양되고 도취되어 있는 올모스를 응시했다.

"……아니야, 그녀는 나를 원하지 않았어. '어떻게 너의 아이라는 걸 알지?' 시프리안, 너를 임신했을 때 그녀는 이렇게 말했지. 상상해 봐. 그녀가 바로 그렇게 말했다니까. 그보다 몇 주 전에 그녀는 나만을 사랑하고 다른 사람과는 자지 않았다고 말했었는데 말이야. 난 그게 사실이라고 생각해. 그러나 그녀가 옳아. 내가 어떻게 그걸 알 수 있겠어? 맨움은 아이가 자기 아이인지 아닌지 결코 알 수 없어. 하지만 난 알았지. 나는 그걸 글쎄, 우리 사이의 연결, 우리 사이에 있는 끈 같은 것에서 느낄 수 있었어. 하지만 그녀를 이해해. 나는 너무 커서 맨움으로서의 매력이 없으니까. 나는 그녀보다 조금 더 크거든. 너도 그렇지, 시프리안?"
 시프리안이 고개를 끄덕이고는 깊은 한숨을 내쉬었다.
 "더구나 난 그녀보다 힘도 더 세지. 그것이 그녀에겐 힘들었던 거야. 나는 물론 이유를 알고 있었지. 그녀는 그것을 극복할 수 없었고 그래서 나를 원하지 않았던 거야. 그러나 우린 함께 얘기도 하고 잘 지냈어. 너무 사이가 좋았지. 나는 그녀가 모르는 것을 알고 있었어. 음, 그건 별로 중요하지는 않았겠지만. 하지만 난 숨기지 않았어. 난 항상 지나치게 흥분해서 그걸 숨기는 걸 잊어버렸지. 난 정말 순진했어. 너도 알다시피 난 그녀를 사랑했어, 정말로. 어떤 면에서는, 지금도 사랑해……."
 노총각 올모스는 둥근 테이블 위로 시프리안에게 손을 내밀었고, 시프리안은 그 손을 잡았다. 다른 사람들은 너무 사적인 것을 목격하고 있다고 느꼈다. 맨움 운동의 원천은 삶 속에 있는 가장 심오하고 고통스러운 일들을 드러내는 것이라고 그들은 전부터 이야기해 왔었다.

"가만! 우리는 지금 문제의 핵심에 도달한 거야!" 노총각 올모스가 격정적이면서도 믿음직한 목소리로 외쳤다. "왜냐하면…… 난 항상 가정을 이루는 꿈을 꿔왔어…… 시프리안을 위한 집 말이야. 그건 아마도 모든 맨움들에게 잠재되어 있는 걸 거야. 정말이야. 물론 왜 그러한 것이 우리 안에 깊이 뿌리내리고 있는지 토론할 수도 있겠지만, 어쨌든 현재 그 꿈이 우리 안에 있다는 것은 분명해." 그는 푸념을 했다. "지금 또 나 혼자 얘기하고 있구나. 난 너희들의 말을 듣고 싶은데. 정말 직업병이야. 난 누구와 함께 이야기를 하는 데 익숙지가 않아…… 사람들에게 말을 하든가 아니면 다른 사람의 말을 듣기만 하지. 누군가와 함께 이야기하지 않아. 지금 내가 무슨 말을 하려고 했더라?"

그는 잠깐 말하는 것을 멈췄다. 그리고 새끼손가락을 잔에서 살짝 뗀 채 포도 브랜디를 주의 깊게 음미했다. "중요한 얘기를 하려고 했는데, 뭐였지? 무슨 말을 하려고 했더라?"

그는 당황해서 물어보는 듯 그들을 보았다. "난 항상 이런 식으로 흥분하지. 나는 수업이 중단되어서는 안 된다고 생각하는 데 익숙해져 있지. 젊은 맨움들 앞에서 이야기하면서 이렇게 앉아 있으니까 이상해. 그래서 끊어졌다가 다시 이어졌다가 하는 거야. 내가 뭘 말하는지 너희는 알겠지만."

노총각 올모스의 이야기는 또 끊어졌다.

"선생님 집에 오니 좋아요."

"그래. 고맙다. 발드리안. 바로 그거였어. 내게 좋은 기회가 주어졌다는 것을 이제 알게 됐어. 나는 너희들이 여기 있어서 기뻐. 음…… 여러 해 동안 나는 혼자 지내왔어…… 난 내가 너희들에게 보조를 맞출 수 있을지, 구속이나 하지 않을지 모르겠다. 아마 너희들도 그런 생각을 하고 있을 거야. 그러나 다른 식으로 도울 수도 있을 거야, 그렇지 않니? 시프리안, 너에게 가정을 마련해 주는 꿈은 물론 이제 다 지나갔지. 너는 이제 다 컸으니까. 하지만 아마 다른 종류의 가정을 제공해 줄 수 있을 거야, 그렇지? 여기 말이야. 나는 여기서 혼자 사니까…….”

　노총각 올모스는 기지개를 켜고는 망설이는 눈빛으로 그들을 바라보았다. “내 말은 진정한 노총각의 영토에다가 맨움해방주의자 센터를 건설하자는 거야.”

맨움해방주의자들 금기를 깨다

지구 상의 어떤 집도 문힐 중턱에 있는 노총각 올모스의 하얀 빌라처럼 당당하게 서 있지는 않을 것이다. 주변 농장은 찬란한 햇빛의 은혜를 받으며 비탈길에 위치해 있어서 나무들이 울창하고 과일들이 많이 열렸다. 맨움들만이 있을 수 있는 자신들의 장소를 갖는다는 것은 맨움들에게 대단한 격려가 되는 것이었다. 특히 올해처럼 모든 것이 막혀 있을 때는 특별한 도움이 되는 것이었다. 항상 막히기만 했던 올모스의 인생도 새로운 길을 찾았다. 떠도는 소문 외에는 올모스에 대해 거의 알지 못하는 다른 그룹들은 개인의 집에 센터를 만든다는 것에 대해 처음에는 다소 주저했다. 올모스의 학생들은 다른 생각을 갖고 있었다. 노총각 올모스는 그들이 원하는 것은 뭐든지 해도 좋다며 걸리적거리는 개인 물건을 다락의 작은 방으로 옮겼다. 그들은 남아 있는 것을 가지고 그들이 원하는 대로 할 수 있었다. "가구들 전부, 전 교장 올모스가 남긴 거야, 내게는 짐만 될 뿐이지." 그가 말했다. 그는 올모스 교장이 살았던 집이라는 추억을 지키려고 여러 해 동안 골동품들을 힘들게 간수해 왔다. 그러나 이제는 질렸다. "모든 낡은 추억과 함께 다 사라져라. 나는 결코 부성보호를 받지 않을 거야. 오늘 난 기뻐." 그가 말했다.

이렇게 해서 맨움들은 집을 다시 꾸미고 벽에서 낡은 그림들을 떼어내고 선반에서 낡은 조각품들을 끌어 내렸다. 대신 그들은 맨움들의 포스터와 그림 들을 걸었다. 삼각형의 맨움해방주의자 상징이 거실에 자랑스럽게 걸렸다. 이전에는 올모스 교장의 초상화가 그 자리를 차지한 채 오십여 년을 험악하게 노려보고 있었다. 액자 안에 갇혀 살고 있었을지라도 그 앞에서 긴장을 풀거나 장난치려고 하는 모든 사람들을 징벌하는 것과도 같은 표정으로.

노총각 올모스는 갑자기 이십 년은 젊어진 것 같았다. 아니면 실제로 그는 항상 이십 년 더 젊은 상태였는데 그의 진짜 자아가 겉으로 드러나지 않았던 것인지도 모른다.

그는 자신이 그들의 상징물을 수놓을 수 있도록 허락해 달라고 했다. 상징물이 벽에 걸릴 준비가 되자 그들은 조촐한 의식을 치렀다. 상징물은 꼭대기에 의기양양하게 정점을 가진 정삼각형으로 이루어져 있었다. 경계에 둘러쳐진 넓은 선은 진한 붉은색이었고, 그 안에는 흰 바탕에 남근을 상징하는 검은 막대기가 있었다. 그들은 노총각 올모스의 지하실에서 가져온 와인으로 건배를 했다.

꼭대기에 정점을 가지고 있는 하얀 바탕에 붉은 테두리로 된 삼각형은 생물학에서 맨움들을 나타내기 위해 사용하는 전통적인 상징이었다. 그 상징에 대한 일반적인 설명은 그것이 문명사회에서의 맨움의 역할을 상징한다는 것이었고, 탄생 궁전에서도 같은 의미의 상징으로 이용되었다. 포유동물 세계의 형제들과 다르게 맨움은 아이를 생기게 하고 아이를 받는 역할을 수용하도록 문명화되었던 것이다.

수많은 맨움해방주의자들은 이러한 설명이 맨움을 상징하는 삼각형에 대한 근대적이고 움 우월주의적인 해석이라고 말했다. 또 삼각형은 옛날 가부장제 시대 맨움들의 권력의 상징이라고 말했다. 그것은 매혹적이고 흥미로운 설명이었지만 그들 중 어느 누구도 그 상징이 가부장제 사회에서 무엇을 의미했는지는 알지 못했다. 게다가, 아무도 가부장제 사회가 이전에 존재했다는 것을 정말로 믿지는 않았다. 노총각 올모스—아마도 판당고도—를 제외하고는.

가운데 있는 두꺼운 검은 선은 맨움해방주의자들이 나중에 그려 넣은 것이다. 그들은 남근 상징이 사람들에게 다소 충격적이고 포르노처럼 보일 것이라는 것을 알고 있었다. 그러나 그들은 맨움 운동의 과업 가운데 하나는 맨움들이 자지를 가졌다는 사실을 부끄러워하지 않도록 하는 것이라고 생각했다. 그래서 그들은 공개적으로 그것을 보여주고 싶었고 수치스럽게 여기지 않기를 바랐다.

그들은 맨움이었고 맨움으로 남고자 했다. 그리고 맨움은 자지를 가지고 있다. 그것은 정말 자연스러운 것이며 부끄러워해야 할 것이 아니었다. 그들은 이렇게 주장했다. 동시에, 페니스라는 상징물은 또한 무기―막대기―로서 해석될 수도 있다. 움들이 지배하는 사회와 싸워나가기 위해 맨움들이 무장할 수도 있다는 것이었다. 바로 그러한 맨움 운동의 비타협성은 이런 기호에 의해 상징화되었다.

그들은 또 삼각형 자체에 새로운 의미를 부여하기로 결정했다. 왜 맨움의 세상은 항상 둘 사이의 관계를 둘러싸고 세워져야 하는가? 둘 이상―셋 또는 더 많은―사람들 간의 연대와 화합에 기초한 미래 사회를 상상하는 것은 충분히 가능한 일이었다. 기회만 주어진다면, 사실상 움들보다도 맨움들이 동료애와 연대감에 대해 더 많은 능력을 보여줄 수 있다고 주장했다. 그들은 이 점에 대해 물론 완전히 확신할 수는 없었다. 토론이 분분했고 몇몇은 이것이 터무니없는 얘기라고 생각했다. 그럼에도 불구하고, 몇몇은 그 상징을 해석하기 위해 이런 방식을 택했다.

노총각 올모스의 빌라는 완벽하게 단장되었다. 그들은 방을 사무실, 체육관, 도구실, 복사실, 흡연실, 어린이방, 휴게실로 꾸몄다. 그들은 그해의 캠페인 계획을 짜기 위해 모임을 여러 번 열었다.

그런데 콘필드가 사라졌다. 어느 날 갑자기 더 이상 나타나지 않았다. 그녀는 여러 세대를 거쳐 그곳에 정기적으로 왕래했었다. 그런데 그녀가 사라진 것이다.

그녀는 죽었을까? 노총각 올모스는 걱정이 됐다. 그는 아마 그녀가 심장 발작으로 고통스러워하다가 그 자리에서 죽었을지도 모른다고—움들은 종종 그렇게 죽었던 것이다.—생각하면서 그녀를 찾으러 정원으로 나가보았다. 그러나 그녀는 보이지 않았다. 그는 작은 오두막 안으로 들어갔다. 그녀가 항상 커피를 마시던 쓰러질 듯한 테이블 위에 편지가 놓여 있었다. 노총각 올모스는 그것을 집어 들었다. '친애하는 노총각 리젤로.' 그는 잠시 동안 멍하니 쳐다보았다. 그는 자신이 한때 '리젤로'로 불렸다는 것을 기억하는 사람이 있다는 데 감동을 받았다. 그는 계속해서 읽어나갔다.

'……지금 진행되는 복잡한 일들에도 불구하고, 정원사 일과 원예 일 그리고 올모스 교장의 재산 관리를 그만두겠다는 말을 하게 된 것을 유감스럽게 생각합니다. 당장에 타격이 크시리라는 것도 알고 있습니다. 저는 여기서 올모스 교장의 이름에 먹칠하지 않으려고 수년간 충실하게 일해 왔습니다. 그러나 지금 여기서 벌어지고 있는 일들은 저로서는 도저히 상상할 수 없을 정도여서 지금까지 당신 어머니의 재산에 대해 가지고 있었던 친밀함을 상실해 버렸습니다. 그래서 저는 더 이상 여기에 있는 것들을 경작하고 가꾸고 돌볼 수 없게 되었습니다. 정말 유감입니다. 콘필드로부터.'

노총각 올모스의 뺨 위로 눈물이 조금씩 흘러내렸다. 그는 즉시 눈물을 훔쳐내고 그 쪽지를 주먹으로 구겨버렸다. 그는 분노하고 있었다. 콘필드는 무슨 생각을 하고 있는 것일까? 그렇게 일방적으로 통보만 해버리고. 단지 그런 이유에서라니. 그는 생각에 잠겨 서 있었다. 그는 그의 새 삶—쉰다섯의 나이에 선택한 새 삶—이 누구에게 혐오감을 줄 것이라고는 생각해 본 적도 없었다.

그는 다른 사람들에게로 발걸음을 옮겼다. 그들은 무엇인가 나쁜 일이 있음을 당장에 눈치챘다. 그들은 편지를 보고, 그것을 돌려 읽고, 서로를 쳐다보았다. 노총각 올모스의 아름다운 소유지가 곧 폐허가 될 것이다. 정원을 돌봐줄 다른 사람을 찾을 수가 없을까? 그들은 서로 진지하게 이야기했다. 몇몇은 모든 것이 최상의 상태가 되었다고 말하기 시작했다. 이제 정말로 움들 없이 지내게 된 것이다. 그러나 과수원은 어떡하란 말인가? 주방은? 잔디는? 그들은 주저앉았다. 지난 몇 주 동안 그렇게도 강력히 키워왔던 용기와 열정과 힘이 빠져나가는 것 같았다. 그들은 허공을 허무하게 바라보았다.

"움들이 없다면 우리는 완전히 무력한 존재라는 것을 인정해야만 해."

그들은 다시 허공을 공허하게 바라보았다. 그들이 무엇을 할 수 있단 말인가? 그들은 무엇을 알고 있는가? 도대체 땅을 경작하는 것을 생각이나 할 수 있단 말인가?

메이바이트에서 사는 것은 이것과는 좀 다른 문제였다. 그로는 그들에게 고기 잡는 법을 가르쳤다. 맨움이 어부와 잠수부가 되는 데는 실제적인 장애가 있었다. 그러나 그것들은 극복될 수 있었다. 그것은 단지 특정한 기술과 능력을 획득하기만 하면 되는 문제였다. 그렇게 하고 나면 그들은 움들만큼 잘할 수 있었다. 그러나 땅은!

맨움들은 땅을 일구어야 한다는 생각에 거의 전율하면서 앉아 있었다. 그들은 땅에서 식물들이 어떻게 자라게 되는지 몰랐다. 그들은 소녀들처럼 학교에서 농업을 공부한 적이 한 번도 없었다. 아이 돌보기와 가정만 배웠다. 소녀들은 농업에 관심을 가지게 되면서 휴일 날 농업 지구에 가거나 집의 정원에서 일을 했다. 그들은 그렇게 할 수 있었다. 그러나 소년들은 배우고 싶어 하지도 않았다. 그들 중 몇몇은 틀림없이 농업이 재미있어 보인다고 생각했겠지만 해보지는 않았다.

그러나 문제는 단지 그들이 식물과 나무와 꽃이 어떻게 땅에서 자라는지를 모른다는 것에 있지 않다. 그것은 어떤 기술을 습득하기만 하면 되는 문제는 아닌 것이다. 결정적인 이유는 그들에게 생명과 자연과의 친밀감이 부족하다는 것이었다. 생명, 자연과의 친화력이 손 아래에서 무엇인가가 자라나게 한다. 아무리 그들이 시행착오를 많이 거치고 공부를 한다고 할지라도, 그들은 '월경을 하지 않는다!'는 단순한 사실로부터 벗어날 수 없다. 월경이 없다면, 자연의 주기와 조화를 이루는 움들의 빛나는 힘이 없다면, 땅을 경작할 수 없을 것이다. 모든 것이 그들의 손안에서 시들어버릴 것이다. 이유를 알지도 못한 채.

"맞아요, 하지만 씨 뿌리는 것부터 시작하는 것이 좋지 않을까요?"

그들은 모두 놀라서 판당고를 주목했다.

"씨뿌리기라고?"

"그래요, 씨뿌리기. 움들이…… 자라게 하기 위해서 땅에 무엇인가를 놓는 걸 씨뿌리기라고 하지 않나요?"

"그래?"

그들은 실오라기 같은 희망의 빛을 보았다. 아마도 판당고는 무엇인가 아나 보다. 아마 다른 맴웁들도 무엇인가를 알고 있을 거다. 그들은 그들이 빠져 있던 망연자실함으로부터 깨어나서 가능성을 토론하기 시작했다. 어떤 사람들은 포기해야 한다고 생각했다. 왜냐하면 그들이 무엇을 해야 할지 안다 하더라도 그것을 할 수 있는 능력을 가지고 있지 않기 때문이었다. 다른 사람들은 맴웁들이 움들만큼 땅을 잘 일굴 수 없다는 것이 사실이 아닐지도 모른다고 말했다. 또 다른 사람들은 그들이 끼어든다면 모든 과실나무가 죽어갈 것이라고 두려워하기도 했다.

노총각 올모스는 정원에서 일하던 콘필드와 만났던 시간들을 떠올려봤다. 올모스는 그녀에게 인사를 하고 잡담을 하곤 했다. 때때로 그냥 지나쳐 갈 때도 있었다.

그러나 그는 그녀가 실제로 무엇을 하고 있었는지 알지 못했다. 매년 사과, 배, 복숭아를 얻기 위해 그녀는 과실나무에게 무엇을 해주었지? 당근은 어떻게 당근이 되지? 여러 해 동안 그는 자신의 정원에서 따낸 것들을 먹어왔지만, 단 한순간도 그 과실들이 어떻게 생겨났는지 묻기 위해 걸음을 멈춘 적은 없었다. 그는 부끄러움을 느꼈다. 그는 어린 시절을 돌이켜봤다. 하루 종일 콘필드가 무엇을 하고 있는지 보려고 그녀를 따라다니고, 그녀에게 말을 걸고, 그녀를 유심히 관찰하고, 그녀를 그대로 흉내 내기도 하던 그는 얼마나 예리한 아이였던가. 그러면 콘필드는 그의 손에 들고 있던 것을 빼앗았고, 그가 해서는 안 될 행동을 하고 있다고 말해 주었다. 그리고 올모스 교장은 그를 한쪽으로 밀치며 소년이 원예에 관심을 보이는 것은 어울리지 않는 일이라고 설명했다. 올모스 교장은 그에게 더 잘 어울리는 적절한 소일 거리를 찾도록 큰 자수 견본 몇 개를 선물해 주었다. 이리하여 콘필드의 일은 더더욱 그로부터 멀어지게 되었다.

노총각 올모스는 습관대로 모든 사람들이 그에게 귀를 기울이도록 목청을 가다듬었다. 그가 어렸을 때 어떻게 원예에 대해 배우지 못했던가, 왜 그는 그것에 흥미를 잃고 대신 자수를 하고 책 속에 파묻히게 되었는가를 말했다. 금지된 영역은 그것만이 아니었다.

맨웁들은 차례차례 자신에 대해 이야기하기 시작했다. 사실 그들이 어려서 과일이 어떻게 자라는지 엄마에게 물었을 때, 그들은 모두 똑같은 대답을 들어야만 했다. "그런 일로 너의 머리를 어지럽혀서는 안 된다. 왜냐하면 너는 소년이니까." 어떻게 그들 모두 똑같은 대답을 들을 수 있었을까? 엄마들이 몰래 짠 걸까? 엄마들이 어느 날 비밀 회합을 열고 "우리 아들들이 원예에 관심을 보이기 시작할 때, 우리 모두 '그런 일로 너의 머리를 어지럽혀서는 안 된다. 왜냐하면 너는 소년이니까.'라고 대답해 줍시다." 하고 결정했던 것일까?

그들은 약간씩 웃기도 하면서 힘이 솟는 것을 느꼈다. 아니, 그런 것은 아니었다. 그것은 그들을 어리석게 하고 무능력하게 했던 움 이데올로기 전체의 일부분이었다.

너무 늦어졌다. 오후 그리고 저녁 내내 그들은 일련의 감정 변화 ─ 당황에서 절망, 분노에서 마침내 용기와 결단까지 ─ 를 겪었다. 그들은 모두 맨움 운동 역사상 가장 훌륭한 의식화 토론이었다는 데 동의했다. 다음 날 아침, 그들은 곧바로 일을 시작할 것이다. 판당고가 말했던 대로.

그러나 어디서부터 시작해야 할까? 무엇을 해야 할지도 모르는 상황에서 일을 시작할 수는 없었다. 다시 한번 그들은 서로를 쳐다보았지만, 그러나 아까처럼 그렇게 절망적이지는 않았다. 그들은 무엇을 해야 할지 어렴풋이 느끼고 있었다. 그들 모두 그랬다. 다른 길은 없었다. 처음에는 그렇게 시작하는 것이다.

다음 날 그들은 덩치가 크고 경망스럽게 덜렁대는 움 하나를 붙잡았다. 그녀는 허리에 손을 얹고 그들을 보면서 정말 원하는 것이라면 물론 젊은 친구들한테 간단한 원예법을 가르쳐주겠다고 말했다. 그러나 그녀는 그것이 다소 이단적인 것이라고 생각했다. 그럼에도 그녀는 낡은 편견을 가지고 있는 사람은 아니었다. "당신들이 배우기를 원한다면 물론 그것을 시도해 볼 수는 있어. 그래도 나는 웃을 수밖에 없군."

이렇게 해서 젊은이들은 노총각 올모스의 소유지를 일궈나가기 시작했다.

맨움의 종속은 역사적 필연이다?

왜 모든 게 지금처럼 되었을까, 그리고 언제 시작된 것일까? 왜 우리는 땅에 씨앗을 뿌린다는 생각에 전율해야만 했지? 왜 그들은 단지 움들만이 본성적으로 땅을 갈 수 있다는 것을 쉽게 받아들인 걸까? 모든 움들이 어렸을 때 배운 것을 왜 우리는 다 커서 배워야 했을까? 정자는 수치의 근원인데 왜 월경은 힘의 원천이 되었을까? 왜 이렇게 된 거야? 어떻게 그렇게 됐지?

누가 그것을 결정한 걸까? 그것에 대항하는 세력의 뿌리를 뽑은 것은 전 세계적인 악의(惡意)였던가? 왜 그것에 대해 저항하고 독립하려는 것이 그렇게도 어려웠던 것일까?

그들은 노총각 올모스네 사과 브랜디를 마시며 베란다에 앉아 있었다. 웃통을 벗은 채 자유로움을 느끼고 있었다. 어떤 움도 그들을 볼 수 없기 때문이었다. 저녁노을이 잔에 부딪쳐 빛나고 있었다.

이갈선드는 그들의 발치에 평화롭고 아름답게 펼쳐져 있었다.

"원래 월경의 찬양은 고대 경작 제례의 요소였어." 하나하나 둘러보면서 노총각 올모스가 설명을 하기 시작했다. 그들은 베란다 의자에 기대어 듣고 있었다. "오늘날은 고대 의식의 흔적만이 일 년 중 열세 번째 달에 열리는 월경 축제에 남아 있게 된 거지. 움의 월경 주기는 인류(huwom race)를 생명과 자연의 위대한 주기에 그리고 달의 형세 변화에 정확히 연결시키는 거야. 몸 안에서 끝없이 반복적으로 일어나는 리듬 덕분에 움은 매우 다른 방식으로 자연에 연결되어 있고 그 자연 환경과의 연결이 그녀에게 내공과 힘을 주는 거야. 그 힘은 움으로 하여금 자연과 환경을 지배하게 하지. 한 달에 한 번 알을 낳음으로써 자기의 몸을 지배하는 것도 똑같은 방식이지. 움들은 그래서 모든 것에 대해 대단한 통제력을 가지고 있어—자신들의 몸에 대해, 땅의 경작에 대해, 세상에 대해."

초기 사회에서 맨움들은 움들의 출산 의식에 참석하지 않았다. 맨움들을 배제하는 관습은 약 오십 년 전까지 지속되었다. 맨움들이 인간 재생산에 참여하고 있다고 누구도 깨닫지 못했기 때문에 처음부터 배제되었던 것이다. 맨움들이 재생산과 관련되는 일을 전혀 하지 않는 것 같았기 때문이었다. 다른 것과 관련되는 일에 대해서도 마찬가지였다. 맨움은 다른 맨움들과 돌아다니기만 하고 성기를 문지르고 움이 내버려두는 드문 경우에는 움에게 그것을 넣으려고 했다. 자손을 낳는 데 특별한 역할을 한다는 것을 깨달은 것은 나중의 일이었다. 엄마와 아이와의 관계는 수정, 임신, 출산, 수유를 통해 엄마의 몸과 직접적으로 관련이 있었기 때문에 아이와의 관계는 순전히 물질적인 측면에 있었다. 나중에 그녀는 자기 자신과 아이를 위해 땅을 경작함으로써 아이의 생명의 물질적인 기초를 제공했다. 더 나중의 문명사회에서는 돈을 벌어서 그렇게 했다. 한편 맨움과 아이와의 관계는 순수하게 정신적인 것—그러므로 열등한 종류의 것—이었다. 그에게, 아이를 낳는 것은 실제적이고 물리적인 현실이 아니라 정신적인 유대의 완성이었다. 노총각 올모스가 보기에 이런 바탕에서 인류 사회는 아마도 초기 단계에서는 부성을 공경하기 시작했을 것이다. 자연 그리고 자연의 결실—그러므로 또한 인류의 산물—과 맨움의 관계는 순수하게 정신적인 단계 이상으로 올라갈 수 없었다. 맨움은 그래서 항상 추상적인 경향이 있었는데, 즉 자신과 현실을 분리하려는 어떤 경향을 가지고 있었다. 노총각 올모스는 그들을 보면서 이렇게 설명했다. 그들은 눈을 크게 뜨고 열심히 경청했다. 노총각 올모스는 젊었을 때 공부를 많이 했고 열심히 연구했다. 그러나 그가 아는 것과 도달했던 생각을 누구에게 말할 수 있을 것이라고는 생각해 보지 않았다. 그 생각은 287번 지침에 전혀 일치하지 않는 것처럼 보였다. 그가 발견한 사실로부터 만들어낸 이론은, 바로 자신과 현실을 분리시키려 하는 맨움적인 방식이 드러난 것이라 생각했기 때문에 그는 오랜 기간 침통해 있었다.

초기 사회에 움은 임신 가능성 덕분에 권력을 얻게 된 것이라고 그는 설명했다. 움의 임신 가능성은 분명한 것이었다. 왜냐하면 아이를 낳는 것은 움이고 땅을 경작하는 것도 움이었기 때문이다. 움들이 아이를 낳고 땅을 경작하고 알과 건초를 모으고 사회를 조직하는 동안 맨움들은 사냥을 하러 뛰어다녔다. 그렇다고 맨움들이 집으로 더 많은 것을 가져오는 것은 아니었다. 사냥은 어려웠고 대개 아무것도 잡지 못했다. 그들에게는 소리 지르면서 뒤쫓는 이상한 방법이 있었다. 야생 동물은 그들이 가까이 가기 전에 달아났다. 아무도 그 이유를 몰랐으나 아무튼 종종 빈손으로 돌아왔다. 그들이 제공한 것은 공동체를 지탱하기에 적합한 것과는 거리가 멀었다. 그래서 맨움은 점점 불필요한 존재로 간주되었던 것이다.

경작법이 더 복잡해지고 발달된 농기구가 수확량을 증가시키면서 인간 사회에 계급 분화의 기초가 등장했다. 자연적으로 움이 땅을 소유했고, 동시에 맨움을 자신에게 묶어놓고 이용할 방법을 발견하려고 애썼다. 맨움이 사실 재생산 과정에서 중요한 역할을 한다고 생각했던 것도 이즈음이었다. 그들은 아이를 임신케 하는 것 외에는 기여하지 않았기 때문에 아이를 돌보는 일을 맡았다. 아이를 돌보는 것과 연관된 다른 많은 일들이 있게 되었고, 그 일은 전적으로 맨움에게 적합한 일로 입증되었다. 맨움을 고삐에 묶어놓기만 한다면 사실 맨움이 많은 일을 잘할 수 있다는 것이 밝혀졌다. 맨움들이 공동체에 전혀 쓸모없었던 것은 그들이 마음대로 돌아다닐 수 있게 해주었기 때문이었다.

움들은 이렇게 해서 토지에 대한 재산권을 획득했을 뿐 아니라 맨움에 대한 권리도 얻었다. 움이 맨움을 자신에게 묶어놓았을 때 맨움은 그가 소유한 것과 어머니로부터 상속받은 모든 것을 움에게 주지 않을 수 없었다. 맨움이 아무것도 소유할 수 없었음은 자명했다. 왜냐하면 그가 가지고 있으면 당장 조금씩 낭비를 해버리기 때문이었다. 맨움이 아이에게 상속을 해주려고 해도 달리 방도가 없었다. 상속은 물론 항상 모계를 따라 내려온다. 왜냐하면 누가 그의 아버지인지 아는 것이 불가능하기 때문이었다.

아버지는 "저 애는 내 딸이야!"라고 뻔뻔스럽게 말할 수가 없었다. 어떤 증거도 없었던 것이다. 가계를 잇는 책임은 엄마에게만 있었다. 아버지가 재산을 물려줄 수도 있다는 생각은 그래서 불합리한 것이었다.

움의 이동이 더 자유로웠기 때문에 맨움에 대한 움의 권력은 더 강화되었다. 맨움은 임신시키는 것 외에 지금까지 잘할 수 있음을 보여주었던 일인 아이를 돌보는 일을 맡았고, 움은 이민족 통치자의 새 영토를 정복하러 갔다. 싸움이 격렬해졌을 때 움들은 맨움이 전쟁에서 유용하다는 것을 알게 되었다. 보통 젊고 때묻지 않은 맨움이 보병으로 기용되었고 최전선에 서는 부대로서 제일 먼저 소탕되었다. 그들 뒤로 움들로만 구성된 기병대가 따라왔고 통치자는 그 부대에 있었다.

맨움이 말에 올라탈 수 없다는 것은 명백하다. 적의 창받이로 이보다 더 좋은 것이 있겠는가? 전쟁이 계속되는 동안 몇 명은 집에 남아서 아이를 돌봤다. 이 기병대로부터 지주계급―땅을 살 수 있는 자격을 가진 움들―이 생겨났고 그들은 곧 지배계급이 되었으며 지위에 따라 의회단을 구성했다. 의회단은 사회를 지배하는 제도가 되었다.

맨움이 결국 여러 가지로 유용할 수 있다는 것이 좀 더 분명해졌고 점점 더 많은 어려운 일들이 그들에게 떠넘겨졌다. 물론 많은 맨움들이 정말 강한 육체를 갖고 있었고, 그들은 대부분의 움들보다 더 크고 힘이 셌다. 이렇게 해서 점점 오늘날 우리가 알고 있는 사회 체계가 형성된 것이고 맨움들은 가장 힘든 일을 하게 되었다.

맨움 젊은이들이 한숨을 내쉬었다. 그들은 듣고 생각하는 동안 그 이유가 궁금해졌다. 대안이 없는 것처럼 들리지만 반드시 그렇게 되어야 할 필요는 없다는 느낌이 들었다. 그들은 희망도 없이 영원히 자신의 생물학적 조건에 갇혀 있는 것이다. 그것을 피할 수 있는 다른 방도는 없었다. 얼마나 끔찍한 비극인가 하는 생각과 함께 다시 수치심이 들기 시작했다. 동시에, 아마도 그렇게 완전히 자연적으로 결정되는 것은 없을 것이라는 생각이 들었다. 그러나 그들은 뭐가 잘못된 것인지, 어떻게 달라질 수 있는지는 알 수 없었다. 결국 움들은 임신할 수 있고 맨움은 그렇지 않다는 것이었다. 그러나 왜 움들만이 땅을 경작해야 한다는 것을 받아들였을까? 왜 맨움은 그들 공동체를 떠나 사냥하러 가고 몇 달 동안 멀리 떨어져 지내는 무책임한 일을 했을까? 맨움은 움보다 어리석고 무책임한 걸까?

왜 맨움은 그들이 사회에서 어떤 힘을 갖고자 한다면 그들 또한 유용한 존재가 되어야 한다는 것을 알 수 있는 지능이 부족했을까? 부(富)는 부가 발견되는 곳에서 얻으려고 했어야 하는데, 그것은 땅이었다.

왜 맨움들은 움들과 함께 땅을 경작하지 않았는가? 그들은 그들의 지위가 약하다는 것을 알았을 것이다. 그러나 그들이 가진 자원―즉 신체적 힘을 개발하지 못했던 것은 역시 지위가 약했기 때문이다.

하지만 왜 그들은 움들을 굴복시키기 위해 그 당시 그들이 갖고 있던 신체적 힘을 사용하려는 시도조차 하지 않았는가? 노총각 올모스는 머리를 흔들었다. 아니야, 그들이 특별한 신체적 힘을 가졌던 것 같지는 않아. 움이 그들을 길들이기 위해 사용했던 방법은 거칠고 야만적인 것이었다. 역사의 어느 시기에 움들은 세 살 이상의 아이들 열 명 가운데 한 명만을 보호했었던 것 같다. 원할 때는 언제나 움들은 나머지 아이들에게 벌을 줄 수 있었다. 남근 가위를 기억해 보라. 어린 맨움을 학살할 수 있는 조직적인 관습이 없어진 것은 맨움 노동력에 대한 수요가 나타날 때였다. 다른 한편 움들은 손에 채찍을 들었다. 그에 대해 알려진 것은 거의 없지만 맨움의 엄청난 신체적 힘이 문제를 일으킨 적은 한 번도 없었다. 맨움들은 부상당했고 게다가 뿔뿔이 흩어지고 서로 헤어지게 되었다.

그러나 왜 그들은 움의 임신 가능성을 거꾸로 이용해서 움이 아이를 낳고 젖을 먹이므로 움들이 아이를 돌보아야 한다고 하지 않았을까? 왜 맨움들은 움들을 노예로 붙잡아 자기 아이가 누구인지 알 수 있도록, 땅을 정복하여 상속이 맨움을 따라 이루어지도록 하지 못했을까?

그렇게 하려면 그들이 땅에 접근할 필요가 있었을 것이다. 어떻게 그렇게 할 수 있겠는가? 그렇게 하기 위해서는 권력이 필요했을 것이다.

그들은 돈이나 귀중한 재산이 필요했을 것이다. 맨움들은 아무 것도 없었다. 떠나서 혼자 살 수도 없었다.

그들은 콘필드가 떠났다는 걸 알았을 때 자신들이 느꼈던 무력감과 절망감을 생각했다. 그러나 지금은 작은 규모일지라도 그들은 다 함께 일어나서 땅을 경작하려고 하는데, 전의 맨움들은 왜 그렇게 하지 못했던 걸까? 왜 그들은 항상 순종만 해왔을까?

정말 이해할 수 없는 수수께끼는 맨움들이 항상 그것을 받아들였다는 것이다. 그들은 움들이 그들에게 나눠준 열등한 지위를 수용했다. 그것이 자연 질서의 일부라고 움들이 말할 때 그것을 믿었음이 분명하다. 왜 그들은 움들을 믿었던 걸까? 맨움해방주의 동맹 회원들은 그런 허풍을 믿을 수 없었다. 그들은 움들이 아이를 돌보고 맨움이 나가서 결정을 하는 것이 자연 질서의 일부라고 말할 수도 있었다. 아무것도 소위 '자연 질서'와 조화되는 것은 없다. 모든 것이 인류의 간계였다. 어떤 종류의 인류는 억누르고 다른 종류의 인류는 그들을 착취하고 기생해서 번성할 수 있도록 하는, 목표를 가진 체계적인 간계였다.

"그러나 정말 그렇지는 않았어." 노총각 올모스가 말했다. "맨움들이 항상 묵인하고 있었다는 것은 사실이 아니야. 모든 것이 항상 내가 설명한 대로였다는 것도 사실이 아니지. 맨움들은 무수한 저항을 했어. 여러 가지 방법으로. 맨움이 권력을 쥐었던 사회가 있었지. 문제는 우리가 모권제 사회에 살기 때문에 그런 저항이나 가부장적 사회에 대해서 들은 바가 없다는 거야. 역사가들은 그런 것들에 대해선 아무것도 쓰지 않지. 역사가들은 움들이니까. 인류학자들 또한 아무것도 쓰지 않지. 인류학자들도 움들이니까. 그게 이유야."

"성적 정체성은 계급 정체성보다 훨씬 더 중요해. 사실 우리는 맨움에 대해서보다 노동자계급에 대해 훨씬 더 많이 알고 있어. 우리가 듣고 있는 억압받는 계급은 대부분 노동자계급 움들로 이루어져 있지. 우리는 역사를 기술하는 사람들이 단지 지배계급의 관점에서 역사를 기술하고 있다는 얘기를 많이 듣고 있어. 왜냐하면 자신들이 그 계급에 속하기 때문이라는 거야. 특히 스파크스주의 진영에서 나오는 얘기지. 그러나 움 자신의 문제이기 때문에 움에 대해서는 움만이 쓸 수 있다고 말하는 것은 지독한 극단론자로 간주되지. 자기들도 그렇게 하면서 말이야.

노동자계급이 억압받고 있다고 지적하는 것보다 맨움이 억압받고 있다고 지적하는 것이 훨씬 더 지독하고 극단적인 것이라고 한다면, 아마도 그것은 성적 억압이 계급 억압보다 훨씬 더 지독하고 극심하기 때문일 거야.

만일 우리가 전 시대에 살았던 맨움에 대해 알고 싶다면 보통 주석을 보거나 행간을 읽어야 해. 나는 여러 해 동안 그렇게 해왔어. 그렇게 해서 발견한 것이 아주 많지!"

노총각 올모스는 여기서 멈췄다. 그들이 듣고 있다. 그는 온몸으로 퍼지는 온기와 평화를 느꼈다. 그는 목소리를 낮추고 긴장을 풀고 다른 아이들처럼 다시 의자에 앉았다.

"삼백 년 전 팍스에서는 큰 밧줄로 맨움의 무릎을 묶어두는 보편적인 관습이 있었어. 이런 관습의 대상이 된 것은 주로 순결한 메이드맨이었는데, 왜냐하면 그들은 큰 보폭으로 걷는 대신 그런 식으로 걷는 방법을 배워야 했기 때문이야. 그들은 무릎을 붙이고 종아리를 움직이는 방법을 배웠어. 그들이 어떻게 걸어야 했는지 상상할 수 있을 거야. 물론 진짜 이유는 우아하게 걷는 것과는 아무런 상관이 없는 것이었지. 그들은 엄마의 시야에서 벗어나 멀리 갈 수가 없었고 따라서 그들이 충분히 컸을 때 부성보호를 받을 수밖에 없었던 거야. 나는 이걸 갖고 교무실에서 에그와 토론을 했지. 그녀도 역사를 가르치니까. 그런데 그녀가 뭐라고 그랬는지 아니? '틀림없이 패션 문제였을 거야. 맨움들은 패션 때문에 그런 이상한 일들을 많이 하니까.' 다행히도 종이 울렸지. 아무튼, 많은 맨움들은 나쁜 자세를 가지고 있었고 그렇게 걸어야 했던 결과로 등이 아팠지. 그들이 부성을 얻고 밧줄을 끊었을 때도 남은 생애 동안 평생 그걸로 고통받았어. 맨움들은 무수하게 이에 저항했어. 그들은 그것이 모독죄라는 것을 알고 있었지만 비밀스럽게 만나서 서로의 밧줄을 잘라주었지. 그들은 숲 속으로 도망가 숨었고, 다른 맨움 젊은이들에게 똑같이 할 것을 격려하는 비밀 편지를 돌렸어. 그러나 그들은 붙잡혀 몰매를 맞고 다시 밧줄에 묶였지. 우리는 보통 팍스 역사에서 직접적으로 이것에 대해 듣지는 못하지만 복종하지 않는 아들을 두고 불평하는 엄마들로부터 간접적으로 들을 수는 있어."

"저항은 여러 가지 형태를 띨 수 있지. 어떤 젊은이가 하고 싶은 많은 일들을 금지당했기 때문에 반항하고 화를 낸다면 그것 또한 저항이야. 움직일 수 없는 옷을 입어야 하고 나중에는 페호도 입어야 해. 그에게 열려 있지 않은 직업이 많이 있다는 것을 알게 되고, 그가 소년이라는 단 하나의 이유로 그러한 대우를 받는다는 것을 금방 깨닫게 되겠지. 소년이라는 것 외에 다른 설명은 없는 거야. 소녀들은 모두 하고 싶어 하는 것을 하도록 허락이 되는데 말이야. 그는 그것을 인정할 수 없겠지. 왜냐하면 그것이 부당하다는 생각이 드니까. 맨움들이 부성국이나 P-등록소나 가게에서, 움들이 어리석고 사소하다고 생각하는 오랜 수다를 떠는 것도 저항이라고 할 수 있어. 움들이 그런 대화가 어리석고 하찮다고 말하는 건 당연해. 왜냐하면 그들은 당연히 맨움들이 무슨 얘기를 하는지 모르니까. 그리고 들으려 해본 적도 없으니까. 움들은 이런 대화가 어리석고 하찮다고 생각해. 왜냐하면 그들은 발전하는데 맨움은 자신들에게만 관심을 두고 있다는 거지. 맨움들은 수다를 좋아하는데 움들은 수다를 좋아하지 않지. 맨움들은 그들의 감정과 고통, 괴로움 들을 이야기해. 그들은 함께 모여서 이렇게 얘기할 때는 움들에게 어떤 존경도 나타내지 않아. 이것도 일종의 저항, 아니면 저항의 시작이야. 그런데 우리는 이 모든 것에 대해 주의를 기울이지 않았지. 그리고 그것을 저항의 형식으로 보지도 않은 거고. 맨움들이 함께 모여서 저항을 일으킨 순간들에 대해 우리는 정말 아무것도 모르고 있어."

"대성장 시대에 팍스와 이갈리아 간에는 팔루리아의 울창한 산악 지대의 소유권을 둘러싸고 끊임없는 전쟁이 있었어. 수백 년 동안 그들은 서로에게서 땅과 산을 빼앗고 뺏기고 그랬지. 두 나라는 종종 군사작전상 봉쇄물을 이용해서 땅을 초토화시켰어. 아이들이 굶어 죽기 때문에 맨움이 그런 작전에 반항했던 수많은 경우를 우리는 알고 있지. 그들은 의원들에 반대하는 행진을 하고, 봉쇄 정책으로 인해 고통받는 사람은 그 정책을 책임지고 있는 움들이 아니라는 사실을 지적했어. 그 문제에서 맨움은 팔루리아 산의 소유권을 보유하는 데 어떤 이해관계가 있었던 걸까? 그들은 거기 가서 일해야 했을 뿐이야. 생산해 낸 산물로부터 그들이 얻을 것은 아무것도 없었어. 맨움들 사이에는 조직도 있었어. 그것은 위험했지. 후세 사람들이 배울 때 그에 대해서는 아무것도 기록되어 있지 않았어. 이런 맨움들에게는 물론 비애국자라는 딱지가 붙었고 그들 중 몇 명이 음식점에 침입해서 아이들과 가난한 사람들에게 음식을 나누어주었을 때는 반역죄로 기소되었어. 음식점은 군인들과 고위 공직자 움들을 위한 것이라고 기소한 사람들은 말했지만 그들조차 '맨움도 음식이 필요하다.'는 것은 인정했지. 정도를 넘어선 것으로 보였으니까. 반역의 주모자는 사형에 처해졌어. 사형 집행은 그 당시 일종의 대중오락이었어. 주모자를 교수대에 올리고 거기서 그들의 성기를 잘랐지. 그리고 나서 머리를 잘랐어. 약 오십 명이 그런 운명을 겪었지. 나머지 몇백 명은 팔루리아에서 평생 강제 노동을 선고받았는데, 이유는 땅을 보호하는 어머니 대지의 의지를 거역했다는 것이었지. 이것은 맨움을 위한 캠페인이 아니라 어린이를 보호하려는 봉기였는데도 맨움들은 아주 헌신적이었지. 이후 맨움의 대의명분이 회복되기까지는 여러 세대를 거쳐야 했어."

"사십 년 전에 부당한 부성 할당이 증가하는 데 반대하는 전국적인 저항이 있었어. 자신의 핏줄이 아닌 아이를 할당받은 아버지의 숫자에 대해서는 기록이 없어. 사람들은 스스로 통계를 만들어내기 위해 작은 조직을 결성했지. 그들은 부성국에서 단지 엄마가 아이의 아버지라고 지명한 맨움에게 아이를 준다는 것을 발견해 냈어. 어떤 조사도 없이 말이야. 우리는 물론 똑같은 일이 오늘날에도 일어나고 있다는 것을 알아. '아버지들' 중 많은 사람들이 항의했지만 부성국에서는 등을 돌리거나 조롱만 해. 그 문제를 직접 다뤘던 정부의 하위직 공무원 움은 그들의 생식기에 대해 험담을 하고 다음부터는 그들이 자지 관리를 잘해야 할 것이라는 등의 말을 했어. 아주 재미있지. 그래서 팔에 안겨 있던 울부짖던 아이를 내던지고 될 수 있는 한 재빨리 문을 박차고 부성국에서 나갔던 거야."

"부성 반대 캠페인은 맨움 클럽의 삼십여 명에 이르는 맨움들이 부성국 밖에 아이를 놓고 걸어 나가버렸을 때 정점에 달했어."

"클럽 회원들은 일을 그만두고 맨움들이 이 운동에 동참하도록 했어. 왜냐하면 자기 아이가 아니라는 것을 알지라도 맨움들은 아이들에 대해 책임을 느끼고 있었기 때문이지. 물론, 그 아이들을 돌본다는 것은 보수가 좋은 일을 찾을 기회가 완전히 없어진다는 의미였어. 그러나 많은 맨움들은 이런 저항 방식을 야만적이고 비인간적인 것으로 딱지 붙였지. 그에 반대하는 주요 주장은 '아이를 희생양으로 삼아서는 안 된다. 아이는 죄가 없다.'는 것이었어. 참여한 맨움들은 광적이고 비도덕적이라고 비난받았고, 다른 많은 맨움들은 그들을 혐오하면서 클럽을 떠났어. 그럼에도 불구하고 부성국 밖에다 아이를 남겨둔 사람들도 있었는데, 결국 그들도 가버렸지. 아이들은 울고 보채면서 밖에 누워 있었어. 맨움들은 지나가는 다른 맨움이 아이를 데려가지 못하도록 보초를 세웠고 안절부절하기 시작했어. 결국 부성국에서 온 움이 아이들을 데리러 나왔는데, 그들은 어떻게 아이를 달래는지, 어떻게 해야 잘 안는 건지 몰랐지. 그래서 그들은 청소 담당 맨움 몇 명이 와서는 그들의 수고를 덜어

줄 때까지 가만히 있어야만 했어."

"아이들이 재할당될 때는 완전히 혼란스러웠어. 아무도 구별할 수 없을 만큼 아이들은 작았고 누구의 아이인지 분간할 수 있는 기록도 없었던 거지. 서류까지 엉망이 되자 움들은 더 이상 참을 수가 없었지. 맨움으로서의 본성에 도전했던 삼십여 명의 맨움은 얼마 동안 팔루리아에 보내졌어. 무고한 아이들을 학대한 중죄였지. 부성국은 다른 맨움들도 맨움 클럽에 관련되어 있다는 정보를 입수했고 삼십 명의 아이를 그들에게 할당했어. 그들의 부권은 재등록되어야 했어. 그 맨움들 중 많은 수가 사실 맨움 클럽의 저항에 반대했는데도 말이야. 그것은 중요하지 않았던 거야. 부성국은 그들을 믿지 않았어. 모든 것이 끝났어. 이것은 당연히 맨움 간의 격심한 투쟁과 분열을 낳았지. 이 맨움들 중 많은 수가 바로 다른 아이에 대한 부성을 할당받았던 거야."

"부성 반대 캠페인은 맨움들의 대의명분에 많은 적을 만들었어. 특히 맨움들 간에. 대부분은 맨움이 움과 동등한 권리를 가져야 한다고 생각하면서도 아버지로서의 역할마저 부정하는 것은 너무 지나치다고 생각했던 거지."

맨움해방주의자들은 이런 저항에 대해 들어본 적이 없었다. 그들은 들어본 적이 없다는 것에 충격을 받았다. 놀라웠다. 그들의 캠페인도 이와 같은 효과를 낼 수 있을까? 아니다. 만일 그렇게 생각한다면 그들은 더 이상 아무것도 해낼 수 없을 것이다. 그들은 맨움이 전에 했던 것에 대해 가능한 한 많은 정보를 수집하는 것이 좋겠다고 생각했다. 그래야 모든 맨움들이 그것을 알 수 있을 것이다.

그러나 그것은 거대한 작업이었다. 돈은 어디서 구할 것인가? 맨움의 역사를 쓸 만큼 역량이 있는 사람은 있는가?

"우리가 무엇을 했는지 이십 년이나 오십 년 후의 맨움들이 알 수 있도록 하기 위해 무엇을 할 수 있을까?" 노총각 올모스가 물었다. "우리가 우리에 대해 생각하는 것은 거의 없고, 움들이 우리에 대해 생각하는 것은 아주 많이 쓰여 있지. 그런데 우리가 무엇을 '하는가'에 대해서는 무엇을 써야 할까? 우리 자신의 저항도 잊히지 않을 거라 어떻게 보장하지? 우리가 뭔가를 쓸지라도, 사람들에게 전달되고 보존될 수 있을 거라 어떻게 보장해? 이전 시대에도 맨움들이 그들의 연대기를 썼지만 출판되지는 않았어. 무엇을 출판할 것인지 결정하는 것도 움이고, 무엇이 중요하고 무엇이 중요하지 않은지 결정하는 것도 움이지. 역사는 움들이 쓰니까."

물고기와 로맨스

"클라라 스파크스의 전집에서 우리는 사회구조의 모든 중요한 측면을 관통하는 분석을 찾아냈어." 페트로니우스를 열심히 쳐다보면서 그로 메이도터가 말했다. "너도 물론 알겠지만, 나는 그녀의 이론 내용을 몸으로 느낄 수 있는 사람이야. 그것은 나만을 위한 이론은 아니지. 나의 할머니인 바야도 실천적인 열렬한 스파크스주의자였어. 그녀는 몰락하는 노동계급에 속해 있었을지라도 무엇이 무엇인지는 아는 사람이었어. 그녀는 열심히 살아나갔어. 내가 오늘 이 자리에 있는 것도 할머니 덕분이야. 또한 네가 여기 있을 수 있었던 것도 할머니 덕택이지."

또다시 페트로니우스는 연인 앞에서 나약하고 고분고분해지는 것을 느꼈다. 그는 그녀에게 얼마나 많이 감사해야 하는지를 생각해 보았다. 그래, 좀 역설적이지만 맨움 운동이 있게 된 것은 거의 움들 덕택이야. 우리 운동이 발전하도록 영향을 미쳤던 것도 그녀였으니까. 그녀에게 그러면 감사해야 하는가?

"계급 차별은 사회의 죄악이야, 페트로니우스. 너도 나만큼 잘 알고 있지. 그래서 너와 내가 여러 해 동안 대가를 치러왔던 거 아니겠니? 너의 엄마는 내가 너에게 좋은 상대가 아니기 때문에 우리 관계를 못마땅하게 생각하시는 거 아니니? 네 엄마에게 고기잡이란 항상 열등하고 비참한 것의 대명사였어. 그런 원시적이고 낮은 카스트 하나가 와서 아들을 줄 것을 요구했을 때, 글쎄 그것은 계급 본능을 자극했을 거야. 그리고 나서 너의 엄마는 자신이 누구인지를 알게 된 거지. 루스 브램, 구농장 소유주의 딸. 그것이 평등 사회에 대한 너의 엄마 이론의 결론이야. 너를 너이게 하고 나를 나이게 하는 것은 뭐지, 페트로니우스? 너는 지금의 너, 미래를 가진 의식 있는 젊은 맨움이 아니니? 그런 너는 계급을 배경으로 해서 그렇게 된 것 아니니? 그러면 나의 경우는 어떨까?"

"내가 더 이상 발전할 수 없는 이유가 뭐지? 그건 내가 사는 동안 나의 노동으로 살아야 하기 때문이야. 나는 그 이상을 올라갈 수 없어. 왜냐하면 나는 충분한 자본을 얻을 수 없거든. 이곳은 더 이상 누군가에게 이익이 되지는 않아. 그래서 나는 계획을 가지고 있어, 페트로니우스. 나는 네가 내 생각에 동의하고 있다고 생각했어. 그것은 정치적이면서 동시에 자급자족적인 기숙사를 만드는 거야. 나는 땅에서 일할 거고 너는 내 지도 아래 고기를 잡을 거야. 이건 내 생각이야, 페트로니우스. 너와 함께. 왜냐하면 너를 사랑했으니까. 지금도 너를 사랑해. 그런데 지금 너는 완전히 새로운 방향으로 공부하기를 원한다고 말하는 거야. 아무도 본 적이 없는 책 몇 권을 떠받들면서 스파크스주의자의 생각을 버리려 하고 있어. 뭐든 그런 식으로 될 것 같아서 걱정이 돼. 너는 누구도 들은 적이 없는 주제에 관해서 누구도 들은 적이 없는 맨움이 쓴 쓰레기만 영원히 파고 있게 될 거야. 도대체 그걸로 뭘 하겠다는 거니? 내가 있는 곳과 네가 있는 곳을 설명하는 것은 우리 사이에 있는 성차별이 아니야, 페트로니우스. 돈이야. 나만큼이나 잘 알잖아. 돈이라구, 페트로니우스, 자본 말이야. 지배계급과 노동계급, 사회적 차별, 교육—모든 것이 함께 얽힌 거지."

그로가 그를 엄격하게 보듯이 그도 그녀를 엄격하게 봐야 한다는 것을 잊지 않으려고 애쓰면서 페트로니우스는 그녀를 마주 보았다. 그는 그녀가 옳다는 것을 알았다. 그리고 동시에 그녀가 옳지 않다는 것도 알았다. 그는 자신이 옳지 않다고 생각하는 것을 어떻게 설명해야 할지 모르고 있다는 것을 알았다. 그러나……

"너는 성차별과 성적 갈등에 대해서만 얘기해…… 실제로 나는 네가 팔루리안이라고 생각해, 너희들 모두."

페트로니우스는 깜짝 놀랐다. 그가 그 단어를 들어본 적은 거의 없었다. 소녀들이 노총각 올모스를 두고 그렇게 말하곤 했을 뿐. "그것은 사실이 아니에요! 내가 얼마나 당신을 사랑했는지 알잖아요……"

"사랑했다고! 너 과거로 말하는구나?"

"당신이 당신 생각만을 강요하고 싶어 하는데 어떻게 제가 당신을 계속 사랑할 것이라고 생각할 수 있죠? 내 생각에 정말 중요한 것을 비웃기만 하는데요?" 그는 당황해서 어쩔 줄 몰라 하며 손에 얼굴을 파묻었다.

"아니야, 다시는 울지 마. 배 타러 가자, 응?"

그녀의 팔이 그의 어깨 근처에서 주춤거리고 있음을 느꼈다. 그는 고개를 끄덕였다.

맑고 고요한 저녁이었다. 쌀쌀하면서도 청명했다. 그로는 오두막으로 도구를 가지러 갔다. 그들은 따뜻하게 옷을 입고 부두로 내려갔다. 그로는 배로 뛰어올랐고 페트로니우스는 부두 끄트머리에 앉아서 기다렸다. 그는 그녀가 보트 바닥에 물건들을 정리하는 모습을 지켜보았다. 그녀의 머리가 기관실 아래로 반쯤 사라지는 것이 보였다. 그는 뭘 해야 할지 알고 있었지만 그들이 함께 있을 때는 그녀가 항상 모든 것을 준비했다. 그가 하려고 할 때면, 항상 그녀는 그가 잘못하기만 한다고 말했다.

그리고 그녀는 항상 그가 너무 느리다고 생각했다. 사실 그녀 자신이 할 때만큼 시간이 오래 걸리지는 않았다. 그는 그녀를 물끄러미 바라보았다. 그는 그녀의 움직임이 경제적이고 효율적이라는 것에 놀라지 않을 수 없었다.

물은 부드럽게 반사되고 있었고 분홍빛과 노란빛이 번갈아 반짝이고 있었다. 다시 페트로니우스는 운명 같은 것을 느꼈는데, 그것은 그로와 있을 때 여러 번 경험했던 것이었다. 우리는 정말 서로에게 소속감을 가지고 있어. 우리는 헤어지지 않고 함께 있을 수 있을 때까지 기다리고 있는 것뿐이야. 다른 방법은 없어. 그는 그렇게 생각하는 것을 좋아했다. 그것은 그를 편안하게 해주었다. 모든 변화하는 세계 속에서도 변하지 않고 남아 있는 것, 그것은 그들이 함께 있다는 것이었다. 그때 발드리안의 얼굴이 그의 마음의 눈에 떠올랐다.

"준비됐어." 그로가 그에게 손을 내밀며 외쳤다. 페트로니우스는 그녀의 손을 잡고 갑판에서 약간 미끄러지면서 보트로 뛰어올랐다. 그녀가 그의 손을 꽉 쥐고 있을 때 균형을 유지하기란 더욱 어려운 일이었다. "저런!" 그로가 말했다. 그는 뱃머리에 앉았다.

그들은 앞으로 나아갔다. 그로는 조종키를 돌리고 앞을 살피며 배 뒤쪽에 서 있었다. 뱃머리에 있었던 페트로니우스는 물을 내려다보았다. 뱃머리는 심해를 부드럽게 가르며 나아갔다.

"여기요!" 페트로니우스가 말했다. "여기 물고기가 있어요." 그는 작은 사내끼(낚은 고기를 떠올리는 그물)를 손에 쥐었다.

"사내끼로 고기를 잡을 수는 없어!"

"왜 안 돼요? 바로 물 밑에 있는데." 그는 그녀 쪽으로 돌아서서 얼굴을 찡그렸다. "스파크스주의자의 원칙에 어긋나는 건가 보죠?"

"좋아, 비꼬지 마."

페트로니우스가 사내끼를 휘두르자 단번에 허우적거리는 큰 흑어를 잡게 되었다. 그것은 검은 등 때문에 흑어라고 불렸다. 그는 밝게 씩 웃었다. 그로는 놀라서 멍청히 바라보았다.

"야, 나는 적수가 안 되겠는데?"

"대단한 고기죠?"

"으으음...... 잠깐 키 좀 잡고 있어봐. 한번 보자."

"먼저 이걸 죽여야겠어요."

"내가 할게. 손에서 미끄러져서 다시 바다로 가버릴 거야."

"퍽!" 그는 고기를 기절시키고 머리를 잘라버렸다. 그러고 나서 그는 배의 위쪽으로 가서 키를 잡았다. 그로는 사내끼를 집어서 부드러운 아치를 그리며 휘두르고는 물속 깊은 곳을 응시했다.

"제기랄, 네가 얘기한 고기들은 전부 어디 있는 거야?"

"더 없어요?" 페트로니우스는 미안해했다.

그로는 오랫동안 밑을 쳐다보면서 그대로 서 있었다. 페트로니우스는 그로가 흑어를 잡지 못한다면 은총이 내린 듯 조용한 오늘 저녁의 나머지가 엉망이 될 거라는 불안한 생각이 들었다. 갑자기 그녀는 거칠게 사내끼를 휘둘렀다. 그녀는 똑바로 서서 손등으로 이마를 훔쳤다. "가버렸어! 큰 거였는데!" 그리고 손을 들어 올렸다. "이만큼."

다시 물속을 들여다보면서 그녀는 놓친 고기가 얼마나 컸는지 중얼거렸다. 그녀는 그물을 세차게 휘두르고 가볍게 물에서 그물을 들어 올렸다. 페트로니우스가 잡았던 것의 사 분의 일 크기인 흑어가 그물에 걸려 있는 것이 보였다. 페트로니우스는 웃지 않으려고 애썼다.

"이건 튀겨 먹기에 좋겠군. 이렇게 하면 안 된다는 것을 보여준 거야." 그녀는 조타실로 들어갔다.

그 뒤로 페트로니우스는 어떤 시도도 하지 않았다. 그는 물 밑의 얕은 곳 몇 군데를 발견했지만 뱃전에 반쯤 누워 있기만 했다. 수십 마리를 잡을 수도 있었지만 그는 여행이 즐겁기를 원했고 낭만적인 분위기에 빠져 있었다. 그는 뱃머리 가장 앞부분에 자리를 잡고는 팔을 머리 위로 올렸다.

"움이 뱃머리에 달고 싶어 할 가장 아름다운 장식이로군." 그로가 그에게 소리치고 있었다. 그는 앞을 보면서 같은 자세로 있었다. 갑자기 그가 웃음을 터뜨리기 시작했다.

"뭐가 우스워?"

"지금 너무 좋다고 생각하고 있었어요."

"뭐가 그렇게 좋은데?"

"우리의 계획…… 우리가 계획하고 있는 것을 말하는 거예요."

"아아, 알겠어. 나한테 안 알려주는 그 계획이지? 잘 될 거야. 난 확신해…… 페트로니우스?"

"응?"

"나 너와 사랑을 나누고 싶어."

"이리 와요, 어서요."

그로는 엔진을 멈추고 닻을 내렸다. 잠시 후 그녀가 그에게 돌아와, 배의 바닥에 누운 그의 위에 올라탔다. "좋아." 페트로니우스는 생각했다. "정말 좋아, 좀 더 세게 해줘요. 아주 세게요." 그는 팔베개를 하고 눈을 감았다. 그는 그렇게 하는 것을 그로가 좋아한다는 것을 알았다. "여기 누워서 그녀가 내 위에서 하고 있다는 것을 느낄 때 정말 좋아. 이렇게 누워서 내가 진정한 맴움이 된 것을 느끼는 것은 대단한 거야……."

"사랑해." 그녀가 속삭였다.

씨내리의 비극

"난 에바와 침대에 있을 때는 늘 내가 진정한 맨웊인 것처럼 느껴져." 발드리안이 말했다.

"진정한 맨웊 같나고?" 페트로니우스가 웃으며 물었다.

그들은 '달의 웊'이라는 선술집에서 술을 마시며 앉아 있었다. 그들이 계획했던 페호 태우기 행사와 관련된 전단을 구상하고 있었다.

그들은 어디까지 쏠 수 있는지 그 한계를 몰라서 계속 웃고 있었다. "만일 우리가 페호를 입는 것처럼 웊들한테 바보 같은 삼각 붕대 같은 걸로 가슴을 감싸야 한다고 말하면 뭐라고 할까? 만약 가슴을 받쳐주는 것이 없다면 축 처져서 보기 흉하고 매력적이지 않게 보일 거라고 말한다면?" 그들은 모두 웃으면서 잔을 높이 들었다. 아니다, 그들은 그렇게 쏠 수 없었다. 이것은 진지해야 하는 전단이었다.

그들은 실제로 폐호가 의미하는 것과 그것이 필요한 것인가에 대한 토론부터 시작했다. 페트로니우스가 전단의 제목으로 '우리는 우리 자신을 위한 자지를 원한다!'를 제안했다. 이 제안으로 인해 토론은 더 이상 진행되지 못했다. 그들은 한참을 웃으면서 술을 마셨다.

사람들을 설득할 목적의 전단에 '자지'라는 말을 쓸 수 없다는 사실 말고도 이것은 그들이 움들과는 관계를 갖고 싶어 하지 않는다는 의미로도 오해될 소지가 있었다. 여하튼 그들의 적은 그것을 움에 대한 극단적인 증오의 증거로 꼬투리를 잡을 것이다.

페트로니우스와 발드리안은 애인과 함께 있을 때 얼마나 행복한지 서로에게 털어놓기 시작했다.

"너 그거 하니?" 페트로니우스가 물었다.

"가끔. 너는 어때?"

"잘 되지 않아. 세우는 것도 힘들어. 하지만 그로는 그게 서는지 안 서는지 자기한테는 중요하지 않다고 말해…… 하지만 나한테는 중요해, 그렇지 않니……."

"왜 많은 맨움들은 발기하는 데 문제가 생길까?"

"글쎄, 물론 움들이 더 강한 성 충동을 갖고 있기 때문이겠지."

"그건 단지 신화라고."

"그렇게 생각하니? 그들은 항상 달아올라 있고 거의 곧바로 축축해지잖아. 항상 이삼 분 내에 그렇게 돼. 기껏해야 오 분. 그로도 거의 그래."

"난 십 분이 걸렸던 사람하고 한 적이 있어……."

"잘 되지 않는 움하고 한 적 있어?"

"아니……."

"왜 우리는 그게 안 될까? 왜 우리는…….." 그는 목소리를 낮췄다. "바로 발기가 안 될까?"

"아이를 임신시킬지도 모른다는 걱정이 그것과 관련되어 있는 것 같아. 우리는 항상 그게 아이를 만들지 몰라 조심하잖아. 움은 그것에 대해서는 생각하지 않아. 너도 알잖아, 난 움과 맨움이 바로 그 점에서 얼마나 다른지 생각하고 있었어. 우리에게는 관능적인 성행위와 재생산 행위는 똑같은 문제인 것 같아. 내 생각에는, 아무튼……."

발드리안은 말을 멈췄다. 그는 페트로니우스를 쳐다보다가 술을 한 모금 마셨다.

"내 생각에 가장 좋은 방법은, 어쨌든……." 그는 주위를 둘러보다가 페트로니우스 쪽으로 기댔다. "가장 좋은 방법은 그녀가 위에서 아래위로 움직일 때 너의 물건을 그녀 안으로 넣는 거야. 결국 자동적으로 하게 돼. 일종의 폭발처럼. 그렇게 하면 정말 환상적이지. 하지만 난 두 번 그렇게 해봤을 뿐이야. 그렇게 하고 싶다고 말하는 것은 많은 용기가 필요하니까. 그리고 움은 믿을 수 없을 정도로 참을성이 있고 사려가 깊어야 한다구……."

페트로니우스는 풀이 죽었다. 그는 자신이 발드리안이 묘사했던 방식을 원한다는 것을 알고 있었다. 그러나 그러한 욕망을 갖고 있는 것은 자기뿐이라고 생각했었다. "하지만 그러다 아이가 생기면!"

"그래, 내 말이 바로 그거야. 우리는 아이가 생길 수도 있는 방식을 좋아한다는 거지. 그러나 움들은 그런 문제는 없지. 그들에게 성적 쾌락과 재생산 행위는 분리되어 있어. 질 내에서 성적인 느낌을 가지지 않기 때문에 그럴 수 있는 거지. 그들은 외부 자극으로 만족이 되니까. 그들에게는 그게 더 좋은 거지."

"그건 생각 못 했는데."

"그래, 나도 요 며칠 전까지만 해도 생각할 수 없었지. 하지만 왜 우리는 만족을 얻는 게 그렇게 힘든지 비로소 이해할 수 있게 됐어. 우리는 항상 우리 자신을 알 낳는 가축으로 생각해. 왜냐하면 사춘기 때부터 그렇게 배워왔으니까. 그래서 우리는 성적인 느낌을 감지하기 시작할 때부터 욕망을 따르면 당장 아이를 임신시키게 될 거라는 생각을 하게 된 거야. 그리고 그것은 우리를 두렵고 수치스럽게 만들면서 얘기하기를 꺼리게 만들지. 그래서 결국 우리가 움들과 침대로 가게 될 때 우리가 원하는 것을 보여주지 않으려고 하는 거야. 그냥 그녀가 하자는 대로 하는 거지. 우리는 그녀가 그것을 좋아하기 때문에 좋아하는 거야. 어떤 면에서는 그렇다고 봐야지."

"우리는 항상 피임약을 먹을 수 있어. 그러면 아이를 갖게 하는 것에 대해 걱정할 필요가 없잖아."

"하지만 부작용이 있어."

"그래……"

"최근 연구를 보면 지금 나오는 새 약은 부작용이 전혀 없대. 아니, 거의 없대."

"그로는 내가 약을 먹을 때 침대에서 느낌이 썩 좋지 않다고 불평을 해. 그래서 이젠 안 먹지."

"왜 약을 먹어야만 할까? 움이 항상 질에 넣는 것을 좋아하는 것도 아닌데 말이야."

"일이 언제 생길지 모르니까, 글쎄, 아마……."

그들은 다시 서로를 쳐다보았다. 일단 생각을 하기 시작하면 생각할 것은 많이 있었다. 맨움의 종속과 관련된 것은 특히 많아서 깨닫기까지 오랜 시간이 걸렸다. 가끔 생각 없이 수용하기만 했던 것들의 현실을 볼 때는 완전히 어리석었다는 것을 느끼게 된다. 지금처럼. 맨움이 성적 만족을 거의 얻을 수 없을 때조차 약을 먹어야 한다는 것은 너무나 어처구니없는 일이라는 생각이 갑자기 들었다.

갑자기 그들은 "너는 성관계를 어떻게 하니?"라는 단순한 질문이 사회가 총체적으로 기능하고 있는 방식을 보여주고 있음을 깨닫게 되었다. 맨움은 약을 먹고 해로운 영향으로 고통받아야 하면서도 만족을 얻을 수는 없었던 것이었다. 맨움은 사회와 가정에서 가장 힘들고 불쾌한 일들을 하고 있지만 만족을 얻을 수 없었다. 어린 시절 그들이 약속받았던 행복과 화합 어느 것도 얻을 수가 없었다. 이런 식으로 생각하면 모든 것은 마치 맨움들에 대한 하나의 커다란 음모인 것처럼 생각되었다.

"그렇다면 아마 우리는 대신에 다른 것을 시도해 봐야 할지도 몰라." 페트로니우스는 금방 한 말을 후회했다. 우선 그는 '시도'라고 말하지 않았어야 한다고 생각했고, 또한 그가 표현하고 싶었던 것은 성적인 부분이 아니었던 것이다. 그는 굉장히 발드리안과 함께 있고 싶고 그와 이야기하고 싶고 그를 보고 싶어 한다는 것을 깨달았다. 때때로 그는 발드리안을 사랑하는 것 같았다. 그러나 그는 발드리안과 자고 싶다는 생각을 하고 있는 것은 아니며, 만일 그가 지금 그런 생각을 하고 있을지라도 그것은 그로와는 관계가 없는 것이었다. 만일 발드리안과 자고 싶다 하더라도 그것은 그로와 사랑을 할 때 오르가슴을 느끼지 못해서가 아니었다. 왜 그는 그런 말을 그렇게 무의식적으로 내뱉었을까? 결국 그게 본심이란 말인가? 그는 혼란스러웠다. 그는 발드리안이 그가 방금 했던 어리석은 제안을 무시하기를 바랐다.

"물론 그렇게 하는 사람들도 있어." 발드리안이 말했다. 그래도 페트로니우스는 발드리안이 결국 그의 어리석은 제안을 무시하지 않았음에 크게 안도했다.

"그런 사람을 아니?"

"움들만. 내가 사귀던 움들 중 두 명이 동성애자인 게 분명했어. 이상했지. 실제로 다른 누구보다도 같이 있고 싶어 했던 사람들이었어. 나는 그걸 끔찍한 일이라고 생각했지. 그녀가 내게 말했을 때는 이미 그녀와 사귀기 시작하고도 한참 지난 후였어. 나는 망연자실해졌지. 하지만 내가 할 수 있는 것은 아무것도 없었어. 나는 석 달 동안 침울해 있었고, 그때 난 나 자신이 대단히 이성애적인 맨움이라는 것을 알게 되었어. 두 달 동안 그것에만 골몰했지."

페트로니우스는 질투심을 느꼈다. 그는 움들을 질투하는 것인지 아니면 발드리안이 '해방된' 맨움이라는 사실을 질투하는 것인지 알 수 없었다. 발드리안은 매우 많은 움들과 사귀어왔다. 최근에는,

특히 맨읶 운동을 시작하고부터는 일반적으로 느슨한 관계가 되었다. 더 이상 얌전한 체해서는 안 되었다. 약간 술이 오른 그들은 서로를 바라보았다. 그들이 잔을 내려놓았을 때는 그들의 손은 거의 맞닿은 상태였다.

"너 나를 사랑하니?" 발드리안이 갑자기 물었다.

페트로니우스는 얼굴이 붉어지는 것을 느꼈고 아무 대답도 하지 못했다.

"사람들에게 우리가 팔루리안이라는 인상을 주지 않는 것이 중요해." 발드리안이 무겁게 말했다.

"나는 그로를 사랑해."

"그래, 나도 에바를 사랑해."

발드리안은 페트로니우스의 손을 아무런 뜻이 없는 것처럼 부드럽게 쓰다듬었다. 페트로니우스는 그 손길에 자신의 몸이 따뜻해지고 있음을 느꼈다.

"우리가 팔루리안이라고 생각하는 건 아니지, 그렇지?"

발드리안은 머리를 흔들었다. "그래, 팔루리안이라고 할 만한 것은 우리한테 없어. 팔루리안 맨읶은…… 잘 모르겠다…… 글쎄, 극도로 움적인 맨읶이야. 최소한 우리는 그런 건 아니야."

그들은 서로를 바라보면서 술을 마시며 그 자리에 계속 있었다. 그들은 술 한 병을 더 주문했다.

"결코 팔루리안은 아니지." 페트로니우스가 갑자기 웃었다. "그것은 전체 맨읶 운동을 갉아먹을 거야. 모든 면에서 독립하기 위해서 움들 없이 우리끼리 무언가를 하려는 시도로 보인다면 말이야."

"하지만 맨움 운동이 하려는 게 바로 그거잖아."

"아니야, 그런 건 아니잖아? 내 말은, 우리는 움들이 필요하다는 거야."

어떤 움이 그들의 자리로 와서 그들을 곁눈질로 쳐다보면서 주머니에 손을 찌르고 서 있었다. 그녀는 조금 취해 있었다. "앉아도 될까요?" 그녀가 물었다.

"그러세요." 발드리안과 페트로니우스가 동시에 말했다.

움은 발드리안 옆에 자리를 잡고 앉았다. 발드리안이 움직였다.

"보세요, 당신들 둘을 보니까 오랫동안 여기 앉아서 서로 수작 부리고 있는데, 내 생각에 당신네들 문제가 뭔지 알아요? 당신들은 맛좋은 보지 맛을 못 봤어. 그게 당신들 문제야. 내 건 끝내주게 촉촉한 건데, 정말 좋아, 수분도 많고. 한번 해볼래? 내 집은 모퉁이 돌아서 곧바로야……." 그녀는 비웃는 투로 말하고 있었다.

그녀 친구 둘이 테이블로 와서 그녀의 소매를 세차게 잡아당기기 시작했다. "가자, 터비! 게임 하러 가야지. 총각들 귀찮게 하지 말고."

터비가 갑자기 셔츠를 열어젖혔다. "한번 봐!" 그녀는 한쪽 가슴을 앞으로 쑥 내밀며 말했다. 그 위에는 발기해 있는 나체 맨움의 문신이 있었다. 그녀가 가슴을 흔들 때마다 성기가 왔다 갔다 흔들렸다. 다른 사람들이 웃고 있었다. 발드리안과 페트로니우스는 거의 동시에 일어났다. 터비는 발드리안 앞을 막고 그가 못 가게 방해하려 했다. 발드리안은 테이블을 한번에 뛰어넘어서는 도전적으로 그녀를 노려보았다.

"너희 움들은 보지가 없으면 맨움들이 할 수 없다고 생각하지!"

"알겠다! 지금 게이 바에 갈 거구나, 하느님 어머니!" 그녀는 마치 갑자기 이해가 되었다는 듯이 말했다.

"그래, 지금 갈 거다." 발드리안은 테이블에 돈을 올려놓으면서 말했다.

"오 어머니 신이여! 너희 팔루리안은 창남들이야! 너희 맨움 둘이서는 많은 것을 할 수 없지, 그렇지!"

"네가 뭘 안다고? 네가 맨움 둘이 하는 거 해보기라도 했어? 어?"

"내 말은…… 저, 내 말은…… 음…… 그러면 너희들은 그걸 어떻게 하냐?"

"인공 클리토리스를 핥고 플라스틱 가슴에 밀어 넣지. 우리는 그렇게 해."

그 움은 깜짝 놀라서 멍청히 입을 벌리고 있었다. 그것은 그녀가 상상했던 그대로였다.

페트로니우스와 발드리안은 빗속에서 웃으며 서 있었다.

"정말로 갈 거야? 게이 바에?" 페트로니우스가 물었다.

발드리안이 팔을 잡았다. "그래, 정말로 가는 거야."

그들은 킬킬 웃으며 길을 건넜다. 그들 뒤에 남겨진 움은 문 앞에 서 있었는데 다리를 벌린 채 무릎을 떨고 있었다. 비가 억수같이 쏟아지고 있어서 마치 오줌 싸는 것 같았다.

"움들은 아무 데서나 오줌을 싸. 우리는 도시 어디에서나 움들 뒤에 흐르는 강을 보잖아."

"바지에 달린 덮개만 풀면 되니까."

"우리는 훨씬 불편해."

"그래, 우리는 불편해. 훨씬 더 불편해."

"움들은 맨움들보다 훨씬 더 실용적으로 만들어져 있어." 페트로니우스가 경건하게 이야기했다. 그는 아주 즐거운 것 같았다.

"긴말할 필요 없어."

"페호를 벗어 던지자."

"맞아. 자연이 그녀의 지혜로 명하셨도다."

"아무것도 거역할 수는 없어!"

그들은 웃으며 큰 소리로 택시를 불렀다.

맨읍해방주의자의 새로운 모험

"이갈선드의 동성애자들이 모이는 곳으로요."

택시 운전사는 태연하게 보이려고 애썼다. 그녀는 생각을 하는 듯이 머리를 긁적이면서 아무 말도 하지 않았다. 전화를 건 운전사가 '동성애'라는 단어를 세 번이나 반복하고 나서야 어린 교환원은 알아들었다. 그러나 그가 그녀의 말을 처음부터 알아들었다는 것은 그의 목소리만으로도 알 수 있었다.

택시 운전사는 부둣가의 레스토랑 주소를 전해 듣고 출발했다. 택시가 그들을 내려줬던 레스토랑 앞에는 아무런 간판도 없었다. 그러나 자세히 들여다보니 문에 작은 초인종이 있었다. 그들은 문 저쪽에서 흘러나오는 음악과 목소리만을 들을 수 있을 뿐이었다. 문에는 '회원만 들어오세요.'라는 문구가 써 있었다. 초인종 위로 '파라다이스'라는 아주 작은 딱지가 붙어 있었다. 그들은 서로 팔을 어깨에 두르고 벨을 눌렀다. 잠시 후, 문에 달린 조그만 창이 날카로운 소리를 내며 열렸고 그 창으로 코와 눈이 나타났다.

"당신들 회원이에요?" 코가 물었다.

"아니에요, 하지만 우리도 참석하고 싶은데요."

"어디에 참석하고 싶단 말이오?"

"게이 클럽요."

문이 열렸고, 코의 주인인 맨움이 나타났다. 지금까지 본 맨움들 중에서 가장 이상한 맨움이었다. 그는 크고 강해 보였고 기다란 검은 바지와 페호가 없는 검은 재킷을 입고 있었다.

"나는 여기 경비원이에요." 그가 설명했다. "우리가 바람직하지 않은 것을 하고 있지 않다는 것을 확신합니다." 그는 친근하게 팔을 잡고 기다란 복도를 따라 그들을 휴게실로 안내했다.

"새 회원 두 분이야." 그가 말했다. 그러고는 자동문을 통해 사라졌다.

"제가 소지품들을 가지고 가겠습니다." 휴게실의 급사였다. 자세히 들여다보니 그녀는 분명히 움이었다. 그녀는 정말 경비원만큼이나 이상했다. 그녀는 머리를 땋았고 꽃무늬 실크 블라우스와 타이트 스커트를 입고 있었다. 그녀는 작은 걸음걸이로 코트와 옷걸이를 가지고 다니면서 카운터 뒤로 왔다 갔다 했다. 페트로니우스와 발드리안은 너무나 놀랐으나 그녀의 외모에 대해 전혀 이상한 것이 없는 것처럼 행동하려고 애썼다.

"한 명당 이십 달러불이에요."

"뭐라고요?"

"회원 등록에 십오 달러블, 휴게실 사용에 오 달러블. 그리고 이름을 알아야 하는데요, 여기다 써주세요."

그들은 '파라다이스 클럽, 한마음회'라고 쓰인 작은 분홍색 카드를 받았다. 두 명의 움이 손을 맞잡은 모양의 로고가 새겨져 있었다. 페트로니우스와 발드리안은 망설이고 있었다. 휴게실 급사는 그들을 신뢰하는 듯했다. "본명을 쓸 필요는 없어요, 아무거나 써 주세요."

그들은 'B. 라이프도터', 'P. 이브도터'라고 썼다. 그들이 생각하기에 가장 흔한 이름이었다. 급사는 카드에 도장을 찍은 후 그들에게 돌려주었다.

"전 세계 모든 게이 클럽에서 사용할 수 있습니다." 말을 마친 급사가 돌아서서는 돈을 세기 시작했다.

자동문 뒤의 방은 희미하게 불이 밝혀져 있었고, 거울, 조각품, 커튼, 호화 가구, 그림과 포스터 들로 가득 차 있었다. 그림들은 옷을 입은 움, 반라 혹은 나체 움들을 묘사하고 있었다. 가슴과 음순이 부풀어 있는 것이 강조되어 있었다. 어떤 것은 말을 타고 있는 나체의 움을 보여주고 있었다. 그리고 다른 그림에서는 꽉 끼는 바지와 반쯤 풀어놓은 셔츠를 입은 움이 발을 벌리고 서 있었다. 그림 속의 움은 고정된 시선으로 그들을 똑바로 응시하고 있었다. 그녀의 주먹은 검은 철사슬을 움켜쥐고 있었다. 세 번째 그림은 전기 자동차 옆에서 측면으로 서 있는 움을 보여주고 있었다. 빛나는 차의 곡선은 그녀의 가슴 곡선과 닮아 있었다. 그림의 대부분은 꽉 낀 바지를 입고 허리 위에는 아무것도 입지 않은, 섬세하고 부푼 가슴을 가진 젊고 아름다운 움들을 그린 것들이었다.
 아주 작은 그림에는 구식 옷을 입고 머리에는 꽃을 꽂은 두 명의 맨움이 서로 장난스럽게 웃고 있었다.
 작은 구석 방의 테이블에서 움들은 둘씩 혹은 여럿이 앉아 술을 마시며 담배를 피우고 있었다. 페트로니우스와 발드리안은 머릿가죽이 얼얼해진 것처럼 느껴졌다. 한쪽 벽을 따라 긴 바가 있었고 거기에서 움들이 흥분해 이야기를 하거나 손짓을 하고 있었다.
 "오늘 예쁜 진주를 하고 있구나, 음." 한 움이 다른 움에게 이렇게 말하는 것이 들렸다.
 "그 입술연지 어디서 구했니? 정말 너한테 잘 어울린다, 얘." 그들은 맨움들과 똑같이 잡담하고 있었다. 몇몇은 심지어 페호가 밖으로 헐렁하게 매달려 있는 타이트 스커트를 입고 있었다. 그러나 대부분은 지극히 평범하게 움의 바지와 화려한 셔츠를 입고 있었다. 많은 사람이 작은 맨움용 가방을 가지고 다녔는데 그들은 담배 케이스, 돈, 손거울 등 작은 것을 꺼내려고 몇 차례 열고 닫았다. 그러나 몇몇 움들은 단지 그들 앞에서 술을 들고 서 있었고 앞을 똑바로 쳐다보며 아무 말도 하지 않았다. 눈만 움직였다.
 페트로니우스와 발드리안은 바를 걸어 다니다가 조명을 계속 바꾸고 음악을 크게 틀어놓은 훨씬 더 큰 다른 방으로 들어갔다. 큰 댄스홀이 밴드의 리듬에 맞춰 쌍쌍이 춤을 추는 움들로 술렁이고 있었다. 그들 중 많은 사람들이 한쪽 귀에서 다른 한쪽 귀까지 머리에 고슴도치처럼 삐죽삐죽 가는 줄무늬를 낸 최신 유행의 헤어스타일을 과시하고 있었다. 그렇게라도 하지 않았다면 머리는 완전히 빡빡 민 것처럼 보였을 것이다. 그들은 새로운 스타일의 섹시한 춤을 추며 둥글게 빙빙 돌았다.

하느님 어머니! 저런 움들이 춤을 출 수 있다니! 페트로니우스와 발드리안은 엉덩이와 어깨와 다리와 팔 들의 활기차고 정돈된 움직임을 보았다. 때때로 그들은 서로 부딪치면서 가슴이 충돌했다가 다시 떨어지기도 했다. 몇몇은 매우 가까이서 춤을 추면서 서로 배를 비벼대기도 했다. 페트로니우스와 발드리안은 그들에게서 눈을 뗄 수가 없었다.

갑자기 그들은 예기치 않은 상황에 부딪쳤다. 그들 앞으로 머리를 내민 것은 보솜비 교장과 배러스커리였는데 그들은 팔짱을 끼고 있었다. 머리는 손질되어 있고 꽃분홍색 핸드백을 손에 들고 있었다. 그들은 페트로니우스와 발드리안을 뚫어지게 쳐다보다가 댄스홀에서 사라졌다.

"그런데…… 그런데…… 아닌가?"

"맞아, 맞지 않았니?"

"확실해?"

"내가…… 우리 엄마를 못 알아보겠니?"

"우리가 너무 많이 마셨다고 생각하지 않니?"

"그들은 우리를 알아보는 것 같지 않았어."

"그래, 아니면 뭐가 헛것을 본 것 같기도 하고……."

"아니면 우리가 자기 엄마도 못 알아보는 사람일지도 모르지."

"우리 이제 뭐 할까? 갈까?"

"아니, 왜 우리가 그걸 걱정해야 하니, 왜? 그게 누구였든 말야."

그들은 움들의 바다를 뚫고 지나갔다. 그러나 보솜비와 배러스 커리는 마치 댄스홀이 그들을 집어삼킨 것처럼 사라져버렸다. 댄스홀 주위의 모든 테이블은 움들로 둘러싸여 있었다.

"이 클럽은 움들뿐 아니라 맨움들도 올 수 있는 곳 아니었어?" 발드리안이 물었다.

"아마 경비원만 맨움인가 봐."

별로 우습지도 않았지만 그들은 웃고 말았다.

그들은 막 자리가 난 이인용 테이블에 앉았다. 댄스홀의 구석 자리에서 춤을 추고 있는 한 쌍의 맨움이 그제야 눈에 띄었다. 그들은 서로 밀착해 있었는데 춤추면서 지나가는 한 쌍의 움이 가끔 그들을 거칠게 밀치고 갔다.

가까이 있는 테이블에 다른 맨움들도 몇 명 있었다. 그들 중 하나가 친구의 허리를 감았다. 그 친구는 그가 하는 대로 내버려두고 그에게 기댔다. 그들은 오랫동안 열정적으로 키스했다. 가장 인기 있는 유행가 한 곡이 스피커에서 울려 나오고 있었다. "당신은 내 것이라고 말해요. 당신은 내 것이라고 말해요." 세 쌍의 맨움이 서로 옆구리를 찌르는 장난을 치고 웃으면서 댄스홀로 나왔다. 그들의 팔과 어깨는 아주 강해 보였고 몸 또한 매우 자유롭게 움직였다. 엉덩이가 앞뒤로 출렁였다. 어떤 면에서 그들의 몸은 바로 그들 자신인 것 같았다. 낯설어 보이지만 아름다운 몸이었다.

검은 재킷과 바지를 입은 맨움이 테이블 앞에 나타났다. "여기 처음이죠?"

"예." 페트로니우스와 발드리안이 고개를 끄덕였다.

"그럼 함께 춤추지 않을래요?"

페트로니우스와 발드리안은 망설이며 서로 쳐다보다가 다시 그 맨움을 보았다. "아니요, 지금 얘기하는 중이거든요."

사실 그들은 얘기하고 있지 않았다. 그들은 무엇을 하고 있는지 몰랐다.

"당황스럽게 한 것 같군요."

"아니요, 아니에요……."

"합석하는 게 방해가 될까요?"

그들은 고개를 흔들었다.

"확실해요?"

"예." 그들은 동시에 대답했다. 그 맨움은 앉아서 담배에 불을 붙였다.

"물론 우리가 이렇다는 것은 어쩔 수 없는 거예요." 그는 말했다. "약간 변태 같죠. 가끔 난 내가 맨움의 몸에 움의 영혼을 가진 것처럼 느껴져요. 나는 일할 때 페호를 입는데…… 그러나 자기 자신이 될 수 있는 장소가 한 군데라도 있다는 것은 정말 좋은 거예요. 나는 우리가 지금 이 상태로 태어났다고 생각해요……."

"그렇게 생각하세요?"

"예, 당신은 그렇다고 생각하지 않나요?"

페트로니우스와 발드리안은 서로 쳐다보는 것을 피하면서 아무 말도 하지 않았다. "제가 당신들을 방해하지 않은 게 확실하죠? 저는 가볼게요, 만일 내가……."

"아니에요, 그건 아니에요. 우리가 그렇다고는 확신하지 못해서요…….”
맨움은 웃었다.
"사람들은 게이를 떠올릴 때 머릿속에 이상한 생각을 갖고 있죠. 사람들은 우리가 고무 클리토리스와 커다란 스펀지 고무로 된 유방을 달고 다닌다고 생각해요. 그들은 우리가 움과 맨움 역할을 해야 하니까 가짜 가슴을 달고 대단한 것을 연기한다고 생각하는 거예요. 우리가 보통 사람이라는 것을 그들이 알았으면 좋겠어요."
누군가가 그들 뒤에서 웃었다. 그들은 계속 이야기했지만 웃음소리도 계속되었다. 뭐가 그렇게 우스꽝스러운 걸까? 페트로니우스와 발드리안이 보통 맨움들처럼 옷을 입고 있었지만 그렇게 우스워 보이지는 않았다. 페트로니우스와 발드리안은 주위를 둘러보았다. 노총각 올모스와 판당고가 서 있었다. 서로 꽉 껴안고서 그들을 향해 밝게 미소 짓고 있었다.
"발드리안, 페트로니우스." 판당고가 그들과 포옹했다. 그의 얼굴은 햇빛을 품고 있었다.
"우린 이걸 축하해야 해!" 노총각 올모스가 웃었다. 그는 열다섯 살은 더 어려 보였다.
"합동 결혼식인가?" 그 맨움이 일어나서 노총각 올모스에게 자기 의자를 끌어다 주었다. "축하해요. 다음에 또 만나요." 그는 가버렸다.
노총각 올모스는 의자에 앉았고 판당고는 그의 무릎 위에 앉았다.
"너희들은 우리가 나이 차이가 좀 많다고 생각하겠지……." 노총각 올모스는 다소 떠보듯이 말했다.

"그렇지만, 성차는 크지 않잖아." 판당고가 그의 입에 키스하면서 말했다. 판당고가 이렇게 행복해하는 것을 발드리안은 한 번도 본 적이 없었다.

"여기 샴페인 한 병 주세요!" 노총각 올모스가 웨이터에게 소리쳤다. 웨이터가 곧바로 메모지에 적었다. "그리고 잔 네 개랑요!" 잠시 후 되돌아온 웨이터는 노총각 올모스를 보고 웃으면서 그에게 잘 지내냐고 물었다.

"아주 환상적으로!" 그가 말했다.

웨이터는 판당고를 쳐다보았다.

"내 옛날 친구야, 판당고." 노총각 올모스가 말했다.

"만나서 반가워요." 판당고에게 손을 내밀며 웨이터가 말했다. "그를 잘 돌봐줘요. 내 이름은 모드고 리젤로의 옛 친구예요." 웨이터는 샴페인 마개를 따서 따라주고는 가버렸다.

그들은 함께 이야기를 하고 함께 건배하고 함께 웃었다. 판당고와 노총각 올모스는 그들이 사귀고 있다는 것을 아무도 모르게 하려고 할 때마다 부딪쳤던 우스운 상황들을 떠올렸다. 그러나 조만간 밝혀질 것이다. 그것에서 벗어날 길은 없었다. 맨움 운동이 영원히 팔루리안 맨움 없이 해나갈 수 있다는, 아니면 팔루리안 맨움 없이도 존재해 왔다는 환상을 계속 가지고 있을 가능성은 없었다. 팔루리안 맨움이 없다면 맨움 운동은 아무것도 못 했을 것이고 운동이 존재하지도 못했을 것이다.

맨움 목소리가 큰 스피커에서 울렸다. 맨움의 힘과 이해력에 대해 노래하는 팍스에서 온 가수의 목소리였다. 그들은 서로의 어깨를 붙잡고 댄스홀로 나가서 춤추고 노래했다. 노총각 올모스의 바리톤은 그들을 놀라게 했다. 그들은 멈춰서 그의 노래를 들었다. 그가 그렇게 멋진 목소리를 가졌다는 것을 학교에서는 누가 알까? 학교에서는 에그가 항상 노래를 선창했다. 종업식 날 그녀는 높은 가성으로 지치지도 않고 "나의 어머니의 땅…… 용감한 자의 집."이라는 노래를 불렀다.

음악이 그쳤다.

발드리안은 페트로니우스의 어깨를 잡고 반쯤 취해서 눈물이 글썽거리는 반짝이는 눈으로 그를 보았다. "이걸 하려고 우리가 여기에 온 것 아니니?" 그는 페트로니우스를 끌어당겨서 그에게 키스했다. 그들은 웃었고 서로 팔을 두르고 안고 키스했다가 웃었다가 그랬다. 아니, 가능하잖아? 이게 그런 것이었나? 그것은 믿을 수 없는 놀라운 감정이었다. 그들은 거의 서로를 쳐다보지 못했다. 그들은 서로 꼭 껴안고서 온몸으로 웃으면서 완전히 아찔해진 느낌이었다. 그들은 자신들이 어디 있는지 잊고 있었다. 포옹을 한 채 무중력 상태로 마치 대기의 상층권으로 들어 올려진 느낌이었다. 그것은 그들의 지루한 젊은 시절 전체를 통틀어 단 한 번도 경험한 적이 없었던 것이었다.

"이제 마지막 왈츠입니다." 맨옴의 옷을 입고 가발을 쓴 디제이가 마이크를 입에 갖다 대었다. "오늘 밤의 마지막 기회. 움프레드움이 노래합니다……." 음악은 이미 시작되고 있었다. "……내가 기다린 것은 너였어."

두 쌍, 페트로니우스와 발드리안, 노총각 올모스와 판당고가 음악에 맞춰 춤을 췄다.

이게 그런 거라구? 이런 게? 자신의 몸이 다른 맨움의 몸을 느끼는 것? 왜 전에는 그렇게 하지 않았지? 나를 감싸고 있는 그의 팔, 반쯤 어두운 곳의 음악, 세상의 모든 것이 좋아. 발드리안, 넌 아름다워. 발드리안, 난 너와 함께 있고 싶어.

불이 들어왔고 눈이 부셨다. 그들은 서로 평소의 얼굴과 마주쳤다. 그들은 고개를 숙였다. 벌써 갈 시간인가? 그래, 갈 시간이야. 그들은 코트를 가지러 갔다. 움들은 밀고 소리치고 먼저 찾아가려고 아우성이었다.

그리고 나서 그들은 다시 거리에 나와 있었다. 그런 곳이 있었다는 어떤 흔적도 없었다. 그들은 길바닥을 내려다보았다. 각자 꽃분홍색 핸드백을 든 나이 든 움 커플이 모퉁이로 사라졌다.

"그런데, 아니었나······."

"······우리가 잘못 본 건가?"

페트로니우스는 발드리안의 손이 자신의 손에 비해 따뜻하다고 느꼈다. 노총각 올모스와 판당고는 종종걸음으로 뛰어갔다. 그들은 키스하느라고 잠시 발걸음을 멈췄다. 그들은 두 개의 보름달처럼 쾌활하고 행복하게 빛을 발하면서 서 있었다.

"저녁 식사가 기다리고 있어!" 노총각 올모스가 고함을 질렀다.

그들은 팔짱을 끼고 걸었다. 네 사람 모두 문힐의 하얀 집으로 올라가고 있었다.

엄마의 정당한 분노

"나는 네가 무슨 얘기를 하고 있는지 알 수가 없구나." 브램이 거실을 왔다 갔다 하면서 말했다. "더 이상 성차별은 없잖아. 마음만 먹는다면 맨움들도 움들과 똑같이 할 수 있어."

"원칙적으로 이갈리아에서는 모든 사람들이 동등하게 되는 것을 방해하는 것은 아무것도 없어. 데모스 산의 법을 제정하는 어머니는 엄정한 평등주의적 헌법을 제정했고, 헌법에서는 모든 것에 대한 모든 사람의 권리가 항상 엄격하게 지켜지지.

오늘날 움들이 맨움들이 갖고 있지 않은 권리를 가질 수 있니? 맨움은 노력하기만 하면 무엇이든 원하는 것이 될 수 있어. 그러나 그들은 노력이 부족한 거야. 맨움들은 의지력이 없어!" 루스 브램은 맨움들의 의지력이 부족하다는 것을 자신에게 재확인시키기 위해 약간의 시간이 필요한 듯 잠시 멈췄다. "맨움들이 가장 원하던 것은 집에 있는 것이야. 그리고 그렇게 하도록 해주었어. 그런데 왜 이제 너와 너희 맘움 운동은 모든 것을 혼란스럽게 하고 맘움들이 죄의식을 느끼도록, 또는 그들의 일이 가치가 없다고 느끼도록 하는 거냐? 맘움들이 해왔던 일은 실제로 움들이 했던 것보다 천 배나 더 가치 있는 거야. 천 배나 말이야, 페트로니우스. 나처럼 서류를 다발로 분류하거나 모임에 가거나 나라를 위해 중요한 결정을 하는 데 시간을 보내는 것보다는 훨씬 더 가치 있지. 그리고 건설적이고. 아무튼 맘움들은 아이들을 더 잘 본단 말이야."

"만일 그렇게 가치 있다면 맘움들이 하는 일에 왜 대가를 지불하지 않을까요?" 그것은 막 머리에 떠오른 생각일 뿐이었다. 전에는 그렇게 생각해 본 적이 없었다.

브램은 잠시 동안 그 생각에 어이없어 말을 하지 못했다. 침묵이 이어졌다.

그러나 침묵의 순간에도 그녀는 페트로니우스의 말을 논박할 무수한 주장들을 떠올렸다. "대가가 지불되어야 한다고? 넌 정말 미쳤구나. 대가를 지불하라고? 참 내! 설사 그것을 요청한다고 하더라도 돈은 어디서 나온단 말이냐? 아무튼 맘움들은 대가를 지불받고 있어. 그렇지 않니? 그들은 밥 먹지 않니? 그들은 편안한 침대에서 자고 안이한 인생을 즐기지 않아? 응? 그들은 사실 이중으로 대가를 지불받고 있어. 보호와 사랑과 따뜻함의 형식으로. 어쨌든 하우스바운드들을 집이라는 편안한 안식처로부터 해방시키기를 원하는 네가 가사 노동에 대한 지불을 주장한다는 것은 어불성설이다. 그러면 그들 하우스바운드들은 집에 머물러 있기를 원할 거야.

그런데 이제 와서 지불이라니! 안 돼, 너 정말 제정신이 아니구나."
페트로니우스는 자신이 너무 지나친 것 같다고 생각했다. 단지 지나가는 생각이었을 뿐이었는데. 그것은 그녀의 말에 대답하기 위해서 그가 매달렸던 어리석은 생각이었다. 그는 논박할 거리를 찾았다. "하지만…… 하지만…… 노동자들은 어때요?" 그는 그 생각이 난 것에 안도하면서 물었다. "엄마는 마치 모든 사람들이 상층계급인 것처럼 말하고 있어요. 빈민가에 사는 맴웁들은 매일 일하러 나가요. 집에 돌아와서는 아이들을 돌보기까지 하구요. 그들은 어떻게 하죠? 그들이 대다수를 차지하고 있는데요. 그들이 엄마가 말하고 있는 것의 함의를 알아차리고 어느 날 일을 끝내고 들어오면서 '맞아, 집에 남아서 아이들을 돌보는 것이 더 가치 있고 건설적이기 때문에 나는 일하러 가지 않겠어.'라고 말한다면 어떻게 되겠어요? 물론 그들이 그렇게 한다면 생활비를 벌 수가 없겠지요. 물론 먹을 것이 없다면 그들은 죽을 거예요. 그러나 그게 무슨 문제가 되겠어요? 그들이 하고 있는 일이 건설적이고 가치 있기만 하다면요."

브램은 페트로니우스의 모순을 놓치고 있었다. "그래, 노동자계급이 그렇게 힘들게 일해야 한다는 것은 아주 유감스러운 일이지." 그들은 거기서 완전한 의견 일치를 보고 있었고 페트로니우스도 그렇다고 생각했다.

"그런데 그 일을 책임지고 있는 사람은 누구죠?" 페트로니우스가 의기양양하게 물었다. "세탁부에서 수선부까지 관리자, 감시자, 감독자는 모두……."

"좋아, 좋아, 좋아, 좋아, 좋다니까!" 브램은 관리자가 주로 움들로 구성되어 있다는 것을 알고 있었으므로 말할 필요는 없었다. "하지만 움과 맨움의 근본적인 본성의 차이를 이해할 때까지는 사회적으로 정당하고 정확한 성별 노동 분업이 이루어지기를 바랄 수가 없어."

"하지만 성별에 근거해서 노동 분업이 이루어져야 한다고 누가 말했어요?" 페트로니우스는 포기하지 않았다.

여기서 루스 브램은 웃고 말했다. 그녀는 전 역사가 그것을 증명하고 있음을, 그래서 그것이 바람직한지 아닌지 물어볼 여지조차 없음을 참을성 있게 설명했다. 그의 대답이 없자 그녀는 그것을 마침내 그가 논쟁에서 지쳤음을 표시하는 것으로 받아들였다. 그녀는 좀 더 조용하게 말하기 시작했다.

"너는 정말 착해. 진심으로 엄마가 옳다는 것을 알았으면 한다. 왜냐하면 너는 어리석지는 않으니까. 따라서 네가 어느 정도 저항한다는 것은 그리 놀라운 일은 아니야. 넌 세상을 자신의 의지대로 살아나가야 해." 그녀는 그에게 다가가 어깨에 손을 얹었다.

"그렇지만 나는 감명을 받았어, 페트로니우스." 그녀는 진지하고 사랑스럽게 그의 눈을 똑바로 보며 말했다. "너 혼자 그렇게 많은 생각을 하고 있다는 것이 대견하구나. 무엇인가에 대해 너 자신의 견해를 만들고 있다는 것이……."

이갈리아 선거와
맨움의 과감한 진출

그해 봄, 이갈리아는 정치적 열기로 몹시 들떠 있었다. 고용 상황 때문에 국회의장이 총선거를 공표할 수밖에 없었다. 투표용지에 나타난 정당은 무려 여덟 개나 되어 분열을 선명하게 드러냈다. 오래된 정당들로서는 민주이갈리아, 대중평등당, 이갈리아 민중당, 이갈리아 민주주의연맹, 이갈리아 민주당 들이 있었다. 민주이갈리아와 이갈리아 민주당은 한 문제를 놓고 서로 대립하고 있었는데 이 두 정당은 전통 있는 정당들 중에서 좌익과 우익을 각각 대변하고 있었다. 그에 덧붙여 새로운 정당도 나타났는데, 스파크스주의 활동가들의 정당인 숏컷이 그것이었다. 반대파에 따르면 그들은 중앙정부 산하의 모든 공공 건물은 민중들에게는 어떤 이익도 가져다주지 않으므로 폭파해야 한다고 주장했다고 한다.

근래에 종교 정당 '도나 제시카의 메시지(DJM)'는 잘나가고 있었다. 그 당은 도덕과 절제, 겸손 그리고 어머니 나라의 근본적인 가치에 더욱 전념하자는 캠페인을 벌이고 있었다. 현재의 권력 상태의 균형을 깰 힘은 이 정당에 있었다.

선거가 시작되기 직전 전화당이라는 여덟 번째 정당이 등장했다. 그들은 모든 정치적 결정이 전화로 이뤄질 수 있도록 전화 체계의 확장을 제창했다. 전화당이 속해 있는 정치적 스펙트럼이 어디인지, 그들 강령에 대한 대중들의 반응이 어떨지는 아직 명확하지 않았다. 전화당은 당기관지 《따르릉》에서 자신들의 견해를 피력했다. 특정 이익을 대변했던 이전의 정당들, 어부당이나 상업연합은 이미 시대착오적이었기 때문에 이번 선거에서는 탈락했다.

투표 방식은 이미 오래전에 합리적으로 되었다. 정부에서 선발한 전문가 집단이 전 국민을 대표하는 대의 체계에 따라 약 천 명의 명단을 뽑는다. 학자들은 백 퍼센트 확실한 대표 선발에 이르는 방법을 연구해 왔다. 그래서 이제는 전체 국민의 의견을 일일이 묻는 수고를 할 필요가 없게 되었다.

대체로 평균적인 이갈리아인은 자신의 견해가 이런 방식으로 의회에서 대변되는 것에 만족해했다. 어쨌든 이전의 체계보다는 보다 나은 것이었다. 매우 나이 든 사람들은 정당 운동원들이 집집마다 터벅거리고 돌아다니면서 각 가정의 어머니에게 자신들의 정당에 투표하라고 요구했던 일을 기억하고 있다. 이전에는 이런 체계 때문에 선거가 며칠 동안이나 계속되었다.

게다가 이갈리아 맨움연합의 나이 든 맨움해방주의자들이 이러한 방법에 이의를 제기한 바 있었다. 그들은 가정의 가장에게만 질문하는 것은 불공평하며 맨움 또한 응답할 수 있는 권리를 가져야 한다고 주장했다. 새로운 체계에서 맨움들은 움들과 동등한 선거권을 획득했다.

그러나 선거 체계에서의 '맨움에 대한 차별' 문제로 오랫동안 싸워왔던 맨움해방연맹의 한 집단은 현재까지도 맨움 선거권이 움의 선거권과 동등하지는 않다고 주장했다. 일 년간 이 집단은 지난 십 년 동안 이갈리아에서 치른 선거를 연구했는데, 매 선거에서 대략 움 750명과 맨움 250명이 당선되었다고 밝혔다. 그리고 그들은 "그것이 바로 전문가위원회의 움이 대의제 선거라고 부르는 것이다!"라고 사람들에게 말했다. 그들은 이 현상에 대해 장문의 논문을 작성해서 《이갈선드 타임스》에 보냈다. 그러나 그 기사는 거절 당했다. '편집자는 당신들의 논문을 큰 관심을 갖고 읽었습니다.' '당신들은 꽤 흥미있는 자료를 만들었습니다. 그러나 선거 유세가 지금까지 많이 진행된 상태이므로 당신들의 발견이 뉴스 가치를 가질지는 의심스럽습니다. 우리 신문은 시사적인 자료에 우위를 둡니다.' 쪽지에는 이렇게 쓰여 있었다.

그렇지만 여러 정당 활동가들은 맨움해방주의자들이 가만히 침묵만 지키고 있지는 않을 것임을 알고 있었다.

맨움해방주의의 이슈는 여러 해 동안 이야기되어 왔으므로 모든 정당들은 자신들이 선거에서 신뢰를 얻기 위해서는 그 이슈들에 관심이 있다는 인상을 주는 것이 중요하다는 것을 깨달았다. 그 때문에 그들은 단지 투표용지에 움의 이름만 올리는 것은 피하려고 노력했다. 물론 그것이 항상 가능한 것은 아니었지만. "이갈선드는 하루 아침에 건설되지 않았다."고 사람들은 말한다. 그리고 맨움의 해방도 마찬가지다. 정당들은 다양한 맨움해방주의자들에게 귀 기울이는 것이 재미있다는 것을 알았다. 그리고 그들은 맨움해방주의의 주장 중 어떤 것이 자신들의 정당 강령과 양립할 수 있는가를 연구했다. 양립하는 경우, 그들은 할 수 있는 한 많은 것을 만들어냈다. 때때로 그들은 정당 토론에서 맨움해방주의자가 제기했던 문제들을 채택하기도 했다. 그들이 가장 많이 의견을 들었던 집단은 이갈리아 맨움연합으로, 그들은 여러 세대에 걸쳐 맨움해방주의의 대의를 위해 싸워왔다. 한 예로, 이갈리아 맨움연합은 오십 년이 넘게 지속적이면서도 성실하게 맨움에 대한 직업 차별에 반대하는 캠페인을 전개해 왔다. 정당 지도자들의 생각으로는 그들은 그것만으로도 존경받을 만했다. ("다행히도, 아무런 효과도 없지만 말야." 바가 말했다.) 이갈리아 맨움연합은 최근에 결성된 맨움해방연맹보다는 좀 더 온건한 것 같았다.

천 명의 투표인단이 받는 투표용지에는 모든 입후보자와 그들을 공천한 정당의 이름이 쓰여 있었다. 각 정당은 미래의 정책에 대한 의견을 듣기 위해 많은 설문 문항을 만들었다. 예를 들어 '정부는 무엇에 좀 더 많은 돈을 배치해야 하는가? 가) 탄생 궁전, 나) 미보호 아버지에 대한 사회보호, 다) 월경축제.' 또는 '어느 곳에 정부의 경비가 초과되었는가? 가) 부성국, 나) 미보호 아버지에 대한 사회보호, 다) 주택 개선.' 혹은 '인구 감소를 막기 위해 무엇을 해야 하는가? 가) 임신 수당 인상, 나) 긴 휴가, 다) 첫아이에 대한 보너스.' 이런 방식으로 사람들은 모든 시사적인 문제들에 대해 자기 견해를 표명할 수 있었다. 각 정당들은 그들이 냈던 문항들에 대한 응답을 거두어들였다. 그리고 이후 의회 토론 때, 탄생 궁전에 대한 경비 인상을 주장했던 정당의 대변인은 당 지지자의 칠십이 퍼센트가 그 안에 찬성했음을 내세웠다. 이것은 주장을 비중 있게 뒷받침했고, 여론화하는 데 항상 이 방법이 애용됐다.

맨움해방연맹은 하나의 정당으로 존재하지는 않았다. 대신에 자신의 관점을 가지고 모든 정당에 영향을 끼치려고 노력했다. 이를 두고 여론이 분분했는데, 그 이유는 많은 맨움해방주의자의 정치적 배경이 숏컷이었기 때문이었다. 그들은 원칙적으로 전체 사회는 아래로부터 변화되어야 하며 노동계급이 해방되기 전에는 어떤 맨움해방도 가능하지 않다는 생각을 갖고 있었다. 이에 대해 숏컷에서의 어떠한 경험도 없는 이들은 다음과 같이 응수했다. "노동계급을 실제로 구성하는 것은 무엇인가? 주로 맨움이 아닌가? 팔루리아와 그 노동 집단 안에서 일하는 맨움들 말이다." 철저한 연구를 통해 그들은 사실상 맨움이 움보다 일을 세 배 더 많이 하고, 모든 임금 수준에서 돈을 훨씬 적게 받는다는 것을 발견했다. 몇몇 맨움이 고위직을 차지했다고 해서 그런 사실을 부정할 수는 없었다. 그리고 평범한 직업을 가진 대부분의 맨움들은 어떠한가? 아내가 아이를 가지면 그들은 직업을 포기해야 하지 않는가? 아이가 젖 먹는 동안 일을 계속해 나가는 맨움을 본 적이 있는가?

숏컷 출신의 몇몇 맨움은 그들이 당에서 일하는 동안 전혀 마음에 들지 않는 일도 모두 해야 했다는 것을 인정했다. 그들은 맨움 집단 내에서 좀 더 상세히 토론할 때 이를 시인했다. 그래서 공식적인 토론에서는 아무도 주목하지 않았던 많은 것들이 그 과정에서 드러났다. 예를 들어 그들에게는 바닥 닦는 일이 주어졌다. 바닥 닦는 일은 가장 힘든 일 가운데 하나라고 정당의 한 거물급 인사가 말했고, 그래서 맨움이 그 일을 하는 것은 매우 자연스럽게 되었다. 맨움이 닦는 바닥이 많으면 많을수록, 그들은 정치적 문제에는 점점 덜 참여하게 되었고 결의, 공천, 제안, 분석에 대해 잘 모르게 되어 바닥을 닦는 이외의 다른 무언가를 할 수 있다는 자신감을 점점 더 잃어갔다. 물론 바닥은 닦아야만 한다. 그리고 숏컷의 이데올로기에 따르면 모든 노동은 평등한 가치를 가진다. 사실상 바닥 닦는 것이 그렇게 하찮은 가치를 지닌다는 것은 소위 이갈리아 특권층이 만들어낸 것이다. 그 때문에 바닥을 여러 해 동안 닦은 후 커다란 맨움 집단은 정당으로부터 떨어져 나와 맨움 운동과 결합했다.

 그들의 주요한 요구는 아이를 돌보는 것과 관련되어 있었다. '결국, 아이를 낳는 것은 움이다.'라는 슬로건은 사람들을 매우 유쾌하게 했다─그러나 적어도 운동 진영의 일부에서는, 그 슬로건을 움에 대한 증오의 표현이라며 거부했다. 그들은 움이 맨움에게 했던 잘못을 그대로 되풀이하고 싶지 않았다. 몇몇 사람은 그런 슬로건은 맨움이 아이를 돌보아야 한다는 것을 더욱 강조하는 것이라고 강력하게 주장했다. 많은 사람들이 이 말에 동감했다.

 대신 '움의 지배를 타도하자.'라는 슬로건이, 비록 많은 사람들이 진부하다고 생각했지만 채택되었다. 한 독창적인 사람이 '엄마(Mum)는 어디에?'라는 슬로건을 생각해 냈다. '엄마'라는 단어가 어떤 식으로든 아이를 돌보는 것과 연결될 수 있을지 확신은 못 하지만,

이 슬로건이 감정적인 호소를 하리라고 기대했다. 그들 요구의 가장 기본적인 전제는 아이는 부모 두 사람의 책임이어야 한다는 것이다. 아이는 아버지와 어머니 두 사람의 산물이라고 그들은 선언했다. 어머니가 아이를 임신하고 젖 먹이는 일을 하기 때문에 아버지는 아이가 태어난 후 아이를 돌보아야 한다는 것은 지극히 당연했다. 그러나 나머지 인생 동안 왜 맨움은 그 일을 계속해야만 하는가? 아이가 두 살이 되면 아이의 부모는 일하는 것과 아이를 돌보는 일을 똑같이 공유해야 한다. 어떤 맨움들은 아버지가 아홉 달 삼 주 동안 아이를 돌봐야 하고 그런 후에는 부모가 똑같은 책임을 져야 한다고 주장했다. 그들은 몸 안에 아이를 갖고 있는 것과 태어난 후에 돌보는 것이 똑같다고는 할 수 없다고 강력하게 주장했다. 전자는 후자에 비해 좀 더 많은 부담을 지는 것이고 또한 아주 다른 방식의 부담이다. 출생 후 아버지가 아이를 돌보는 기간은 그러므로 적어도 임신 기간의 두 배여야 한다는 것이었다.

이것은 맨움해방연맹 안에서 오랫동안 논의되었다. 아홉 달을 주장하는 제안자들은 화가 나서 다른 사람들에게 임신이 실제로 그렇게 엄청나게 힘든 일인지 어떻게 아느냐고 물었다. 임신해 봤느냐? 어머니가 된다는 게 어떤 것인지를 맨움이 어떻게 알 수 있는가? 다른 사람들은 이 주장이 그럴듯하다고 생각하면서 잠시 이 주장에 대해 숙고하였다. 사실상 맨움은 임신에 대해 아무것도 아는 게 없었다. 아홉 달 파의 한 사람이 일어나서 임신 전체의 의미가 많이 과장된 것일지도 모른다고 말했다. 그는 좀 더 나아가서 몸 안에서 아이를 돌보는 것보다 태어난 후에 돌보는 것이 더 힘들다고 주장했다. 아버지는 아이와 놀아주고 보살펴주느라고 스물네 시간 내내 붙어 있어야 한다는 것을 생각해 보라. 그리고 어머니처럼 정해진 노동 시간이 없다는 것은 말할 필요도 없다. 그런 일에 대해 임금을 지불받지도 않는다.

가사 노동에 대해 임금을 지불해야 한다는 제안은 실제로 커다란 파장을 일으켰다. 물론 맨움이 움과 아이들을 사랑하기 때문에 자발적으로 한 일에 대해 맨움이 돈을 받아야 한다고 심각하게 제안할 수 있는 사람은 아무도 없었다! 그렇다. 그러나 아버지가 아내와 아이들을 사랑하는 것과 상관없이 그것은 여전히 일이었다. 아니, 차라리 그들이 나가서 적당한 직업을 가지는 게 더 나았다. 그것이 바로 맨움해방주의가 맨움 운동에서 싸워 얻어야 하는 것이다. 맨움을 집에 붙어 있게 하는 것이 그들의 목표가 될 수는 없었다. 여기서 토론은 어느 정도 소강상태를 맞았다. 모든 사람들은 임금 지불이 맨움 운동의 목적이 아니라는 데 동의했다. 사실 임금 지불이라는 아이디어는 현실적이고 구체적으로 제안하기 위한 것은 아니었다. 그것은 오직 맨움이 무임금으로 노동하고 있다는 사실을 지적하고 강조하기 위한 수단으로서 제기되었던 것이다.

그다음으로 아버지는 최대 이 년 동안만 아이를 돌보도록 하자는 요구가 나왔다.

이것은 맨움 운동에 반대하는 흐름을 불러일으켰다. 아이가 아버지의 보살핌 속에서 가장 잘 자란다는 사실은 모든 이들이 아는 바라고 그들은 말했다. 예를 들어 스파크스주의자들은 "그것은 경험적인 사실이며 당연한 것이다."라고 말했다. "어머니를 찾으면서

우는 아이를 본 적이 있는가?"

이즈음 맨움의 본성도 다루어지기 시작했다. 여러 심리학자들이 연구를 진행했고, 연구물 모두는 만일 아버지가 생후 오 년 동안 아이와 함께 있지 않으면 아이들은 불안해하며 환경에 잘 적응하지 못한다는 것을 보여주는 것들이었다. 사회학쪽 연구물들도 똑같은 결론을 도출해 냈다. 팔루리안 구역 너머 오지 안에 살고 있는 고로마이트 원숭이들에 대한 동물학 연구도 어린 원숭이는 아버지가 사라지면 '죽는다'는 것을 보여주었다. 이전까지는 비정치적이어서 선거 토론에도 참여하지 않던 주간지들까지 아버지의 턱수염을 가지고 놀거나 아버지의 팔에 안겨 잠들어 있는 어린아이들의 사진을 실어 이러한 견해를 지지했다. 아버지의 팔 안에서 평화스럽고 만족스럽게 자고 있는 작고 통통한, 복숭아빛 살결을 가진 아이의 이미지는 항상 따뜻함과 안전함을 느끼게 했다. 그리고 이 사회 체계의 가치들은 그러한 감정에 바탕을 두고 있다는 것이었다.

맨움 운동은 이 점에 대해 동요하지 않았고 맨움 본성에 대한 모든 이야기를 부인했다. 그런 연구는 이 사회가 움이 지배하는 사회라는 사실 그 자체를 명백하게 보여주는 것일 뿐이다. 그리고 움인 연구자들이 어떻게 부성 본능에 대해 말할 수 있겠는가? ("팔루리안인 맨움해방주의자 또한 어떻게 부성 본능에 대해 말할 수 있겠어?" 바가 물었다.)

한 성(움)에 의해 통치되고 지배받는 사회 안에서 오랫동안 살아왔기 때문에 '맨움의 본성' 혹은 '움의 본성'과 같은 개념을 사용하는 것은 모순이라고 맨움들은 주장했다. 한 성이 다른 성에 권력을 휘두르고 있는 한, 양성 간에 실제로 어떤 차이가—심리학적으로—존재하는지 규명할 수는 없다는 것이다.

그들이 주요하게 주장하는 다른 요구는 노동 집단과 다른 직업 간의 사회적인 성별 분업이 철폐되어야 하며, 그래서 양성 간의 기회균등 원칙이 효력을 발휘해야 한다는 것이었다. 움이 맨움보다 더 좋은 직업에서 많은 비율을 차지하고 있었다. 맨움 운동은 기회균등의 원칙을 실현하기 위해 노력하는 과정에서 맨움들이 엄청난 어려움에 부딪친다는 것을 잘 알고 있다. 맨움들 대부분은 아버지가 된다는 사실 때문에—보호를 받든 안 받든—더 나은 직업을 얻기 위한 어떠한 고등 교육의 혜택도 받을 수 없었다. 그리고 움들이 맨움들보다 더 능력 있다고 믿는 맨움들은 맨움 운동 내에도 많이 있었다.

그러나 그들은 적어도 맨움 차별이 최악으로 드러나는, 보호받지 못하는 아버지에 대해서는 문제를 제기할 수 있었다. '보호받지 못하는 아버지를 원조하라!'는 주장은 맨움 운동의 범위를 넘어서서 광범위한 공감을 얻었다. 몇몇 정당은 이를 자기 당의 강령으로 채택했다. 보호받지 못하는 아버지가 겪는 궁핍은 엄청났다. 그 점에는 모두 동의했다.

그러나 다른 한편 '강제적인 등록을 폐지하라!'와 'P-카드를 폐기하라!'는 주장은 매우 커다란 반발을 일으켰다. 피임이 맨움의 책임이라는 것은 자명했다. 맨움이 섹스를 할 때 사정할지도 모를 위험이 늘 있기 때문에, 성관계로부터 아이가 생기지 않게 하는 것은 맨움에게 달려 있다는 사실이 당연하게 받아들여졌다. 물론 움의 성적 욕망은 아이가 생기는 것과는 어떤 관계도 없었다. 움이 임신을 원할 때는 파트너에게 임신이 성교의 목적임을 늘 분명하게 밝힌다. 그와 반대로 맨움은 성적 욕망과 수태와의 차이를 구별할 만한 능력이 부족했다. 그것은 순전히 생리학적인 현상이었다. "우리는 그러한 능력이 부족하기 때문에, 늘 좀 어리석다고 여겨지지." 페트로니우스의 말이다.

그와 발드리안은 달의 움이라는 선술집에서 속깊은 대화를 나눈 뒤 맨움 운동 내부에서 성관계에 대한 문제를 제기하였다. 이것은 맨움 집단의 의식화 토론을 많이 야기했다. 움들이 정액을 혐오하기 때문에 맨움이 섹스에서 완전한 즐거움을 얻을 수 없다는 것을 토론하였다. 페트로니우스와 발드리안처럼 대부분의 맨움은 질 안에 페니스를 집어넣고 사정하는 것을 좋아한다. 그러나 만일 맨움들이 실제로 이러하다는 것이 일반적으로 받아들여진다면, 그것이 그들에게 불리하게 이용될 수도 있다는 것을 그들은 매우 잘 알고 있었다. "만일 맨움이 그러한 야만적인 방법으로만 섹스를 즐긴다는 게 사실이라면, 피임을 책임져야 하는 것은 바로 맨움이라는 사실이 더욱 분명해진다."고 사람들은 말할 것이다.

그러나 질 안에다 사정을 해본 적도 거의 없고 오르가슴에 도달하기도 힘든데 자신들이 피임약을 먹어야만 한다는 것이 얼마나 비합리적인가를 점점 더 많은 맨움들이 깨닫기 시작하였다. 사실상 이것은 모든 움과 맨움이 다 알고 있던 것이다. 단지 말하지 않았을 뿐. 의회 위원회는 이미 칠 년 전에 이 문제에 대해 연구한 바 있었지만 아직도 보고서를 제출하지 않고 있었다.

그래서 맨움 운동은 'P-카드를 폐기하라!'는 요구가 정당한 것임을 자신하고 있었다―이에 대한 이유야 무엇이든. 모든 사람들은 사춘기가 되면 'P-카드'를 받게 된다. 그것은 그가 피임약을 복용했다는 것을 입증하는 증명서 같은 것이었다. 한 달 내내 지속되는 알약이어서 대부분 월(月) 카드를 선호했다. 그들은 공중 피임 등록사무소에 등록하는데, 두 명의 움 사무원 앞에서 알약을 먹으면 그들이 카드에 도장을 찍어준다. 카드 사무소는 부성국 산하에 있었다. 한 움이 와서 어떤 맨움에 의해 임신을 하게 되었다고 하면, 부성국은 그 맨움이 문제의 그 기간 동안에 P등록이 되었는지를 쉽게 확인할 수 있다. 만일 그가 등록이 되어 있다면 움의 발언은 신뢰를 얻지 못했다. 아이를 원하는 맨움은 정자 제공자로 등록할 수 있었다. 만일 맨움이 정자 제공자로 등록되어 있는 기간 동안 움이 그를 아버지로 지목한다면 그는 책임을 부인하기가 매우 어려워진다. 그는 자기가 아이의 아버지가 아님을 증명할 수 있는 목격자를 내세워야 한다. "어떻게 일어나지도 않은 일에 대해 목격자를 만들 수 있는가?" 맨움해방주의자들의 절망스러운 물음이다.

맨움 운동은 이제 피임약을 복용하는 것은 자유의지의 문제여야 한다고 말하고 있었다. 그것은 움과 맨움 사이의 신뢰의 문제여야 한다는 것이었다. 예를 들어 움이 맨움이 피임약을 먹는 것을 볼 수 있도록 요구할 수 있다면 문제는 없을 것이다. 그러나 이 제안을 들은 움은 비웃었다. "한 번을 짧게 즐기기 위해 한 달 내내, 맨움과의 관계를 유지해야만 한다는 건가?"

당선되면 이 요구를 지지하겠다고 약속한 의원 입후보자는 거의 없었다. 그저 이 문제를 조사하겠다, 그것은 크고 복잡한 문제이지만 분명하게 조사하겠다라고만 말하는 정도였다.

맴움해방주의 내 한 그룹은 선거 유세 기간 도나 제시카의 메시지에 비밀스럽게 침투하기 시작했다. 이것은 맴움 운동 전체에서 내린 결정이 아니었다―사실은 몇 명만이 알고 있는 일이었다. 그들은 그 당의 선거 회합에 복고풍의 맴움 복장을 훌륭하게 차려입고 나가서는, 「어머니 나라 찬미가」를 부르며 찬송 모임과 기도회에 참가했다. 고위 성직자 모임에서 부드러운 미소를 띠고 커피와 과자를 먹으며 도나 제시카의 메시지는 사람들의 지지를 얻을 것이며 도덕적 태도를 지닌 정당이 존재한다는 것에 얼마나 안심이 되는지, 자신들이 볼 때 그것이 얼마나 중요한지를 말했다. 사회에는 수많은 방탕한 풍조가 있다고, 새끼손가락을 펴 잔을 잡고 커피를 홀짝이면서 말했다. 그러고선 맴움 운동을 끌어들이라고 말했다. 만일 그런 문란한 흐름에 맞서고자 한다면 그 선두는 광범위한 지지를 바탕으로 한 안정된 것이어야 한다고 말했다. 그러고 나서 그들은 아름다운 찬미가 「제시카, 움의 욕망의 기쁨」을 열광적으로 함께 불렀다.

도나 제시카의 메시지가 이러한 풍조에 맞서는 최선의 방법은 맴움의 바람으로―맴움의 주장을 정확히 채택하고 맴움을 입후보자로 많이 내보내어―기선을 잡는 것이라고 생각하지 않나요? 그들은 "내 몸과 영혼은 그대와 결합하네."의 첫 번째 후렴구가 잦아들었을 때 이렇게 물었다. 그렇게 하면 맴움들에게 또한 그 나머지 사람들에게 도나 제시카의 메시지는 적어도 맴움에 대한 편견을 가지고 있지 않다는 것을 증명하게 될 거예요. 파티에 참석한 고위 성직자들은 자신이 도나 제시카의 몸과 마음에 결합되었다는 생각에 이미 더없이 행복하고 흥분한 상태여서, 그것이 받아들일 만한 매우 좋은 생각인 것 같다고 말했다. 문제는 그들이 맨움에 대해 편견을 갖고 있는 것이 아니라 오히려 맨움들 자신이 편견을 갖고 있는 것이라고 그들은 말했다. 문제는 우리 당에 활동적인 맨움이 거의 없다는 데 있어요. 아하, 그렇다면 바닥을 청소하고 다른 사소한 잡일을 하는 맨움도 거의 없겠군요? 맨움해방주의자들은 우호적으로 말했다. 예, 그렇지요. 그런 상황입니다. 그 문제는 해결될 수 있어요. 도나 제시카의 메시지의 내용을 지지하는 능동적이고 의지가 있는 맨움들을 찾는 것은 어렵지 않을 거예요. 그래요, 맞아요. 물론 그럴 수 있지만 우선 어느 정도 당에서 활동한 사람이어야 합니다. 물론이죠. 저희들은 당 회합에도 나오고 꽤 오랫동안 지역 활동에 열심히 참여한 맨움들을 많이 알고 있었요. 아마도 그런 맨움들이 도움이 되지 않겠어요?

조사해 보니 실제로 꽤 많은 맨움이 최근까지 매우 열심히 활동해 왔음이 판명되었고 이들은 매우 능력 있고 믿을 수 있는 사람임이 증명되었다. 이제 행동을 해야 할 시간이 왔다. 만일 도나 제시카의 메시지가 맨움 입후보자를 추천한다면 수천 명의 맨움이 그들에게 표를 던질 것이다.

선거 결과는 여론조사가 어느 정도 예상했던 대로였다. 이갈리아 민주당과 민주 이갈리아가 가장 많은 의석을 차지했으나 어느 누구도 절대다수를 차지하지는 못했다. 이갈리아 민중당은 민주 이갈리아를 지지한다고 발표한 반면, 이갈리아 민주주의연맹은 이갈리아 민주당을 지지했다.

그러나 그렇게 해서 문제가 해결된 것은 아니었다. 두 군소 정당은 똑같이 의석을 얻지 못했다. 대중평등당은 표를 충분히 얻지 못해 단 한 명의 의원도 의회에 내보내지 못했다. 숏컷도 마찬가지였다. 반면, 도나 제시카의 메시지는 여섯 개의 의석을 차지했고, 그 중 세 자리를 맨움 후보가 차지했다. 사람들은 그제야 오직 도나 제시카의 메시지가 차별적이지 않은 공천을 했다는 것을 알아차렸다. 이갈리아 민주주의연맹이 (몇몇 유보 조건을 붙여서) 지지하는 이갈리아 민주당은 도나 제시카의 메시지와 협상에 들어갔다. 이갈리아 민주당이 다수당이 되기 위해서는 다섯 의석만 더 있으면 되었다. 또한 의장 문제는 초기에 해결하는 것이 바람직했다. 도나 제시카의 메시지가 우익으로 기울어왔기에, 그 협상은 부드럽게 진행되었다. 세 명의 맨움 의원은 협상 테이블에서 침묵을 지켰다. 어느 누구도 그것을 알아차리지 못했다. 그 순간에는 밀어붙이지 않는 것이 최선이었다. 그들은 부드럽게 웃으면서 차를 마셨다.

그들은 의회가 처음으로 소집될 때까지는 조용히 있었다. 그런 후 도나 제시카의 메시지의 맨움 의원 중 한 명이 자기 이름—시프리안 보솜비—을 연설자 명단에 올려놓았다. 그는 학교 교장의 아들로 널리 알려져 있었으나 그가 맨움 운동에서 활동하고 있다는 것을 아는 사람은 거의 없었다. 그가 연단에 오르자 움 의원들은 관심을 갖고 지켜보았다. 그러나 그가 말을 하기 시작하자마자, 그들은 곧 서로 기대며 휘파람을 불거나 종이를 바스락거렸다. 그러나 이러한 행동은 이내 중단됐다. 회의장에서 누군가 "조용!"이라고 소리쳤고 모든 사람들이 귀를 기울였기 때문이다.

"때문에 이갈리아 민주당, 이갈리아 민주주의연맹과 도나 제시카의 메시지 간에 협상이 이루어지는 동안 우리는 조용히 있었습니다. 도나 제시카의 메시지의 맨움 대표들인 우리 셋은 권력의 균형을 유지하는 위치에 우리가 있다는 것을 알게 되었습니다. 우리는 이번 회기 동안 이갈리아가 지지하고 있는 의회 대표제의 자유주의 이론을 옹호할 것임을 선언합니다. 우리는 민중의 대리인으로 선출되었습니다. 우리가 어느 정당의 후보로서 선출되었건 그 정당의 강령과는 무관하게 우리는 우리가 원하는 것을 말하고 생각할 권리가 있습니다. 다시 말하면 우리는 우리의 강령을 갖고 있습니다. 그것은 이갈리아에서의 맨움 해방을 위한 강령입니다. 선거 유세 기간 여러 차례 이갈선드에서 전단을 뿌렸기 때문에 그 강령은 누구나 읽어볼 수 있습니다. 그러나 맨움 운동이 이제 정치적 정당이 될 것이라는 의미는 아닙니다. 데모스 산에서 어머니가 지시한 대로 도나 제시카의 메시지의 맨움은 중립 대표로 간주되어야 합니다. 우리는 여기서 맨움의 이익을 향상시키는 정부—노동현장과 가정에서의 성차별을 폐지하기 위해 효과적으로 일하는 정부—를 지지하기 위해 우리의 독립적인 신념과 양심에 의지할 것임을 선언합니다. 이것이 변할 수 없는 우리의 자세입니다."

시프리안 보솜비의 선언은 엄청난 혼란을 일으켰다. 며칠 동안, 그것이 위헌인지 아니면 적어도 비합법적인지를 조사하기 위해 위원회가 구성되었다. 그들 간에 선거 협잡이 있었는지도 조사하고자

했다. 도나 제시카의 메시지는 이들 세 명의 맨움 의원을 협잡과 기만으로 고소했으나 결국 고소를 철회할 수밖에 없었다. 헌법 전문가는 머리를 젓고 가슴을 쓸어내리며 체념해야만 했다. 그리하여 맨움 의원들은 모든 의원이 자유롭다는 원칙에 호소하여 법적으로 완벽하게 정당화될 수 있었다.

가능성이라곤 오직 하나 ― 새로운 선거를 발표하는 것이었다. 그러나 이것은 비경제적이고 또한 헌법 원리에 위배되는 것이었다. 한 신문이 페트로니우스 브램이 그 문제의 배후 선동자라는 것을 알아내고는 '아들이 어머니를 욕되게 하다 ― 맨움해방주의의 이름으로.'라는 제목을 단 기사를 썼다. '페트로니우스 브램은 최근 맨움해방주의 운동에서 가장 활동적으로 움직여온 사람들 가운데 한 명으로 알려져 있다. 그는 선거에는 직접 나서지 않고 무대 뒤로 물러나 배후 조종하고 있다. 그는 이제 남녀평등의 대의를 위해 자기 어머니를 쓰러뜨리려 하고 있는가?' 타블로이드 신문인《폭호른》지는 루스 브램에게 전화로 인터뷰를 요청했다. 그녀는 화가 나서 전화기를 내던져버렸다. 그들이 다시 전화하자 그녀는 점잖게 루스 브램은 집에 없다고 말했다. 다음 날《폭호른》지는 굵은 활자로 '전제군주적인 어머니에 대한 복수인가?'라는 제목의 기사를 실었다. 다음번 기사에는 맨움 운동은 부성보호를 얻지 못해 화가 난, 움 혐오자인 팔루리안들로 구성되어 있다고 쓰여 있었다.

우선은 의회에서 사건의 추이가 어떻게 진행될지 기다려보기로 결정했다. 이 모든 것에도 불구하고 의회는 여전히 기능을 발휘할 것이고 세 명의 맨움 또한 완전히 꽉 막힌 사람들은 아닐 것이기 때문이다.

그러나 결국 세 명의 맨움은 꽉 막힌 사람들임이 판명되었다. 어떤 토론에서든 그들 세 명은 제안을 지지하지도 반대하지도 않고 대신 제삼의 안을 내놓았다. 그 가운데 하나는 팔루리안 광산의 운영을 재편해야 한다는 것이었다. 여기서 그들은 광산 노동자의 사십 퍼센트는 움으로, 광산 관리직의 육십 퍼센트는 맨움으로 채워져야 한다는 제안을 덧붙였다. 그 때문에 광산 운영에 대한 전반적인 재조사가 중단됐다. 그들 맨움해방주의자들은 무엇을 토론하든, 맨움해방주의만을 이야기한다는 것 또한 판명되었다. 의회가 적극적으로 맨움해방주의 정책을 추구하는 모습을 보일 때에만, 그들은 협조적이었다. 그래서 맨움해방주의에 가장 우호적인 의원들조차 재선거 외에 다른 대안이 없다는 것을 인정하게 되었다.

이번에는 정당 공천에 엄격한 통제가 이루어졌다. 물론 맨움들이 공천에서 제외되지는 않았지만, 공천된 맨움의 유형에 대해 주의 깊게 감시했다. 그 결과 민주이갈리아는 이전 선거보다 세 자리를 더 얻게 되었다. 대중평등당의 지지로 그들은 정부를 구성할 수 있게 되었다. 도나 제시카의 메시지는 대실패로 의석 전부를 잃어버렸다. 그 일 이후로 그들에게 투표하려는 사람들은 거의 없었기 때문이었다. 당내 갈등과 분열이 분출했다. 그 혼란스러운 상황에서 전화당은 효과적인 전화 통화로 주목받았고 두 개의 의석을 확보했다.

이갈리아 국민들은 안도의 한숨을 내쉬었다. 정부를 구성하는 문제는 만족스럽게 해결되었다. 심지어 여당 자리를 빼앗긴 이갈리아 민주당조차 민주이갈리아를 따뜻하게 맞아들였다. 이전에는 그런 일이 일어난 적이 없었다. 《이갈선드 타임스》는 이렇게 전하고 있었다. '정상으로 돌아가다.'

맨움들 페호를 불태우다

"정상이라고." 페트로니우스가 말했다. "정상이란, 움이 다시 통제를 하게 되었다는 의미지."

맨움 운동은 의회에서의 패배로 실망하지 않았다. 사실상 그들은 그렇게 될 것을 예상하고 있었다. 그들은 움들이 진정으로 위협을 느끼면 커다란 타격을 가하리라는 것을 이미 예상하고 있었다. 오히려 운동에서의 이번 경험은 그들에게 엄청난 격려가 되었고 더 나은 결과를 위해 싸울 용기를 북돋워주었다. 그들은 눈에 띄는 소동을 일으키고 자신들의 캠페인을 사람들에게 널리 알렸다. 그들은 당분간 실질적인 해결책이나 일상적인 요구에는 집중하지 않기로 결정했다. 실제적인 해결을 위해서는 사회 전체가 철저히 변화해야 한다는 것을 이미 의회 경험을 통해 알고 있었다. 그래서 그들은 싸워야 할 모든 상황 중에서 가장 모욕적인 것 — 맨움을 젖 먹이는 가축으로 여긴다는 사실―에 저항하는 것이 더 낫다고 결정했다.

메이드맨의 무도회 사건은 사람들을 깜짝 놀라게 했다. 다시 한 번 맨움은 그들 계획의 보안을 유지하는 데 성공했다. 많은 맨움들이 메이드맨의 무도회에 정상적인 방식으로, 일반 입장료를 지불하고 모습을 나타냈다. 그들은 전통적인 맨움 의상―꽃이 달린 페호와 옅은 파스텔 색의 시폰 드레스―을 멋지게 입고 부드럽게 춤추며 떼 지어 다녔다. 틀림없이 주최자들은 그들이 메이드맨의 무도회에 오기에는 너무 늙어 보인다고 생각했을 것이다. 분명히 움들은 그들보다는 젊은 맨움을 선택할 것이다. 그러나 주최자들은 이런 장소에는 선택받은 적이 한 번도 없는 욕구불만의 늙은 괴짜들이 늘 있다는 것을 알고 있었다. 사실상 늙을 때까지 커다란 가발을 괴상하게 쓰고 매년 메이드맨의 무도회에 가는 시들어버린 독신남의 비극적인 예는 얼마든지 있었다. 보기에는 몹시 거북살스럽지만, 그들이 희망을 버리지 않고 있는데 어떻게 그들에게 뭐라고 할 수 있겠는가.

춤 실력을 새로 연마한 맨움들은 무도회 첫 순서에서 트리오로 부드럽게 춤을 추었다. 움들은 벽에 기대어 그들을 바라보고 있었다. 몇몇은 늙은 맨움들을 보고 경멸적인 논평을 하기도 했다. 춤이 끝나고 사회자가 이십오 년 동안 매년 읊은 똑같은 말을 반복하자, 맨움들은 벽에 기대선 움들에게 다가가 그들의 가슴을 만지고 다리 사이를 더듬으며 말했다. "안녕, 자기! 나중에 그거 어때?" "당신 젖꼭지가 멋있군요." "어머, 당신 너무 섹시해요. 제가 술 한잔 사도 될까요?" 움은 반쯤 미소를 지으며 그들을 말없이 쳐다보았고, 맨움이 만지기 편하도록 팔을 약간 들어 올리기도 했다. 눈앞에서 벌어지고 있는 일이 믿기지 않아서 그들은 "뭘 원하는 거야?" 하고 물어보기도 했다.

맨움은 미리 메이드맨의 방 열쇠를 갖고 있었다. 갑자기 맨움이 두 명씩 움직이더니, 각각 움 한 명씩을 잡아서는 무도회장 밖으로 끌어내기 시작했다. 움은 격렬하게 저항면서 그들에게 사납게 소리쳤다. 맨움의 포위에서 벗어나려고 몸부림칠 때 이미 움들의 얼굴에서는 미소가 사라졌다. 날카로운 휘파람 소리가 울리자 더 많은 맨움해방주의자가 무도회장에 들어왔다. 그들은 밖에서 신호를 기다리고 있던 중이었다. 이제 한 움당 맨움 세 명이 붙어서 그들을 재빨리 위층으로 옮겨 메이드맨의 방에 집어넣고는 안에서 문을 잠갔다.

안으로 들어가자 맨움들은 자신들이 하고 있는 행동의 목적을 설명하고 재미있는지를 물었다. 모두 똑같이 반응하지는 않았지만, 어느 움도 그것을 재미있다고 느끼지는 않았다. 대부분은 갇혀 있다는 것을 알게 되자 거만한 침묵을 취했다. 그들은 사실 한 번에 세 명과 함께한다는 생각에 꽤 매력을 느끼기도 했다. 주최자들은 경찰에 신고를 했고 경찰은 그 자리에 있는 모든 맨움을 체포했다. 혼란스러웠기 때문에 경찰들은 메이드맨의 무도회에 처음 온 젊은 숫총각들도 많이 체포했다.

누가 연루되어 있고 누가 결백한지를 판가름하기가 사실상 불가능했기 때문에 그들은 다음 날 풀려났다. 움 한 명이 젊은 맨움 서

너 명을 메이드맨의 방으로 데려가는 것은 드문 일은 아니었다. 그런 일은 최근 몇 해 동안 아주 흔한 일이었다. 그리고 맨움이 직접적으로 법을 위반했는지를 밝히기도 어려웠다. 만일 그들의 행동이 불법적인 감금이라고 한다면, 왜 메이드맨의 무도회에서 늘상 일어나는 사건은 불법 감금이 아닌가? 많은 움들이 쉽게 젊은 맨움을 메이드맨의 방으로 데리고 가며 거의 늘 문을 잠근다. 경찰은 이 일이 무언가 아주 차원이 다른 것이라고 느끼고 있으면서도 쉽게 논박할 수는 없었다. 결국 그들이 잡을 수 있었던 유일한 꼬투리는 속임수로 열쇠를 얻었다는 것이었다.

자신들 때문에 무도회가 엉망이 되었기 때문에 그들은 무고한 메이드맨에게 보상을 해야 하는지, 아니면 그 메이드맨들의 입장료를 환불해야 하는지에 대해 오랫동안 토론했다. 몇몇은 그렇게 한다면 일관성이 없다고 지적했다. 맨움 운동은 결국에는 메이드맨의 무도회와 같은 그런 어리석은 행사가 없어져야 한다고 생각했다. 그런 법석 없이는 맨움들의 종속적 기반을 없앨 수가 없다. 그들은 이런 주장에 적극 동의했지만 그러나 아무 잘못도 없이 피해를 입었던 메이드맨을 위해서는 돈을 모으기로 했다.

"나는 네가 메이드맨의 무도회를 반대한다는 생각을 정말 이해할 수가 없다." 루스 브램이 그 사건을 전해 듣고는 자신의 아들에게 말했다. "내가 젊었을 때, 그건 일 년 중 가장 즐거운 행사였어."

"앉아서 위층으로 초대되기를 기다리는 것은 그리 즐겁지 않아요. 우리는 완전히 수동적으로 돼요. 결국 초대받지 못해 붙박이처럼 벽에 붙어 있는 것으로, 아니면 성교하는 걸로 끝나는 게 고작이에요." 페트로니우스가 화난 목소리로 대답했다.

"수동적이라고! 너는 그게 움에게는 쉬운 일이라고 생각하니? 우리도 역시 수줍움을 타고, 대화를 주도적으로 하는 것이 힘든 움도 생각보다 많다구. 그것은 네가 생각하는 것처럼 그렇게 쉬운 게 아냐. 이성에게 거절당하는 게 맨움만은 아니라구. 움 역시 자기가 실패자라는 것을 느낀단 말야. 우리의 훌륭한 서정 시인 중 한 사람인 왈타 휘트움(Walta Whitwom)의 신랄한 말을 생각해 봐라.

로디는 춤을 청해야만 하네,
더 이상 춤추지 않기로 에바가 맹세했네.

루스 브램은 이 시를 인용하면서 깊이 감동한 것이 틀림없다. 그 시구는 이갈리아에서 가장 널리 인용되는 것 중 하나였고 이갈리아인이면 누구나 그 시를 듣고 깊이 감동하는 게 당연했다.

다음 날,《폭호른》지는 굵은 글씨로 '난장판, 섹스에 미친 맨움이 무도회를 휩쓴다.'라는 제목의 머리기사를 내보냈다. 몇몇 맨움과의 인터뷰를 실었는데, 그들은 움 아래에 누워 있는 게 지겹다, 이제 위에 눕는 것이 어떤 것인지를 알고 싶다고 말했다는 내용이었다. 또한 움은 자기 자신의 즐거움 이외에는 아무것도 생각하지 않는 이기적인 동물이다, 무도회는 맨움 억압의 가장 근본적인 원인이다라고도 말했다고 전했다. 맨움들이 실제로 말한 것이 허가 없이 왜곡되었다는 사실은 그렇다 치더라도, 그 인터뷰는 빈정대는 편집자의 논평으로 장식되었다. '다음엔, 이들 미치광이 맨움해방주의자들은 페니스를 없애려고 할 것이다.', '노골적인 시위는 일반 대중들에게 아무런 동정도 얻지 못할 것이다.', '고의적인, 움 혐오적인 변태 행위.' 등등. 도나 제시카의 메시지의 당보인 《메시지》도 그 행동에 공감을 표했다. 이 신문은 최근 들어 공공연하게 이야기되고 있는 성적 방임주의에 맞서 오랫동안 외롭게 싸워왔다. 양성 간에 존재하는 자연적인 부끄러움을 고려한다면, 메이드맨의 무도회는 더 점잖은 행사가 되어야 한다고 일면 기사에 썼다.

《폭호른》지가 자신들을 어떻게 취급하는지를 보면서, 많은 맨움들은 언론과 관계하지 말았어야 했다고 생각했다. 그들은 신뢰를 갖고 언론과 인터뷰를 한 것이 얼마나 어리석었는지를 깨달았다. 그러나 다른 사람들은 그들의 활동과 생각을 가능한 한 언론에 알릴 필요가 있다고 생각했다. 그렇지 않으면 그들이 무엇을 하고 있는지를 아는 사람은 거의 없을 것이기 때문이었다. 이것이 중요한 또 하나의 이유는 그들이 두 번째 계획 ― 의회 밖에서 대규모로 페호를 태우는 것 ― 을 실행에 옮기려 했기 때문이었다. 그들은 짝을 지어 주요 신문사로 찾아가서는 그들 계획에 대한 사전통보를 하기로 합의했다. 호의적으로 써주는 신문이야 거의 없겠지만, 적어도 무슨 일이 일어날 것인지는 사람들이 알게 될 것이다.

엄청나게 많은 사람들이 그 장관(壯觀)을 보기 위해 시내 중심가에 모여들었다. 맨움들이 스스로 벗을 것이라는 소문이 돌았고, 그래서 많은 움들은 하우스바운드에게 집에 있으라고 말하고는 친구들과 함께 술을 마시러 중심가로 나왔다. 페호를 태우는 것은 아이 돌보기와 직업 기회에 대한 요구보다 더 큰 파란을 일으켰다. 또한 어떤 사람들은 그런 공공연한 외설스러움을 보느니 차라리 죽는 게 낫다고 혐오스러워하면서 집에 머물렀다. 심지어 한 의원은 그런 외설을 금지할 지침이 없는지 알아보기 위해 정부에 조사를 요청하기도 했다. 유감스럽게도 어느 누구도 그런 일이 일어나리라고 생각해 본 적이 없었기 때문에, 그들이 할 수 있는 것은 아무것도 없었다.

의회 밖에는 수백 명의 관중이 페호 태우기 행사를 보기 위해 모여 있었다. 그중에는 이백 명의 맨움해방주의자들도 있었는데 그들 중 오십 명이 스스로 페호를 불 속으로 집어던지겠다고 선언했다. 그 광경은 사람들이 기대했던 것과는 달랐다. 벌건 대낮에 맨움들이 스스로 옷을 벗지는 않았다. 그들은 단지 페호를 하지 않은 채 치마를 입고 나타났을 뿐이다.

게다가 사람들은 거기에서 왜 맨움이 문제를 일으키는가를 설명하는 루스 브램 아들의 연설을 오랜 시간 들어야 했다.

왜 맨움의 권리를 위해 투쟁하는가

"이갈리아의 사회 체계 기초는 맨움이 생물학적으로 규정되어 있다는 사실에 있습니다." 페트로니우스는 군중을 둘러보면서 말했다. "맨움은 오직 두 가지 점 — 재생산 능력과 근육의 힘 — 에서만 인간입니다. 패션 여왕의 명령에 따라 길고 짧아지는 페호 안에 그의 재생산 장비는 단단히 묶여 있습니다. 이 혐오스러운 고난은 아무런 실용적 기능도 갖고 있지 않습니다.

동시에, 우리의 육체적 힘 때문에 우리는 가장 어렵고 힘든 일 — 청소와 아이 돌보기 — 에 종사합니다. 육체적으로 강하면 조금 어리석은 게 사실이지만 이상하게도 사회는 육체적 힘을 정신적 열등함과 동일하게 생각합니다.

오늘날의 사회에서 맨움은 실질적인 선택권을 박탈당했으며 오직 두 가지 기능만을 — 노동자로서 그리고 애를 키우는 가축으로

서—할 수 있을 뿐입니다. 이 일들 때문에 맨움은 낮은 임금을 받거나 아니면 전혀 임금을 받지 못합니다. 맨움이 성취할 수 있는 최고의 사회적 특권은 그의 아이가 누구냐로 결정됩니다. 한 움에 대한 봉사와 정절을 통해 그는 이 특권을 얻습니다. 그 움이란 임신했을 경우 그에게 부성보호를 제공할 수 있는 움이죠. 이것이 맨움이 저임금의 노동자 신세, 혹은—지배계급의 경우에—일생을 외롭게 살아가야 하는 보호받지 못한 노총각 신세를 면할 수 있는 유일한 기회입니다.

양성 간의 이런 불공평한 노동과 부의 분리를 정당화하기 위해 현재의 우리 모권제 사회는 놀랍고도 자기모순적인 이데올로기를 발전시켰습니다. 자연의 불평등—그것은 사실상 맨움이 (자연적으로) 움에 비해 일반적으로 더 크고 더 힘이 세다는 사실에 근거한다고 여겨집니다.—을 고치는 것이 문명의 임무라고 합니다. 이런 불공평을 개선한다는 문명이 실제로는 수세기 동안 맨움의 종속에 의해 존속해 왔습니다. 움은 더 강한 육체적 훈련과 더 나은 영양 상태로 훨씬 더 좋은 환경에서 양육되었고 그 결과 오늘날 움보다 작고 약한 맨움들이 많아졌습니다. 다른 포유동물과 인간을 비교해 보면, 암컷과 수컷의 크기 차이가 움과 맨움의 차이보다 더 크다는 것을 우리는 알 수 있습니다. 문명은—이른바 '문명'은—맨움을 불구자로 만들었습니다.

그러나 이런 방법으로 움이 자연의 불공평함을 고치는 데 성공했음에도 불구하고, 그들은 맨움이 움보다 힘이 세다는 사실을 계속 입증하고 있습니다! 그리고 이 때문에, 맨움에게 가장 힘든 일을 하도록 요구합니다!

맨움은 움보다 강하지 '않습니다!' 왜 여전히 맨움만을 팔루리아 광산으로 보내야 하는 것입니까? 왜 청소 부대와 아이를 돌보는 집단이 여전히 맨움으로만 구성되어야 합니까?

이것이 맨움해방연맹에서 '꿩 먹고 알 먹기' 이데올로기라고 부르는 것입니다. 왜냐하면 그 체제의 목적은 움에게 꿩도 먹고 알도 먹을 수 있도록 허락하기 때문입니다. 움들은 힘든 일은 전혀 하지도 않으면서, 육체적 열등함을 극복하는 이점도 누려왔습니다. 이는 상층계급에서 아주 명백하게 드러나는 것으로, 실제로 상층계급의 움들은 대부분 맨움보다 육체적으로 강합니다. 그리고 모든 맨움들이 추구하는 이상형 — 온갖 종류의 장식품으로 요란하게 치장한 채, 자신의 의지와는 무관하게 사는 뚱뚱한 맨움 — 으로 내세워지는 것도 바로 상층계급의 맨움입니다. 그래서 우리는 우리의 이상형으로 뚱뚱한 맨움이 되려고 노력하며 그것은 바로 움들에게는 사치스러운 특성이라고 여겨집니다. 그리고 이러한 상층계급 맨움의 이상형은, 거의 대부분의 맨움이 끊임없이 일해야 하기 때문에 그렇게 될 수 없다는 사실에도 불구하고 전체 국민에게 자리 잡고 있습니다. 결과적으로 맨움은 그들에게 기대되는 것과는 완전히 반대로 야위고 힘세고 그리고 결국에는 지치게 되었고 마침내 성적 대상으로서는 거부되었습니다.

그리고 맨움해방연맹에서 이런 일에 대해 이의를 제기하면 사람들은 이렇게 말합니다. '너희들은 부성보호 때문에 갖게 된 특권적 지위를 유지하면서 또한 동시에 작업장에서의 평등을 요구할 수는 없다. 아이를 생기게 하는 것과 그 책임에서 벗어나 재미있을 것 같은 모든 일을 하는 것, '꿩' 먹고 '알' 먹고 할 수는 없다!'
 그것이 우리가 들은 이야기입니다. 그러나 현실은 다릅니다. 현실에서 움은 두 가지를 다 하는 반면, 맨움은 꿩도 먹지 못하고 알도 먹지 못합니다. 맨움은 이제야 겨우 꿩을 먹거나 그렇지 않으면 알을 요구하는 것입니다.
 우리는 부성보호가 상층계급의 현상임을 잘 알고 있습니다. 사회 하층의 움은 대부분 맨움과의 일시적 관계를 선호하고, 아이를 아이의 아버지에게, 혹은 자신이 아이의 아버지라고 주장하는 누군가에게, 아니면 삼촌 집단—여기서도 아이를 돌보는 이는 맨움뿐인데—에게 맡깁니다. 이들 움은 맨움과 아이들에게서 떨어져 자신의 숙소에서 움들끼리 사는 것을 더 좋아합니다. 그들은 자기 자신과 일을 제외하고는 돌보아야 할 것이 아무것도 없으며, 그들이 가지고 있는 직업은 아이의 아버지들이 얻을 수 있는 것보다 더 즐겁고 더 많은 보수를 받는 것입니다. 그들은 맨움과 아이들을 돌볼 여유가 없다고 말합니다. 그러나 그들은 아이를 낳는 대가로 여러 가지 보너스와 이익을 얻지만 맨움은 아무것도 얻지 못합니다.
 맨움은 아이를 돌보도록 강요받습니다. 종종 그들은 자신이 돌보는 아이가 자기 아이인지 아닌지도 알지 못합니다. 한편 움은 월급을 두 배로 받기 위해 아이를 낳고 맨움의 인생을 앉아서 좌지우지합니다. 그러나 우리는 이런 움이 어머니라는 사실에 대해서는 어떤 언급도 듣지 못했습니다.
 만일 우리가 움이 어머니라는 것을 지적한다면, 우리는 당장 '그러나 결국, 아이를 기르는 것은 맴움이다!'라는 말을 듣게 될 것입니다. 마치 아이가 생기는 게 맴움의 잘못이라는 것처럼 말입니다! 그와 반대로, 우리는 움이 바라지 않고서는 성교가 이루어질 수 '없다'는 것을 알고 있습니다. 움은 자신이 임신을 원할 때를 알고 있고 그래서 자신이 원할 때 임신을 합니다.

그러나 피임에 대해 책임을 지는 것은 '우리들'뿐입니다! 우리는 매달 P사무소에 등록하러 가야만 하고 심지어 우리의 P-카드에 도장을 찍기 위해 요금도 지불해야 합니다. 왜 맴움은 그저 페니스를 덮어씌우기만 하면 되는 P-씌우개(콘돔과 같은)를 쓰면 안 됩니까? 당연히 안 되죠, 움이 그것을 좋아하지 않으니까요. 그녀는 오르가슴을 위하여 아무것도 씌우지 않은 페니스를 좋아합니다. 그래서 '그녀의' 그 작은 즐거움을 위해 그는 엄청난 고통—부작용이 항상 따라다니는 피임약 또는 강제적 불임수술—을 겪어야만 합니다. 불임수술이 일시적이라고 주장하지만, 그 수술 중 이십 퍼센트는 잘못되어 영원히 불임이 된다는 것을 우리는 알고 있습니다.

움이 임신하는 때를 결정하고 아이를 낳고 있는데, 왜 움이 피임에 대한 책임을 질 수 없습니까? 이렇게들 말합니다. 아니, 그건 불가능해. 왜냐하면 움이 사용할 수 있는 안전한 방법은 아직까지 개발되지 못했으니까. 그런 방법들은 아무튼 너무 복잡할 것이라고 말합니다. 예를 들어 우리가 자궁의 입구를 에워싸도록 질에 넣는 그런 종류의 피임 방법을 상상할 수 있을까요? 그것은, 물론 생각할 수 없습니다. 그런 종류의 방법은 해를 일으킬 수 있기 때문입니다. 움의 피임약도 생명에 아주 나쁜 영향을 미칠 수 있습니다. 움이 피임을 하는 것은 자연 질서에 정면으로 도전하는 것입니다.

'결국, 아이를 기르는 것은 맨움이다.' 세상에서 가장 좋은 변명입니다. 그리고 나서 또 이렇게 말합니다. '그것은 동물의 세계에서도 마찬가지다. 그렇다면 너희들은 어떻게 할 것인가? 동물의 세계에서 고등 단계로 올라가면 올라갈수록, 수컷은 점점 무책임하고 쓸모없어진다. 따라서 맨움이 할 수 있는 거라곤 아이를 생기게 하는 것뿐이다. 그 밖에 그들이 할 수 있는 거라곤 아무것도 없다! 만일 우리가 맨움을 길들이지 않았다면 문명은 어떻게 되었겠는가? 그랬다면 그들은 다른 포유동물 수컷같이 거칠고 신뢰할 수 없게 되었을 것이다.'

그러나 왜 소위 '자연'과 늘 비교를 해야 합니까? 우리는 동물이 아닙니다. 우리는 인간입니다. 다른 종도 똑같은 방식으로 적응하지는 않습니다. 어떤 것은 초원에서 살고, 어떤 것은 가족을 이루어 살고, 어떤 것은 사회에서 살고, 어떤 것은 혼자 삽니다. 말과 고양이는 완전히 다른 방식으로 행동합니다. 왜 우리는 우리 스스로를 동물과 비교해야 합니까?

자연은 우리에게 불리하게 아주 모순적으로 이용됩니다. 자연은 우리의 머리에 주입되는 하나의 신화로 기능합니다. '자연을 보면 수컷은 생명 과정에서 부차적이'라는 것을 알 수 있다고 말합니다. 이러한 말은 모두 거짓, 거짓, 거짓입니다. 그것이 우리와 무슨 상관이 있습니까? 우리 맨움들도 역시 인간입니다!

그리고 인간 사회에서 임신은 맨움만의 책임이 '아닙니다.'

움은 무엇이든 그들이 원하는 것을 입증하기 위해 자연을 이용합니다. 만일 자연의 불공평함이 움에게 도움이 된다면, 그들은 이렇게 말합니다. 맨움이 근육의 힘을 가지고 있는 것은 불공평하지만, 움이 생명을 창조하는 힘을 가지고 있는 것은 공평하다고요. 이런 움의 이데올로기에는 일관성이 없습니다. 그러나 우리 사회에서 맨움의 지위에 대해 말하는 곳은 어디든 그러한 논리가 여전히 통용됩니다. 그리고 그 문제에 대해서는 다른 어떤 곳에서도 마찬가지입니다.

움은 '자연 법칙'을 마음대로 정의하고는 이렇게 주장합니다. '맨움은 불필요하다! 우리에게 왜 맨움이 필요한가? 그들을 살 수 있도록 해준 것은 우리의 위대한 박애 때문일 뿐이다. 왜냐하면 인류가 맨움 없이도 잘 생존할 수 있다는 것은 바보천치도 알고 있기 때문이다. 우리는 몇 가지 견본만 보존하면 된다. 우리는 너희들의 정자를 냉동시키고 너희들을 전부 죽일 수도 있다. 만일 우리가 남자아이를 낳는다면 정자은행을 보충하기 위해 몇 명만 살리고 나머지는 모두 죽일 수도 있다.'

이런 이야기를 들어본 적이 없다고는 하지 마십시오. 물론 이건 의회에서 공식적으로 얘기되지는 않습니다. 그러나 우리는 그것을 언제 어디서든, 우리가 불평을 할 때면 항상 듣게 됩니다. 그리고 종종 우리가 불평하지 않을 때에도 자주 듣게 됩니다.

그래서 저는 만일 이 모든 것이 다른 방식으로 구성된 사회, 즉 맨움이 움보다 우월한 사회는 어떨까 하고 생각해 봤습니다. 이런 생각을 해보는 것이 필요할지도 모릅니다. 왜냐하면 여러분이 맨움 억압에 대한 이야기를 들을 때, 그건 당연한 거야라고 생각할 것이기 때문입니다. 그래서 움이 맨움에게 억압받는다면 어떻게 될까를 한번 생각해 본 것이죠.

그러나 우리 사회는 그렇지 않습니다. 우리 사회에서 억압받는 것은 맨움입니다. 그 때문에, 우리 사회에서 없어서는 안 되는 것은 맨움이죠. 당신들은 우리 없이는 살아갈 수 없는 사람들입니다. 왜냐하면 당신들은 우리를 착취하고 우리 위에서 살아가기 때문입니다.

그래요, 당신들은 우리를 착취합니다. 그것이 바로 모든 것의 토대입니다. 당신들은 우리의 노동력을 훔치고 우리의 몸을 도둑질합니다. 우리는 노동 현장에서든 가정이나 침대에서든 우리가 한 노동에 걸맞은 돈을 받지 못합니다. 우리 사회 전체는 맨움에 대한 경제적 착취에 기초하고 있습니다. 그리고 '섹스'를 생각하지 않고 '맨움'이란 낱말을 생각할 수 있는 움은 하나도 없기 때문에, 맨움의 반란을 성적 반란으로 보게 되는 것입니다.

여러분 중 얼마나 많은 분들이 외설적 볼거리를 보려는 희망으로 오늘 이 자리에 왔는지를 한번 생각해 보십시오. 여러분들이 목격한 것은 성적 반란이 아닙니다. 그것은 경제적 불공평에 대한 하나의 반란입니다. 우리는 가난하고 자립하기가 어렵기 때문에, 당신들의 성적 노예가 되도록 강요받습니다. 우리의 존재는 섹스로 환원되어 왔습니다. 그래서 바로 우리들이 경험하는 성적 억압에 대한 저항으로부터 우리의 반란을 시작하려는 것입니다.

그러나 그 반란은 거기에서 끝나지 않습니다. 맨움은 살아 있습니다! 이것은 노예 반란입니다.

노예 주인이 노예에게 의존하는 것은 노예 국가의 특징입니다. 노예는 주인에게 의존하지 않습니다, 왜냐하면 노예는 열심히 일하고 노예 주인은 그렇지 않기 때문이죠. 주인은 사회적 기생충이며 노예는 실제로 사회를 유지하는 사람입니다.

이런 단순한 사실을 사람들이 알지 못하게 하기 위해, 주인은 실제와는 정반대로 보이게 하는 이데올로기를 만듭니다. 노예는 주인 없이는 살 수 없으며 어리석고 가치가 없다는 것을 믿게끔 합니다. 노예가 이것을 믿는 한, 주인은 평화롭게 잠잘 수 있습니다. 누가 감히 생존하기 위해 자신에게 꼭 필요한 그 누군가에게 저항할 수 있겠습니까?

노예국인 이갈리아에서 움은 맨움에게 그들이 어리석고 가치가 없다는 것을 확신하게끔 했습니다. '맨움은 불필요한 사치품이다.' 움은 말합니다. 그리고 그 증거로 움이 아이를 낳는다는 기만적이고 명백한 사실을 항상 내세웁니다.

하지만 왜 당신들은 늘 우리에게 그것을 불리하게 이용합니까? 왜 당신들은 사회의 모든 권력을 다 갖기 위해 그것을 이용하는 것입니까?

만일 자연이 우리에게 준 목소리로 이렇게 크게 소리친다면 어떻게 될까요? '결국 그들이 아이를 낳는 사람이고 그들도 확실히 아이들을 돌볼 수 있다! 당신들은 꿩도 먹고 알도 먹을 수는 없다.'

유토피아라구요? 좌절한 맨움의 빗나간 꿈이라고요?

아마 그럴지도 모르죠. 그러나 만일 우리가 지금과는 다른 사회에 대한 꿈을 가지려고 하면, 당신들은 언제나 빗나가고 좌절한 맨움들이라고 부를 겁니다. 왜냐하면 당신들이 우리를 빗나가게 하고 좌절시키니까 말입니다.

우리는 더 이상 이런 맨움의 비인간화에 협력하지 않겠습니다. 그리고 우리는 더 이상 아이 키우는 가축이 되는 것을 참고 있지만은 않을 것입니다. 우리는 모든 사람들이 인간으로 존중받는 사회를 만들기 위해 노력할 것입니다. 이것이야말로 맨움 종속의 상징인 페호를 태우는 이유입니다. 맨움해방주의는 인본주의(Huwomism)입니다!" 페트로니우스가 말했다.

그 연설은 몇몇 신문에 인용되었다. 《폭호른》지는 연설을 인용하면서 장관의 아들이 페호를 입지 않고 연단에 서 있었다는 사실로부터 많은 이야깃거리를 만들어냈다. 그때 루스 브램은 이번 일과 맨움 운동 일반에 대한 논평을 듣고자 하는 저널리스트들한테 쫓겨 다니고 있었다. 그러나 브램은 그들에게 말하기를 거절했고, 그 때문에 《폭호른》지는 두 면에 걸쳐 대문짝만 한 제목으로 '루스 브램은 잠긴 문 뒤로.'라고 썼다.

브램의 막내아들인 꼬마 미라벨로가 '엄마는 어디에?'라고 쓴 작은 플래카드를 들고 맨움해방주의 시위에 참여했다는 소문도 떠돌았다. 이에 대해 많은 사람들은 작은 아이가 세뇌당해 그렇게 어린 나이에 정치적 선전에 참여하는 것은 경멸할 만한 짓이라고 생각했다.

연설이 끝난 후, 오십여 명의 맨움이 페호를 광장 중앙에 만든 모닥불에 던졌다. 발드리안은 그의 것과 페트로니우스의 것을 창에 꽉 매어 연단으로 올라가 그것을 내던졌다. 그것은 허공을 날아 모닥불 안으로 떨어졌다. 그것은 인상적이며 또한 기괴한 장면이었다. 사람들은 놀라운 일이라고 생각했다.

그러고 나서 맨움은 가두행진을 벌였고 젠틀움을 위한 나르시세움 클럽을 향해 문힐로 올라갔다. 이것은 예기치 않았던 행동이었다. 공식적으로 그들은 노스 다리를 향해 내려가서 거기서 해산할 거라고 말했었다. 그런데 그들은 북쪽으로 갔다. 클럽에 도착해 현관 벨을 누르고, 문지기 움이 무슨 일이 일어나고 있는지 채 알아차리기도 전에, 푹신한 빨간 카펫을 지나 기둥이 있는 계단으로 올라가서는 바와 살롱으로 돌격해 들어갔다. 그들은 매일 거기에 오는 사람들처럼 앉아서 음료수와 샌드위치를 주문했다. 어린 미라벨로는 레모네이드를 청했다.

당연히 그들에 대한 서비스는 거절되었다. 그러나 그들은 곤봉으로 무장한 법과 질서의 군대가 도착해서 그들을 끌어낼 때까지 앉아 있었다.

다음 날,《이갈선드 타임스》지는 행동위원회로부터 왜 그들이 그 클럽에 쳐들어갔는지를 설명하는 공식 발표를 받아 실었다. '그 클럽 규칙에 맨움 회원을 반대하는 것은 없다. 그럼에도 불구하고, 오직 움만이 그곳에 갈 수 있는 반면 맨움은 집에서 아이를 돌보며 있어야 하는 게 사실이다. 게다가, 그 클럽은 오직 막강한 지위에 있는 움만이 이용한다. 그들의 모든 비열한 결정은 이곳에서 이루어진다. 이갈리아의 행정이 계획되는 곳도 바로 여기다. 맹목적인 움 우월주의 안에서 그들 스스로를 찬미하는 곳도 여기다. 문힐에 있는 그 클럽은 선거를 거치지 않은 이갈리아의 실질적인 의회다.

민중이 절대로 통제할 수 없는 의회다. 우리는 이 클럽의 회원 자격을 모든 이들에게 공개할 것을 요구한다. 그리고 그것은 이 클럽이 문 닫기를 원한다는 말이다.'

아하, 그래서 이들 미치광이 움 혐오자들은 사람들이 바쁘고 지친 하루의 노동을 끝내고 한 잔의 술을 마시기 위해 가는 것조차 허락해서는 안 된다고 생각했다? 정말 안 돼. 이제 그들은 너무 극단적으로 되어가고 있어. 개인적 자유에 대한 이런 종류의 공격은 참을 수가 없어.

《이갈선드 타임스》지는 충실하게 맨움의 발언을 실었지만, 또한 독자들이 그런 일을 지겨워한다는 것을 확신하는 논설을 실었다.

'평화와 사생활에 대한 무법적 공격, 되찾은 정상이 또다시 비정상으로!'라는 제목으로.

그로와 페트로니우스—움과 맨움

"넌 이제 아이를 갖게 될 거야, 페트로니우스."

"어떻게 내 아이인지 알아요?"

그로는 기가 막혔다. "페트로니우스! 아버지가 될 사람이 자기 아이에 대해 어찌 그리 무심할 수 있지?"

"아이를 갖는 것은 내가 아니에요, 그건 '당신'이라구요. 하느님 맙소사! 혹시 당신 배 안에 아이가 없는 거 아녜요?"

그들은 메이바이트 만의 가장 바깥쪽에 있는 바위 위에 앉아 있었다. 주위는 쥐 죽은 듯이 고요했다. 바다는 산들바람으로 물결쳤고 황혼으로 물들어 있었다.

예전 같으면 연인의 입에서 이 말을 들었을 때 페트로니우스는 이 세상에서 가장 행복한 맨움이 되었을 것이다. '넌 아이를 갖게 돼, 페트로니우스. 아이를 갖게 된다구.' 예전의 페트로니우스라면 그것을 자신의 유일한 도피처로 보고 이 말을 아무런 경계 없이 받아들였을 것이다. 그녀가 낳은 아이를 갖기만 한다면 자신의 학업 문제는 조금도 개의치 않았을 것이다. 그녀가 낳은 아이를 갖기만 한다면 육아에 대해 어머니가 했던 말들은 신경조차 쓰지 않았을 것이다. 가끔 페트로니우스는 그녀에게 이런 심정을 얘기했다. 그는 오 년 전 탄생 궁전에서 미라벨로가 태어나기를 기다리면서 자신이 느꼈던 감동을 그녀에게 말했던 적이 있었다. 그러고 나서 그는 그로가 낳은 아이를 갖는 것이 자신의 삶의 존재, 그 자체라고 생각했던 것이다.

언제부터인가 두통이 생기기 시작하면서 그는 피임약 먹는 것을 중단했다. 두통을 일으키는 것이 정확히 피임약 때문인지는 잘 모르겠지만 피임약을 먹으면 머리가 아팠고 안 먹으면 두통이 사라졌다. 의사에게 이야기해 봤지만 의사는 그가 복용하는 약이 새로운 상표이며, 임상실험 결과 아무런 부작용이 없음이 입증되었다고만 말할 뿐이었다. 그래서 그의 두통은 피임약과는 아무런 관련이 없다는 것이었다. 그가 스트레스를 받고 과로한 것은 사실이었다. 사실 그는 맨움 해방 운동에 적극적으로 참여하지 않았던가?

그런데 지금 그 결과가 나온 것이다. 두통과 아기 중 어느 쪽이 더 나쁜 것이었을까?

"당신이 내게 말한 첫마디가 뭔지 알아요, 그로?"

"모르겠는데?"

"'넌 내 거야.'라고 말했죠. '넌 내 거.'라고."

"그런데, 넌 내 것이 아니라는 거야?"

"그래요⋯⋯ 지금은 아니에요."
"그래도 넌 아이를 키워야 할걸."
"그래요." 그는 바다에 돌멩이를 던졌다. 피임등록소와 부성국이 그의 마음속을 어지럽혔다. 그는 정자 제공자였다. 벗어날 길이 없었다. "그래, 난 아이를 돌봐야겠지." 분노가 치밀어 올랐다. "그렇지만 난 당신을 돌보지는 않을 거야!"
페트로니우스는 콧등에 강한 통증을 느꼈다. 너무 갑작스러운 일이라 무슨 일이 벌어졌는지 믿을 수가 없었다. 놀란 그의 입이 딱 벌어졌다. 그녀가 똑같은 곳을 다시 쳤다. 그는 수천 개의 전류가 뇌를 관통하는 것처럼 머리가 흔들리는 것을 느꼈다. 그는 두 손으로 얼굴을 가렸다. 그러나 그녀는 손목을 비틀어 얼굴을 가렸던 손을 떼내고선 똑같은 곳을 또 쳤다. 그로의 얼굴이 창백해졌다. 그로는 그를 똑바로 노려보는 듯했다. 그는 그로의 주먹이 다시 오는 것을 보고 주먹을 피하려 몸을 굽히다 균형을 잃고는 바위에서 굴러 떨어졌다. 차가운 바닷물이 잠시 동안 고통을 잊게 해주었다. 그는 바위의 갈라진 틈을 향해 헤엄쳐 갔다. 그녀는 그가 올라서려는 뭍 가장자리에 서서 그의 손목을 발로 차고 손가락을 짓눌렀다. 그는 다시 물속으로 물러나야만 했다.
"당신 정말 미쳤어요?" 그가 소리쳤다.
그녀는 아무 대답도 하지 않았다. 그녀는 팔꿈치를 구부려 허리에 댄 채 주먹을 쥐고 서서 그가 만일 다시 기어오르면 달려들 태세를 하고 있었다. 페트로니우스는 옷 때문에 수영하기가 힘들었다. 신발을 벗어 뭍으로 던져버렸다. 그로는 신발을 집어 들어 그 안에 조약돌을 채워서는 그를 향해 던졌다. 조약돌이 빗발치듯 그의 주변에 떨어졌지만 맞지는 않았다. 신발은 바닥으로 가라앉았다.

"네가 그렇게 아끼던 카누 신발 꼴 좀 봐!" 그녀가 소리쳤다.

"당신이 아끼던 거지, 난 아냐!" 그는 간신히 소리칠 수 있었다.

그는 웃도리를 벗으려 발버둥 쳤지만 잘 되지 않았다. 그는 바위 틈새에 들어가려고 그쪽으로 다가갔다. 그녀는 이번에도 그곳에서 그를 기다리고 있었다.

"당신은 내가 여기서 얼어 죽기를 바라요? 춥단 말예요!" 그는 자켓을 바위 위로 던졌다. 그녀는 그 옷을 집어 들고는 바다를 향해 몇 미터 밖으로 다시 던져버렸다. 페트로니우스는 엉엉 울고 싶었지만 그럴 수가 없었다. 그저 조그맣게 흐느낄 뿐이었다. 이제 그는 말하기조차 힘들었다. 그는 제방을 향해 헤엄쳐 갔다. 그로는 해변을 따라 그와 보조를 맞춰 걸었다. 그러나 그는 뭍으로 헤엄쳐 가는 것을 멈추지 않았다. 약 삼십 미터 정도 더 헤엄쳐야만 했다. 그녀는 조약돌과 조개껍데기를 그에게 집어던지기 시작했다. 그중 몇 개가 그에게 명중되어 상처가 났다. 그는 그만두라고 소리쳤다. 그러나 그녀는 계속 던졌다. 그녀는 그를 물에 빠뜨릴 작정인가? 그를 죽이려는 걸까? 이가 딱딱 부딪쳤다. 발이 바닥에 닿았다. 콧날이 욱씬거렸다. 그로가 바닷가에서 그를 노려보고 있었다. 그는 그녀에게서 벗어나기 위해 발목이 잠길 정도의 바닷물로 다시 들어갔다. 그녀가 그를 마주 보기 위해 움직였다. 그가 방향을 바꾸자 그녀도 그렇게 했다. 그들의 추격전은 계속되었다. 그가 바닷가에서 몇 미터 내에 있을 때, 갑자기 그녀가 그에게 몸을 날렸다. 아까와 똑같은 곳에 몇 차례 주먹 세례가 가해졌다. 따뜻한 뭔가가 흘러내렸다. 그는 얼굴을 감싸며 손이 붉게 물든 것을 발견했다. 또 한 번 주먹이 날아왔다. 페트로니우스는 쓰러지고 말았다.

 거대한 페호가 바위섬 위에서 횃불처럼 타오르고 있었다. 페트로니우스는 페호를 들고 있는 발드리안과 그 곁에서 자신의 카누 신발을 신으려고 하고 있는 미라벨로를 보았다. "너 벌써 태어났니?" 페트로니우스가 물었다. 미라벨로가 웃었다. "아, 그래 나는 어제 태어났어." 그는 다섯 살 정도로 보였다. 횃불은 타오르고 있었으며 발드리안은 미라벨로의 손을 잡으며 말했다. "이제 우리는 탄생 궁전으로 갈 거야. 왜냐하면 미라벨로가 어제 의식을 제대로 치르지 못했거든." 페트로니우스는 자기도 가고 싶다고 소리치며 그들을 뒤쫓아 갔다. 하지만 아무리 열심히 달려도 제자리걸음만 할 뿐이었다. 그의 발 주변에는 물이 흥건했다. 등 뒤에서 무언가가 아주 세게 그를 잡아끌었다. 그는 자신의 얼굴을 향해 정면으로 다가오는 횃불을 바라보았다. 그는 손으로 얼굴을 감쌌다. "페트로니우스." 그것은 발드리안의 목소리였다. "페트로니우스, 사랑해." 페트로니우스가 발드리안에게서 벗어나려 한다면 어떻게 발드리안을 사랑한다고 말할 수 있겠는가? 그들은 함께 가야 한다. 그들은 언제나 함께 붙어다닐 것이다. "페트로니우스……." 그는 타오르는 횃불의 열기와 상처입은 코의 통증을 느낄 수 있었다. 그와 동시에 자신의 머리를 어루만지는 발드리안의 부드러운 손길을 느낄 수 있었다.

 "페트로니우스!"

페트로니우스의 눈에 그로의 얼굴이 들어왔다. 그가 비명을 질렀다.

그녀는 계속해서 그의 머리를 쓰다듬었다. 부드럽게, 매우 섬세하게. 그녀가 다시 그의 이름을 속삭였다.

"페트로니우스. 잠을 못 이루는구나. 잠자면서도 울고. 널 깨울 수밖에 없었어."

그는 그로의 팔을 잡고 한참을 쓰다듬었다. 그러고 나서 그녀의 머리를 자기에게로 끌어당기며 흐느꼈다. "아파……."

"그래, 나 역시 상처를 받았어. 네 몸이 아픈 만큼 내 마음도 아프다구……."

그녀가 그렇게 말하자 그는 찡그리며 웃었다.

"……네가…… 내게서 떠나려는 줄 알았어." 그녀가 말했다.

어쨌든, 난 말 그대로 떠나려고 했었지. 그래, 난 네게서 아주 멀리, 그것도 두 번씩이나 떠내려갔어. 그는 화가 났다. 하지만 지금 생각하고 있는 것을 말할 수는 없었다. 머리가 혼란스러웠다. 그는 아무 말도 하지 않았다.

"나는 너를 잃게 될까 봐 겁이 나. 너와 다른 맨움들이 이제 여기로 오지 않을까 봐 겁이 난다구……."

그것은 당신이 늘 모든 일을 맡으려니까 그렇지. 비록 당신이 당신이 할 수 있는 모든 것을 우리에게 가르친다 해도 말이야. 우리를 가르칠 수 있는 한 문제는 없었겠지. 당신이 우리보다 우월할 때까지는 문제가 없었어. 하지만 우리가 당신만큼 많이 알게 되었을 때도 당신은 우리를 가게 내버려두지는 않을 거야. 모든 것이 당신이 원하는 방식으로 되어야 하지. 당신은 모든 것을 결정하지. 바로 당신의 홈그라운드에서 말이야. 당신은 당신 계급을 이끄는 지도자가 결코 될 수 없어. 그런데도 당신은 자신의 지도력에 대해선 개의치 않더군. 당신이 모든 청년들을 여기에 모이게 했으니 자신의 지도력이 대단하다고 생각하겠지. 그러니 만약 그들이 더 이상 이곳에 오지 않는다면 얼마나 수치스럽겠어. 그들이 노총각 올모스의 빌라로 가는 것을 더 좋아한다면 그것도 수치스럽겠지. 새로이 유혹할 사람이 없다는 것도 얼마나 참을 수 없겠어? 누가 당신 아기의 아버지지? 시프리안? 판당고? 나? 당신이 어떻게 알아? 당신은 여기 맨움해방주의 센터를 제대로 운영하지 못했다는 것이 몹시도 창피하겠지. 스파크스주의는 이론이고 강간은 실천이군(미국의 페미니스트 '로빈 모건'에 따르면, 포르노는 이론이고 강간은 실천이다.—옮긴이). 나는 정말 놀랐어. 놀라고 화가 나.

"나는 너희들이 왜 더 이상 여기 오고 싶어 하지 않는지를 모르겠어. 우리는 이곳에 모든 것을 다 갖고 있는데." 그녀는 한 손으로 이마를 받쳤다. "너에게 어떻게 해야 하지, 페트로니우스?"

나는 당신을 저주해. 나한테 그렇게 했으니까. 당신은 내 안의 모든 것을 짓밟았어. 당신에게 가졌던 모든 감정은 이제 부서져버렸지. "걱정하지 마. 시간이 해결해 줄 거야."

"나는 그게 너무 싫어, 페트로니우스. 난…… 모르겠어." 그녀는 마치 자신을 위로하듯이, 그를 다시 쓰다듬었다. "많이 아프지? 얼음주머니를 갖다줄까?"

그녀가 일어나 얼음주머니를 가져다가 그의 코에다 얹었다. 페트로니우스는 몸을 옆으로 조금 돌리고 빨간색을 흩뿌려놓은 하얀 손수건 같은 바다 풍경을 바라보았다.

"내가 좀 나으면, 그들을 데려올게……." 페트로니우스가 말했다.

"정말 이해가 안 돼…… 나는 너무 상처받았고 실망스러워. 네가 나에게 다시 돌아오기를 바랐는데…… 내가 임신한 사실이 우리를 다시 가깝게 해줄 거라 믿었지. 넌 늘 아이를 갖고 싶어 했잖아. 게다가 너는 내가 낳은 아이를 원했고. 안 그래, 페트로니우스? 하지만 지금 넌 전혀 그렇지 않아. 왜 그런 거지? 왜? 우리 사이에 뭐가 변했어? 우리는 서로 사랑하잖아, 그렇지? 넌 그걸 알잖아, 안 그래? 우리는 언제나 변함없었지. 내가 변한 거니? 난 항상 똑같은데. 그런 거야? 갑자기 나한테 무슨 문제가 생긴 거야? 너는 더 이상 나를 원하지 않지?"

"당신 때문에 그런 게 아니에요……." 그는 무서워졌다.

"너희 엄마 때문이야?"

페트로니우스는 고개를 저었다. 그 순간 머리에 통증이 일어났다. 그제야 그는 코가 부은 것을 눈치챘다. 평소보다 적어도 두 배는 부었을 것이다.

"거울 있어요?"

"어떻게 보이는지가 무슨 대수야……."

"거울 좀 갖다줘요……."

"언제나 겉모양만 먼저 생각하는군." 그녀는 깨지고 더러운 작은 거울을 갖다주었다. 페트로니우스는 얼굴의 변화를 꼼꼼히 살펴보았다. 눈 밑의 커다란 검붉은 멍과 부어오른 코가 이상하게 보였다.

"확실히 더 예쁘게 만들지는 않았지?" 그로가 미소를 살짝 지으면서 말했다.

나는 당신을 증오해. 어떻게 웃을 수 있지? 그리고 어떻게 당신의 마음이 상처입었다고 말할 수 있지? 내 마음은 상처를 입지 않았다고 생각해? 난 육체적으로 상처를 입었을 뿐이지 심리적으로는 상처를 입지 않았다고 생각하는 거야? 당신만이 상처받았다고 생각하는 거냐구? 당신이 상처받았다고? 정말로? 당신은 정말로 자신이 한 일에 대해 미안하다고 생각하는 거야, 아니면 그저 우스꽝스러운 사건이라고 생각하는 거야? 우리는 그 일을 두고 금방 웃게 되겠지, 안 그래? 당신이 빠뜨렸던 그 얼음같이 차가운 물속에서 내가 나오려고 몸부림칠 때 당신이 바위 위에 서서, 내 손가락을 짓뭉개려 했던 일이 얼마나 우스운지 얘기하게 되겠지? 내 얼굴을 이렇게 만든 당신의 짓거리를 유쾌하게 웃어넘기겠지? 그렇지? 아, 난 무서워. 나는 당신에게 그 어떤 것도 말할 용기가 없어. 난 무서워.

"아니야, 좋아질 거야." 페트로니우스가 말했다.

"코가 부러진 것 같은데." 그로가 코를 더듬었다. 그는 울음을 터뜨렸다. 그녀가 그를 때렸을 때처럼 아팠다.

"부러지진 않았군." 그녀가 말했다.

그는 그녀의 손을 잡았다. 갑자기 그녀가 그 어느 때보다 더 강하고 아름답게 보였다. 무엇보다도 그는 그녀의 강한 육체, 큰 가슴에 편안하고 따뜻하게 안겨 영원히 잠들고 싶을 뿐이다.

"왜 더 이상 나를 원하지 않는 거지, 페트로니우스? 너는 날 사랑하잖아, 안 그래?"

"그래요."

"원하지 않아. 너는 나도, 네 아기도 원치 않아."

나는 겁이 나요. 당신에게 대답하기가 겁나요. 만일 내가 대답한다면, 당신은 또 나를 때릴 거예요. 당신은 거기 앉아 있고 난 지금 아무것도 할 수 없기 때문에 당신에게 그 어떤 말도 할 수 없다구요. 당신은 마음만 먹으면 아무 생각 없이 나를 때릴 수 있어요. 당신은 그보다 더한 것도 할 수 있겠죠. 당신은 원한다면 나를 죽일 수도 있겠죠. 내가 뭘 할 수 있겠어요? 난 당신에게 말할 수 없어요.

그는 팔로 그녀의 머리를 감싸 끌어안았다. 그는, 지금은 아니지만 한때 그녀를 사랑했었다는 것만을 생각하려 했다. 그의 머릿속엔 그로가 있었다. 아마 한순간도 그로는 머릿속에서 떠난 적이 없을 것이다. 한 움을 향한 사랑의 꿈······.

그는 그녀에게 꽉 안기고픈 유혹을 느꼈다. 그는 그녀에게 다시 감미롭고 다정한 감정을 가질 수 있을 거라고 생각했다. 그녀는 아름답고 강했다.

"당신을 사랑해요." 그가 말했다. 아무 생각 없이 그냥 입에서 흘러나온 말이었다. 그리고 그 말을 하자마자 자신은 그 말을 지킬 수 없다는 것을 깨달았다. 그녀와 함께 있을 때 느끼는 그 감미로움과 다정함만으로는 살 수 없다. 잠시는 살 수 있겠지만. 그러나 일상생활에서 그럴 수는 없다. 각자 서로의 일을 하고 있을 때라면 모를까, 그들이 함께할 때는 아니었다. 왜냐하면 그의 모든 행동이 그녀 앞에서는 위축됐기 때문이다. 게다가 그녀에 대한 사랑의 감정은 그에게서 모든 의지를 앗아 갔다.

"넌 나와 함께 있고 싶지 않다면서 나를 사랑한다고? 넌, 여기에 너와 나 그리고 아기와 함께 있는 것도, 우리가 시작한 일들을 계속 하는 것도 바라지 않잖아?"

아냐, 아냐. 그 반대야. 당신과 함께 있기를 원해요. 모든 것이 당신 없이는, 당신의 존재 밖에선 무의미해요. 나에게 생기를 주는 것은 당신의 존재예요. 페트로니우스는 고개를 끄떡였다. 그는 엄청난 피로가 몰려오는 것을 느꼈다.

"원한다고 말해, 페트로니우스! 그렇다고 말하라구!"

그로는 지금 흥분한 가운데 행복해했다. 그녀는 그의 손을 자기 머리에서 떼고는 담배에 불을 붙였다.

"알아? 아직 말 안 한 건데, 좋은 소식이 있어. 궁금하지?"

페트로니우스는 머리를 조심스럽게 끄떡이며 그녀를 바라보았다.

"이제 더 이상 아무 문제도 없을 거야. 난 우리 모두를 부양할 수 있다구. 이번 여름부터 잠수 3과를 지도하는 일을 맡게 됐어. 그건 더럽게 보수가 많지. 배러스커리가 요전 날 나한테 말하더라구. 그녀가 날 추천했대. 그녀가 내게 와서 예전의 불화는 잊어버리자고 말하는 거야. 우리에겐 잘된 일이지. 너와 나에게. 이제 아무 걱정 마. 어때, 좋은 소식이지?"

"그래요."

"말해 봐, 페트로니우스. 아이를 원한다고, 여기서 함께 살 거라고, 우리 셋이서 말이야. 그리고 우리는 지금처럼 서로를 사랑할 거라고 말해 봐. 우리가 늘 해왔던 것처럼. 바로 너와 내가, 언제까지나."

"당신…… 그리고 나…… 그리고 아기," 그가 입을 뗐다. 그는 눈을 감고 계속 말했다. "당신…… 나 그리고 아기는 여기서 살 거야…… 여기 메이바이트에서. 난 당신의 아기를 받을 거고, 우리는 서로 사랑할 거야. 우리는 서로를 사랑할 거야, 우리 넷 모두."

"넷이라니?"

페트로니우스는 숨을 가쁘게 쉬고 있었다. 그녀가 그를 흔들었다. 그가 눈을 살짝 떴다. "예?"

"넷이라고 말했잖아!"

"넷이라구요?"

"그래. 왜 넷이라고 그랬지?"

"내가 넷이라고 말했나요?"

"그랬다니까. 우리는 서로를 사랑할 거라고 말하면서, 우리 넷이라고 했어. 네가 그렇게 말했어. 왜 그랬지?"

"아니, 내가 그랬다고요? 난 셋을 말하려고 했던 건데……."

"그래, 셋이겠지."

"그로?"

"왜?"

"사랑해요."

"나도 사랑해, 페트로니우스."

그러자 그녀의 배가 점점 더 커졌다. 그가 일어나려고 아무리 노력을 해도 그는 그녀의 배에 머리를 부딪치기만 했다. 그래서 그는 일어날 수가 없었고 다시 물 밑으로 눌리는 것 같았다. 항상 그의 머리 위로 덮치기만 할 뿐이었다. 물속에서 그는 숨을 쉴 수가 없었다.

아버지와 아들

크리스토퍼는 페트로니우스의 설명을 믿을 수가 없었다. 페트로니우스는 아버지가 자기 말을 믿지 않는다는 것을 분명하게 알 수 있었다. 페트로니우스는 좀 더 그럴싸하게 이야기를 꾸며댔어야 했다.

크리스토퍼는 바느질 바구니를 들고 침대 가장자리로 가서 앉았다. 페트로니우스는 그 일에 대해 이제 더 이상 생각하지 않기로 했다. 집 안은 너무나 조용하고 평화로웠다. 루스가 집에 있었다면 크리스토퍼는 바느질을 할 수 없었을 것이다. 왜냐하면 루스는 크리스토퍼가 일에 너무 몰두한 나머지 자기 말을 알아듣지 못한다고 불평하기 때문이다.

페트로니우스는 아버지가 무슨 생각을 하고 있는지, 그와 같은 생각을 하는지 궁금해하며 아버지를 쳐다보았다. 그는 이제 거의 대머리가 다 되었다. 문힐의 나이 든 상류계급 귀부인들이 많이 사용하는 발모제가 그에게는 전혀 효과가 없다는 게 입증되었다. 크리스토퍼는 늘 그 효능에 대해 이런저런 얘기를 했었다. 페트로니우스는 아버지의 반질반질한 두피를 관찰했다. 이게 정말 추한 것인가? 왜 다른 피부보다 더 추해야만 할까? 하지만 아버지가 달걀 같이 보인다는 것은 인정할 수밖에 없었다. 정말로 화관을 두른 큰 달걀 같았다.

루스가 집에 있을 때면, 그는 늘 가발을 썼다. 그러나 요즘 들어서는 그녀가 집에 있는 것을 보기가 힘들어졌다. 한 해 두 해 지나면서, 루스는 점점 더 자신의 일에 빠져들었다. 가끔 그녀는 야근도 하고, 밤을 새기도 했다.

페트로니우스는 베개를 베고 누웠다. 아팠다. 눈물이 나왔지만 감추려고 하지 않았다. 눈물이 뺨을 타고 흘러내렸고, 지금 아버지에게 말하지 않는다면 아마 다시는 못 할 거라 생각하면서 흐느꼈다. 아버지와 함께 있는 것은 드문 일이었다. 정말 아버지에게 해야 할 얘기가 너무나 많다. 그러나 어디서부터 시작해야 할까? 그는 깊게 한숨을 내쉬었다.

"그로가 날 때렸어요."

크리스토퍼는 고개를 끄떡였다. "오늘 아침 너를 보자마자 그럴 거라 생각했단다." 크리스토퍼가 일어섰다. 그는 충격을 받은 것이다. 페트로니우스는 아버지의 몸이 약간 떨리는 것을 지켜보았다. 아버지는 알고 있었다. 그런데도 지금 그 사실을 듣고 다시 충격을 받은 것이다. 그는 잠시 후 술병과 잔 두 개를 들고 돌아왔다.

"너도 좀 마시련?"

페트로니우스는 부모와 함께 술을 마신 적이 없었다. 그는 어머니가 술을 마실 때의 분위기를 좋아하지 않았다.

"예, 주세요." 그가 말했다. 그리고 모든 이야기를 다 털어놓았다.

"그로한테 부성보호를 받아서는 안 된다, 페트로니우스! 그래선 안 돼!" 크리스토퍼는 거의 고함을 쳤다. 그는 여전히 떨고 있었다. 페트로니우스는 고개를 끄떡였다. 그는 아버지의 격분에 놀랐다. "삼십 년간, 아니면 네가 버틸 수 있는 한, 하루 스물네 시간 꼬박, 처음부터 끝까지 고달프고 힘든 일이라구."

그는 잔을 비우고 다시 채웠다.

"그리고 만일 세세한 부분까지 아내를 만족시키기 위해 스물네 시간 내내 일하지 않는다면, 우리에게 돌아오는 것은 비난뿐이야. 페트로니우스! 만일 내가 너라면, 지금…… 만일 네 입장이라면, 나는 내가 하고 싶은 것을 할 거야. 가정과 아이에 대한 모든 꿈은 집어치우고 나 자신을 찾고 싶어."

그는 일어나 잠시 밖으로 나갔다. 페트로니우스는 아버지가 방을 얼마나 훌륭하게 정돈해 놨는지를 둘러보았다. 그의 물건들은 모두 그대로 있었다. 뱃사람 인형, 조개 팔찌와 잡동사니들. 모두 그 자리에 그대로 놓여 있었다. 크리스토퍼는 무거운 봉투 더미를 들고 돌아왔다. 그는 조심스럽게 하나하나 열었다. 페트로니우스의 눈이 휘둥그레졌다. 그것은 그림이었는데, 한 장 한 장이 그 앞장보다 더 나았다. 크리스토퍼는 침대 커버 위에다 그 그림들을 펼쳐 보였다. 그것은 적교(吊橋)와 캔틸레버식 다리와 인도교, 가동교(可動

橋, 들어 올리는 다리), 은(銀)다리와 금(金)다리, 적갈색 다리 들이었다. 온갖 종류의 다리들에 대한 꼼꼼한 설계도였다. 다리의 조감도도 있었다. 바다 너머에서, 언덕 꼭대기에서 보는 듯한 원경의 다리 그림도 있었다. 럭스 다리와 노스 다리 공사가 막 시작되었을 때, 사 분의 일쯤 세워졌을 때, 반쯤 마쳤을 때, 그리고 완성되었을 때, 각 시기별 그림도 있었다. 모든 가능한 크기와 모양의 다리가 있었으며, 상상 가능한 모든 색깔의 다리가 있었다. 건축가의 설계도처럼 흑백으로 정교하게 그려진 실용적인 다리도 있었고, 결코 세울 수 없을 것 같은 총천연색 환상적인 대교도 있었다.

"아빠가…… 아빠가 이걸 다 그렸어요?" 페트로니우스는 흥분했다. 거칠게 다루기라도 하면 깨질 것처럼 그는 조심스럽게 한 장 한 장 찬찬히 살펴보았다. 그는 놀라서 아버지를 쳐다보고는 다시 그 그림들을 보았다.

"이 그림에 대해선 아무도 모른단다." 크리스토퍼는 조용히 말했다. "네가 처음으로 이 그림들을 보는 거란다."

오랫동안 그곳에 앉아 그림을 보면서 크리스토퍼는 그에게 언제, 무슨 생각을 하면서 그 그림들을 그렸으며, 다리는 어떻게 구성되어 있고 그중 몇 개의 다리는 왜 상상의 날개일 수밖에 없는지, 그리고 소년이었을 때 기술자와 얘기를 나누고 다리에 관해 읽을 수 있는 모든 책을 읽으면서 여가를 보냈다고 얘기해 주었다. 그가 이 일을 다시 시작할 수 있기를 간절히 바라고 있을 때, 루스가 미라벨로를 갖게 될 거라고 말했다고 한다. 그리고 자신이 나이가 들면서 얼마나 보잘것없어져가는지, 루스가 그에게 거세를 요구했을 때 그저 묵묵히 따를 수밖에 없었던 이유, 더 이상 자신은 그 어떤 것에도 쓸모가 없다는 느낌과 이것이 그에게 얼마나 상처가 되는지, 그러니까 줄 것이 아무것도 남아 있지 않으며 이것에 대해 죄책감이 들기 때문에 이제는 더 이상 미라벨로에게 좋은 아버지가 될 수 없을 것만 같다고, 자기 아들에게 털어놓았다.

"나도 몇 번 맞았단다, 페트로니우스."

페트로니우스가 쳐다보았다. "어머니한테요?"

크리스토퍼가 고개를 끄떡였다. "그리고 그때마다 그 사실을 감추려고 화장을 더 짙게 해야 했단다. 게다가 그녀는 가장 가슴 아픈 이유로 나를 때렸지. 대개는 내가 다른 움과 바람을 피웠다고 생각하기 때문이었어."

페트로니우스는 깊은 한숨을 내쉬었다. 많은 것들이 생각났다. 그는 이 사실을 알고 있었다. 그러나 감히 물어볼 수가 없었던 것이다. 그는 아버지의 팔을 쓰다듬었다.

"한번은 내가 리즈 배러스커리와 잤다고 생각하지 뭐냐!"

크리스토퍼가 쓴웃음을 지었다.

"리즈 배러스커리는 게이예요."

"뭐라구?"

"리즈 배러스커리는 동성애자라구요."

"뭐라구? 그러니까 동…… 동…… 동성애자라고 말했니?"

"그래요. 게이 바에서 그녀를 봤어요. 발드리안과 거기 갔을 때 봤어요."

그는 대수롭지 않다는 듯이 말하려고 애썼다. 그는 왜 갑자기 거북해지는지 알 수 없었다. 아버지와 아들은 서로의 눈을 한참 응시했다. 그러고 나서 그들은 각자 포도주를 두 모금씩 크게 들이켰다.

"그녀는 여러 층으로 된 가발을 써요." 페트로니우스는 좀 더 사실처럼 들리게 하기 위해 이 말을 했다. 그러나 이런 단편적인 정보는 역효과만을 낳을 뿐이라는 것을 금방 깨달았다.

"됐어, 페트로니우스. 네가 상상력이 풍부하다는 것은 이미 알고 있단다." 크리스토퍼가 웃었다. 페트로니우스는 맥이 빠졌다.

"정말이라구요!"

"글쎄…… 우리가 생각하는 좀 더 정상적인……."

"정상적이라구요? 난 내가 별다른 것을 봤다고 생각지 않아요. 가끔 나는 우리 사회가 동성애적인 움들을 위한 거대한 운동장일 뿐이라고 생각해요. 서로 장난치고 시합하고 싸우고, 서로서로 존경하고, 서로를 키워주는 운동장 말이에요. 반면 맨움은 집 안에 갇혀 지내거나, 가장 더러운 직업을 떠맡거나, 팔루리아로 보내지죠. 움들이 아름다운 요트와 움 전용 클럽과 회사에서, 스포츠 경기장에서 그들의 신성한 자매애를 추구하고 그것에 집착하는 동안에 말이에요. 그래서 신체적으로 동성애자인 것과 정신적으로만 동성애자인 것 사이에는 별 차이가 없다구요. 왜냐하면 내게는 움들이 서로 사랑하고 맨움을 경멸하는 것도 어떤 면에서는 모두 동성애로 보이기 때문이에요. 그들은 자신의 몸을 사랑하고 가꾸고 움이란 성(性)의 명예와 미덕을 찬미하면서도 맨움이 조금이라도 동성애자 티를 내면 즉시 우리를 적대시하고 변태라고 부르죠. 우리가 하고자 하는 것은 그들이 아주 당연하게 여기는 그런 모든 즐거움,

그러니까 원하는 곳에 갈 수 있고 서로를 사랑할 수 있는 자유를 아주 조금이나마 맛보겠다는 것뿐인데도요. 우리가 서로에게 최소한의 호감을 보이거나 조금이라도 함께 시간을 보내면 마치 우리 스스로 즐기는 것이 그들의 게임을 망치는 것처럼 곧장 우리를 비난하죠. 그러니까 그들은 거대한 움 동성애를 그들 사이에서 즐기면서도 '우리'는 백 퍼센트 이성애자로 남아 있길 요구하는 거예요. 맨움들 간에는 서로서로 아무런 관계가 없어야 할 뿐만 아니라, 수천 개의 아늑하고 작은 집 안으로 뿔뿔이 흩어져 있어야 하죠. 그리고 그곳에서 감자를 요리하면서 그들이 집에 언제 돌아올까 생각하는 것을 행복해하고, 혹시 그들이 집에 오지 않으면 어쩌나 하는 걱정으로 몸이 굳어버리죠. 감자를 요리할 수 있는 아늑하고 작은 가정을 갖기 전까지, 우리는 그 감자들을 요리할 수 있는 '그런 곳'을 갖지 못하면 어쩌나 두려움에 떨고, 그러다 운 좋게도 가정을 갖게 되면 동성애자가 아닌 척 위장하는 수천 가지의 자잘한 알리바이를 마련하고 포장해야만 하겠죠. 이따금, 탄생 궁전과 월경 축제와 스포츠 경기에서 그들의 영광을 함께 나누기 위해, 그들과 함께 하는 외출이 허용되죠. 그것이 나를 역겹게 만들어요. 그것이 바로 사회가 동성애자인 움을 경멸과 혐오로 대하는 까닭이죠. 왜냐하면 그들은 모든 움이 동성애자라는 사실을 드러냈기 때문이에요."

크리스토퍼는 아들을 쳐다보았다. 큰 손동작과 이글거리는 눈동자, 확고한 표정으로 침대에 꼿꼿하게 앉아 있는 그의 모습은 평상시에는 볼 수 없었던 것이었다. 루스는 지적인 움이다. 틀림없이 페트로니우스는 어머니의 지성을 이어받았나 보다. 아마도 그는 크리스토퍼의 사물을 이해하는 능력 또한 물려받았을 것이다.
크리스토퍼는 아들의 손을 살짝 쥐었다. "내가 너라면 좋겠구나."
페트로니우스는 그를 의아하게 바라보았다.

'투쟁하는 수탉'을 만들다

그해의 마지막 달인 십삼 월이 되어 성대한 월경 축제가 다가왔다. 이갈리아의 모든 움은 축제에 참가할 수 있기를 손꼽아 기다리면서 친구들과 술을 마셨다. 그리고 모든 맨움들은 움과 아이들이 입을 의상을 마련하고 축제를 구경하기 위해 아이를 데리고 공원을 돌아다닐 생각으로 걱정이 태산이었다. 이갈리아의 모든 아이들은 월경 축제가 그해의 가장 흥분되는 사건이기 때문에 어디서고 즐겁게 보내야 한다는 말을 들었다.

발드리안, 판당고, 페트로니우스와 리젤로(그들은 이제 노총각 올모스를 이렇게 부른다.)는 문힐에 있는 맨움해방주의 센터에 앉아 수다를 떨고 있었다. 따스한 햇살이 온 천지에 가득했다. 금년 가을은 유난히 과일이 탐스럽게 열린 대풍년이었다. 그들은 일층의 작은 베란다에 앉아 오후 햇살을 받으며 전 교장 올모스가 담근 달콤한 사과주를 마시고 있었다. 그들은 움이 담근 와인을 마시는 게 반맨움적인 것은 아닌가 우스갯소리를 하며 떠들고 있었다. 그러나 이것이 정말 반맨움적이라면 그만 마시면 되기에 걱정은 더 이상 하지 않았다. 어쨌든 그 순간만큼은 그랬다. 그들은 움은 참여시키지 않고 맨움들이 직접 농업공동체를 운영하는 맨움 그룹이 팍스에 있다는 얘기를 들었다. 그들이 아는 한 그 그룹은 자기 소유의 농작물을 재배하는, 이갈리아에서는 유일한 맨움 그룹이었다.

그들 네 명은 의식화 그룹을 만들고는 '투쟁하는 수탉'이라고 이름 붙였다. 자신들을 강하게 하고 스스로의 편견을 극복하기 위해서 그 이름을 선택한 것이다. 수탉은 가장 어리석은 동물로 간주되었고 그래서 수탉은 맨움을 경멸하는 말로, 누군가를 정말 욕하고 싶을 때 사용되었다. 수탉이 자신을 표현하는 방식 또한 가장 어리석은 것이라 여겨졌다. 그러나 수탉이란 말에는 조롱하는 무언가가 있으면서도 동시에 약간의 외설스러움이 있기 때문에, 이런 이유로 끊임없이 수탉은 맨움과 비교되었다.

처음에 올모스는 그룹에 참여하지 않으려 했다. 그는 그저 자신을 후원자라고만 생각했다. 집과 토지를 상속받은 상층계급의 특권층인 맨움으로서 그는 젊은 맨움들을 후원할 수 있었다. 그는 마을 안에서 회자되는 소문들은 모두 들었다. 특히 그가 팔루리안이란 소문은 순식간에 퍼져 그가 길을 걸을 때면 모두들 피했다. 그는 아주 자연스럽다는 듯이 그 소문들을 받아들였다. 하지만 그는 자신이 맨움 운동의 일원인지에 대해서는 크게 확신하지 못했다. 젊은 맨움들에게 짐이 될 거라고, 너무 늙어서 맨움해방주의가 맨움에게 바라는 방식대로 자신은 변하지 못할 거라 생각했다.

하지만 판당고는 그에게 자신들과 함께하자고 간청했다. 그들은 그의 지식과 경험이 필요할 뿐만 아니라, 만약 전체 맨움 운동이 나이 든 맨움을 포함하지 않는다면 실패할 것이라고 얘기했다. 나이 든 맨움은 경험이 가장 많은 사람이었다. 맨움 운동은 맨움 자신의 경험에 기초한 것이기 때문에, 나이 든 맨움을 끌어들이지 않는 것은 그야말로 어리석은 것이었다. 그럼에도 불구하고 노총각 올모스는 그들이 '투쟁하는 수탉'은 가부장적 그룹이어야 한다고 제안할 때까지도 주저하고 있었다.

그 그룹은 매우 편안하고 즐거운 소집단이었다. 첫모임이 끝날 무렵 그들은 이미 상당한 진전을 이루었다고 느꼈으며, 이 그룹을 현 규모로 유지하자는 결정을 내렸다. 만일 다른 사람들이 가부장제를 토론하고 싶어 한다면, 그들 자신이 새로운 그룹을 만들면 될 터였다.

'투쟁하는 수탉'은 첫 번째 토론 주제를 클로로필 공원에서 펼칠 이벤트로 결정하고, 월경과 관련된 자기 경험을 이야기하는 것으로 시작했다.

판당고는 바가 학교 가는 길에 자신을 어떻게 수풀 속으로 끌어들이곤 했는지를 말했다. 그는 지금까지 어느 누구에게도 이 사실을 말하지 못했으며 그 일에 대해 점점 더 죄의식을 느끼곤 했다. 그는 자신이 위대한 기적의 목격자라고 늘 생각했다. "어느 맑은 날, 그녀가 핑크빛 무드에 휩싸여서는 날 사랑한다고 말하고 내 등을 부드럽고 다정하게 애무하는 일이 벌어질 거라고 생각했었어요." 그러나 그런 일은 절대 일어나지 않았다. 그 대신에, 그녀는 그에게 가슴과 젖꼭지를 보여주면서 그것이 얼마나 더 커지고 멋있어졌는지를 이야기했다. 그리고 초경을 하던 때에는 바지를 벗고 드러누워 질에서 나오는 피를 보여주면서, 이것은 자신이 자연의 힘과 진정한 조화를 이루었음을 의미한다고 말했다. 하지만 그는 절대로 그녀와 똑같은 성숙에 도달하지 못할 뿐만 아니라 영원히 지금과 같은 미성숙 상태에 머물도록 운명 지워져 있다고 말했다. 판당고는 자신이 월경을 하지 않는다는 사실에 심한 부끄러움을 느꼈고 나이가 들면서 가슴이 편편한 몸이, 그리고 그 몸이 성장하는 것이 점점 더 부끄러웠다고 말했다. 차라리 성장이 멈추길 바랐다고.

페트로니우스는 바의 초경을 절대로 잊지 못한다. 꼭두새벽부터 바는 소리를 지르며 온 집 안을 뛰어다녔다. "아빠아아아아아아! 나 시작했어, 시작했다구요요요요요요요!!! 만세에에에에에!" 가족 모두가 곧장 일어나서는 그녀를 축하해 주었다. 그러고 나서 바는 건강사무국으로 달려가 생리대를 커다란 상자째 받아 왔다. 그러고는 식탁 앞에 앉아서 그 상자를 뜯고는 생리대를 꺼내서 페트로니우스 코앞에 대고 흔들었다. 그녀는 그 생리대를 착용하고는 페트로니우스에게 다가와 그의 가슴을 장난스럽게 쳤는데, 그때 그녀는 너무 흥분한 나머지 거의 제정신이 아니었다. 그때, 아버지는 그를 조용히 부엌으로 데리고 가서 이제는 그가 페호를 입어야 할 때가 되었다고 말했다. 이와 함께 페트로니우스는 어머니가 그를 구석으로 데리고 가서 세상에서 무엇이 옳고 그른지 말해 주었던 때가 바로 어머니의 생리 기간 중이었다는 것을 떠올렸다. 그녀는 생리를 할 때면 사물을 아주 명쾌하게 보았다.

발드리안은 어머니가 월경을 큰 문제로 삼았다고 말할 수는 없었다. 어머니는 월경에 대해 거의 언급하지 않았다. 그렇지, 판당고? 그래. 판당고도 리즈 배러스커리가 생리 기간을 특별하게 말했는지는 기억할 수 없었다. 아무 말 없이 생리 기간이 지나갔다. 그러나 아버지는 가끔 어머니가 유난히 큰 작살물어를 잡은 때가 바로 생리 중이었다고 말하곤 했다. 발드리안은 그와 울프램이 어렸을 때 규칙을 만들어서 했던 게임을 설명했다. 그들 둘이 같은 기간에 생리를 하는 어른 움 행세를 하는 것이었다. 그들은 자기 소유의 농장, 섬에서 따로 살고, 들판의 곡식을 시찰할 때 탈 수 있는 암말도 스무 마리씩 가지고 있다고 상상하는 것이다. 하지만 발드리안은 실제로 월경을 하고픈 욕망을 느껴본 적은 없었다. 그는 늘 그림같이 잘생긴 맨움이란 말을 들어왔으며, 그도 이 말을 믿었고 그 사실이 기뻤다. 에바는 늘 자신의 생리 기간에 섹스를 하자고 그를 졸라댔고, 최근 들어 발드리안은 이것이 상당히 두려워지기 시작했다. 에바는 생리 기간 중에는 더 열광적으로, 다른 때보다 두 배는 더 그를 꽉 쥐었다. 생리 기간에 하는 섹스는 그녀에게 매우 강렬한 느낌을 주기 때문에 스스로를 통제하기란 불가능했다.

노총각 올모스는 어렸을 때 오직 움만이 몸속에 피를 가지고 있다고 생각했다고 말했다. 그래서 그는 움과 사는 맨움은 움이 죽으면 따라 죽게 된다고 믿었다. 맨움이 피를 흘리는 것은 피부 바로 밑에만 피를 가지고 있기 때문이며, 맨움의 몸 안에는 움과 같은 피가 없다고 생각했다. 전 교장 올모스가 그에게 모든 사람들은 사춘기가 되면 월경을 시작한다고 말해 주었을 때, 어린 리젤로는 매우 기뻤다. 그는 월경이 시작하기를 여러 해 동안 기다렸다. 어머니가 월경이 모든 사람들에게 일어나는 일이라고 말했다면, 그것은 틀림없는 사실인 것이다. 그런데 그는 우연히 몇 명의 소녀들로부터 맨움은 절대로 월경을 못 한다는 소리를 듣게 되었다. 집으로 돌아온 그는 어머니에게 달려가 어머니가 모든 사람들은 사춘기가 되면 월경을 시작한다고 말하지 않았냐고 두 눈을 동그랗게 뜨고 물었다. 어머니는 큰 소리로 웃기만 했다. 조금 지나 그는 몽정을 하기 시작했다. 이 현상에 대해 그는 한 번도 들어본 적이 없었기 때문에 너무나 당황했고, 그것을 그저 색다르게 보일 뿐인, 맨움 월경일 거라고 생각했다. 그런 몽정은 월경처럼 한 달에 한 번만 일어나야 한다고 생각했기 때문에 그는 결국 자신의 몸에 심각한 문제가 있다고 확신하게 되었다. 그는 매우 자주 몽정을 했기 때문에 오랫동안 자신은 중병에 걸렸다고 생각했다. 노총각 올모스는 자기가 어렸을 때는 오직 움만이 월경 축제에 참가할 수 있었다고 회상했다. 그리고 움이 그 위대한 축제에 참가하면 임신할 수 있게 된다고 상상했다. 움들이 임신을 할 수 있도록, 밀회의 장소를 만들어놓은 것처럼 말이다. 그것은 아주 어렸을 때의 일이었다. 얼마 후 그는 빠른 속도로 성장하면 할수록 더욱더 불행해졌다. 키는 점점 커지고 어깨는 점점 벌어지는데, 좁은 엉덩이는 그대로였다. 상황은 더 나빠질 뿐이었다.

　맨움들은 서로의 얘기를 들으면서 공통된 경험이 매우 많다는 것을 깨달았다. 맨움의 몸에 대해 가지는 부끄러움. 페니스와 음낭을 갖고 있다는 부끄러움. 왜 음낭(shame bags)이라고 불리는 걸까? 새 단어를 찾아야만 하지 않을까? 가슴이 없고 보기 좋은 허벅지와 엉덩이를 갖지 못했다는 부끄러움. 월경을 하지 않는 데 대한 부끄러움. 털이 났다는 부끄러움과 털이 나지 않았다는 부끄러움. 턱수염이 자라기 시작하면서 느끼는 부끄러움. 털 난 가슴을 갖고 있다는 부끄러움. 대머리라는 부끄러움. 사춘기 때 목소리가 기묘한 저음으로 갈라지고, 아이였을 때 가졌던 듣기 좋고 정상적인 목소리를 잃어버린 부끄러움. 밤에 사정하는 부끄러움. 아이를 낳을 수 없다는 부끄러움. 부끄러움, 부끄러움, 부끄러움.

움에게 털이 안 난다고 해서, 왜 맨움의 털 난 가슴을 부끄러워해야 하는가? 움은 어디에 나건 상관없이 자신의 털을 자랑스러워하는데, 맨움은 왜 그럴 수 없는가? 이 부끄러움에 대해 무엇을 할 수 있을까? 그들은 또 다른 계획을 세웠다.

화려한 월경 축제

마침내 그해의 열세 번째 달이 왔다. 화려한 월경 축제가 시작된 것이다. 그날은 이갈리아 사람들이 모두 쉬는 날이다. 공원은 수많은 인파로 가득 찼다. 이갈리아의 움들은 친구들과 술을 마시고 게임을 했다. 이갈리아의 맨움들은 움과 아이들의 옷을 준비한 후에야 밖으로 나올 수 있었다. 아이들은 맨움들에게 매달려 자신들의 관심에 따라 이리 가자 저리 가자 졸라댔다. 수많은 작은 천막과 함께 세 개의 커다란 천막이 세워졌고, 관람석과 매점과 노점, 임시 화장실(페트로니우스가 관찰한 바에 따르면 '세 개의 움용 화장실과 단 하나의 맨움용 화장실이 있었다.')이 있었다. 오십 명의 움으로 이루어진 대규모 오케스트라가 관람석에서 연주를 하고 있었고, 온갖 종류의 전시와 행사 들이 천막 안에서 진행되고 있었다. 인기 있는 수퇘지 달리기 경주에 이어, 화려한 수탉 울음소리 콘테스트가 한시

정각에 시작될 예정이었다. 노총각 올모스는 가장 작고 가벼운 황갈색 닭에게 내기 돈을 걸었다. 더 작은 천막 안에서는 이갈선드의 상점 주인들이 세공품을, 그들 말로 반액 가격에 팔고 있었다. 맨움 해방주의자들은 작은 포르노 천막을 특히 주목했다. 그곳은 늙은 하우스바운드들과 아이들로부터 가까스로 도망친 움, 그리고 특히 아침나절부터 친구들과 술을 퍼마시고 떠들던 움들로 가득 차 있었다. 안에서는 자그마한 페니스와 아름답고 뚱뚱한 배를 가진 어린 소년들과 큰 가슴과 클리토리스를 가진 덩치 큰 움의 사진으로 가득 찬 총천연색 잡지를 팔고 있었다. 그 사진의 움은 자그마한 페니스를 애무하면서, 상상할 수 있는 모든 자세로 성행위를 하고 있었다. 그래서 작은 페니스와 뚱뚱한 배를 가진 그 어린 소년들은 곡예사처럼 자세를 취해야만 했다. 그리고 어떤 체위를 하든 혹은 어떻게 다루어지든 상관없이 그들은 모두 지독한 색광으로 묘사되었다. 그들 모두는 덩치 큰 움들의 커다란 젖꼭지와 클리토리스를 입에 넣으려 애쓰는 것 같았다. 또한 천막 안에는 밀랍이나 스펀지 고무로 만든 여러 종류의 인공 가슴이 있었다. 젖꼭지가 똑바로 곤추선 인공 가슴이 다양한 색깔과 크기별로 줄줄이 늘어서 있었다. 선반 위에는 인공 클리토리스 모양의 양초가 있었다. 그런 것들을 도대체 누가 사 가는지는 알 수 없지만 확실히 그것을 사 가는 사람이 있다는 것만은 틀림없다. 왜냐하면 하루가 다르게 신제품이 나왔고 광고 또한 계속되고 있었기 때문이었다.

확성기에서는 "제드 어린이, 나이는 다섯 살이고 빨간 체크 무늬 셔츠를 입고 있습니다. 지금 울면서 아버지를 찾고 있습니다. 남쪽

관람석 연단에서 데려가세요."라는 소리가 왱왱거렸다. 여기저기서 아이들은 한 손에는 아빠를 잡고 다른 한 손엔 커다란 태피 사과를 든 채 울고 있었다. 모든 사람들이 월경 축제 날 아이들이 재미있는 시간을 보내도록 하는 게 얼마나 중요한가를 말했다. 최근 들어 월경 축제는 온 가족의 실질적인 옥외 행사가 되었던 것이다.

다른 확성기에서는 지금이 화려한 수탉 울음소리 콘테스트에 참가한 닭에게 내기 돈을 걸 수 있는 마지막 기회라는 안내 방송이 나오고 있었다. 노총각 올모스, 페트로니우스, 발드리안과 판당고는 특별 관람석을 향하여 서둘러 갔다. 그들은 첫 순회 연주를 방금 시작한 대규모 브라스밴드 쪽으로 뛰어들었다. 월경혈을 상징하는 커다란 짙은 붉은색 깃발 두 개를 앞세우고 그 뒤를 음악가들이 따라 나왔다. 이십 명의 임신한 움으로 구성된 밴드는 승리 행진곡을 연주하고 열다섯 남짓한 움들이 다양한 색깔의 생리대를 흔들면서 그것을 하늘로 던져 올리고 다시 잡으며 적어도 한 번에 다섯 개씩 음악에 맞춰서 재주를 부렸다. 그 행렬의 끝에는 아이를 안거나 아이의 손을 잡은 맨움들이 나왔다. 임신한 연주자들이 행진을 마쳤을 때, 맨움들은 어머니 나라의 임신한 딸들을 노래한 「생명의 힘에 대한 찬미가」를 부르기 시작했다.

맨움해방연맹의 맨움 네 명은 특별 관람석의 북쪽으로 군중을 헤치며 나갔다. 열다섯 마리의 닭이 각각 큰 상자 위에 일렬로 서 있었고, 그 옆에는 '꼬끼오' 소리의 음조, 정확도, 연기를 판정하는 심사관이 앉아 있었다. 심사관이 높은 점수를 준 닭에 돈을 걸었던 사람들은 '하우스바운드를 위해 집으로 가져갈 수 있는' 휘황찬란한 닭 깃털을 상으로 받는다. 그 무대 위 벽보에는 커다란 글씨로 이렇게 쓰여 있었다. '당신의 늙은 맨움이 예쁘게 옷 입는 것을 좋아하지 않나요?' 그리고 '당신은 언제 마지막으로 하우스바운드에게 깃털을 주었나요?'

움 아나운서가 대회를 시작하는 신호를 주자마자 닭들은 즉시 울기 시작했다. 그들은 차례차례로 앞의 닭의 울음소리보다 좀 더 크게 '꼬끼오' 하고 울었다. 심사관 움들은 매우 신중하고 사려 깊은 얼굴 표정으로 들으면서 점수를 기록했다. 네 명의 맨움해방주의자들은 무대 옆 관목 뒤에 몸을 숨기고 있었다. 수백 명의 흥분한 관중들은 닭의 울음과 평가 점수에 집중하고 있었다. 내기에 질 것 같은 사람들이 항의를 하기도 했지만, 심사관이 내린 판결에 커다란 소리로 이의를 제기하는 것은 옳지 않다고 생각했기 때문에 판결은 대부분 그대로 인정되었다.

처음에는 어느 누구도 무슨 일이 일어났는지 이해하지 못했다. 그러나 갑자기 닭들이 상자에서 날갯짓을 하며 떨어지기 시작했다. 거대한 깃털 복장을 한 네 사람이 닭들이 있었던 곳으로 기어 올라갔던 것이다. 모든 일이 갑작스럽게 일어나 그 사람들이 깃털 복장을 벗어 던지기 전까지는 끼어들 틈이 없었다. 네 명의 맨움이 허리까지 벗은 채 모습을 드러냈다. 그들은 외설스럽게도 편편한 가슴으로 서 있었고, 심지어 그들 중 두 명은 가슴털까지 난 모습이었다! 가장 끔찍한 것은, 그중 한 명은 확실히 나이가 많은 맨움이었다는 사실이다. 그들은 깃털 달린 장식품을 관중에게 던지기 시작했다. 이들 네 명의 광적인 맨움해방주의자 중 한 명이 마이크를 잡고 외치기 시작했다. "맨움의 장식품과 치장을 모두 벗어 던지자! 왜 우리는 우리의 몸을 감추어야만 하는가? 움은 임신을 했든 안 했든 가슴과 배를 그대로 노출하고 벗은 몸을 보여줄 수 있는데, 왜 우리는 몸을 감춰야만 하는가? 그리고 왜 우스꽝스럽고 비실용적인 옷을 입어야 하는가? 단지 움들을 즐겁게 하기 위해서? 우리는 있는 그대로 살기를 원한다." 이때 군중 속에서 놀라 숨을 헐떡이는 소리가 새어 나왔다. 나이 든 맨움이 가발을 벗어 하늘로 날려 버린 것이다. 그의 머리는 완전 대머리였다.

그것은 수백 명의 관중들이 본 것 중에서 가장 소름 끼치는 외설스러운 광경이었다. 물론 그들 대부분은 아마도 사적인 공간인 자신들의 욕실에서나 대머리를 보았을 것이다. 그러나 여기, 이런 공개적인 장소에서! 야외에서 대머리라니! 군중은 네 명의 변태적인 노출자들을 가리키며 분노와 욕설을 마구 퍼부었다.

"우리가 요구하는 것은……."

그 연설자는 강제로 마이크를 빼앗겼고, 이제 어느 누구도 더 이상 그의 요구를 들을 수가 없게 되었다. 어쨌든 맨움의 목소리는 귀청 떨어질 듯한 확성기 소리보다도 더 참기 힘든 것이었기에.

초기 단계에서 이런 외설스러운 광경에 대해 아무 조치가 취해지지 않은 것은 대회 운영자가 잠시 동안 그 상황을 잘못 이해했기 때문이었다. 처음에 그녀는 순서를 잘못 알고 나온 포르노 천막 쪽의 무리쯤인 줄로만 알았다. 북쪽의 그 무대는 나중에 깃털을 입은 맨움들이 쇼를 하는 데 이용될 예정이었기 때문이다.

이제 막 경찰이 도착해 네 명의 노출증 움 혐오자를 붙잡아 연단에서 끌어 내렸기 때문에 수탉 울음소리 콘테스트는 계속 진행될 수 있었다. 어쨌든 하우스바운드를 위해 집으로 깃털을 가져갈 수 있는 기회는 아직 남아 있었다. "맞습니다, 기회는 아직 있습니다. 여러분 아직 기회가 있습니다." 다시 마이크를 잡은 움이 유혹하듯 속삭였다. "이런…… 에…… 다소 지저분하고 경미한 사고가 우리의 재미를 망칠 수는 없지요. 자 이제 '십삼 번' 닭입니다. 행운의 번호, 자, 로디와 젠틀움 여러분! 누가 십삼 번에 걸겠습니까?"
그러나 사실상 하우스바운드에게 깃털을 가져다줄 수 있는 기회는 이미 날아가버렸다. 왜냐하면 닭들은 완전히 당황한 상태였고, 숨어 있던 관목에서 닭들을 되찾아 왔을 때는 더 이상 울려고도 하지 않았기 때문이다. 그리고 십삼 번 닭은 흔적도 없이 사라져버렸다.
경찰서로 연행된 네 명의 움은 외설적인 노출로 공공 범죄를 야기한 혐의로 벌금을 물었다. 그러나 이번에는 맨움해방연맹은 언론과 연합했다. 그들은 그 행동을 기사와 사진으로 보도할 맨움 기자를 잘 알고 있었다. 그 기자는 양심적으로 이 사건의 의미를 설명하고, 점잖은 사람들에게 분노를 야기시킨 데 대해 맨움해방주의자에게 벌금을 부과하는 것은 이 사회가 모권제 사회라는 가장 명백한 증거이며, 그리고 그러한 판결과 벌금은 결국은 움의 사고를 반영한다고 덧붙였다. 항상 움의 사고는 맨움들이 하는 모든 것을 성행위와 관련된 것으로 가정했다. 그래서 그들은 맨움의 저항을 성적 변태라고, 이번 경우에는 노출증이라고 이름 붙였던 것이다.
'투쟁하는 수탉'은 이미 여러 차례 이런 종류의 행동이 올바른지 혹은 효과적인지를 상세히 토론했다. 그 이유는 이런 행동이 불리하게 이용될 가능성을 우려해서였다.

"하지만 모든 것이, 전부 다 우리에게 불리하게 작용할 수도 있어." 노총각 올모스가 말했다. "우리에게 불리하게 되도록 하면 안 돼."

"하지만 움과 맨움은 실제로 다른 종류의 옷을 입어야 할 필요는 없잖아요?" 페트로니우스가 물었다. "맨움이 바지를 입을 수 없는 이유는 바지에는 페니스와 음낭을 위한 충분한 공간이 없기 때문이라고 늘 들어왔지만."

"그건 이데올로기일 뿐이야." 발드리안이 말했다. "바지를 느슨하게만 하면 해결되는 문제야. 우리가 치마처럼 그렇게 비실용적인 것을 입고 돌아다녀야 할 필요는 없어."

"그래, 정말이지 가끔 난 난감해져."

북쪽 무대에서의 작은 돌발사고 때문에 방해를 좀 받긴 했지만 어쨌든 월경 축제는 계속되었다. 본부석에서 마술단원들이 한 사람씩 일어나 중요한 문제에 대해 긴 연설을 했다.

마지막으로, 수상이 이갈리아를 찬양하는 연례 연설을 했다. 매년 그렇듯이 이갈선드의 생태계에 대한 찬양으로 연설은 시작됐다. 매년 그녀는 똑같은 말로 연설을 시작한다. "대지, 공기와 물은 우리의 기본입니다. 그리고 매우 중요한 우리의 거주지입니다." 이갈리아인에게는 친근한 말이었다. 그녀는 흥겨워하는 군중들을 둘러보며 잠시 멈췄다. "그것들이 없다면, 이갈리아는 존재하지 않았을 것입니다." 그녀는 자연의 생명 순환을 보존하기 위해 이갈리아의 생태계가 어떻게 관리되고 있는지를 설명했다. 물론 그것은 이 갈리아의 나머지 지역들과, 또한 영구협정에 의해 팍스와도 유기적으로 연결되어 있었다. 모두가 알고 있는 것처럼 공기와 물은 국경 표시나 통치권의 선언과는 관계가 없다. 그들은 산소와 질소의 방출을 균형 있게 관리했다. 커다란 공원은 이산화탄소를 흡수해서 균형을 이루도록 계획되었다.

수상은 몇몇 수치를 인용해 박수를 받았고 계속해서 똑같은 원칙이 적용되는 수산업 통계를 인용했다. 물고기의 어획 규모는 물고기가 보존될 수 있는 범위에서 결정되었다. 그녀는 산란하는 양보다 더 많은 양의 물고기를 잡는 것이 얼마나 어리석은 짓인지는 삼척동자도 알 수 있는 문제이므로 규제를 강화할 필요까지는 없다고 호언장담했다.

그러면서도 그녀는 그 규제를 위반하면 과중한 벌금을 물게 될 것이라고 주의를 주었다. 그녀는 매년 이렇게 말한다. 그래서 그녀가 말하고 있는 동안 청중 몇몇은 집으로 갔다. 그녀는 예방 차원에서라도 어획에 관한 법률을 어긴 사람은 감방에 갇히게 되며, 양식장을 어떻게 만들어야 하는지에 대한 교육을 받아야 하고, 양식장의 균형이 회복될 때까지 풀려날 수 없다는 것을 청중에게 상기시킬 의무가 있다고 생각했다. 어떤 어종이 멸종되면 그녀 자신도 그 원인을 규명해야 하고, 만일 납득할 만한 이유를 찾아내지 못하면 소환되어 교육까지 받아야 했다. 그녀는 이 기간 동안 월급을 받지 못한다.

다음으로 수상은 청중에게 오염물질 처리장치가 이갈리아가 짊어진 부담 중에서 가장 비용이 많이 드는 항목임을 일깨우고 처리 장치의 작동에 관한 엄중한 세부 규칙을 언급했다. 또다시 그녀는 오염물질을 물이나 공기로 방출하는 데 대한 엄중한 벌칙을 강조했다. 범죄자는 환기가 잘 안 되는 방에 감금된다. 잘 먹기는 하지만 대소변을 볼 곳은 아무 데도 없다. 그러므로 그녀는 바닥에서 일을 처리해야 할 것이다. 결과적으로 그녀는 숨 쉬기가 거의 힘들 정도로 자신이 배출한 더러운 배설물에 둘러싸여 있어야 할 것이다. 그러고 나서 그녀는 며칠 동안 신선한 바깥공기를 마시면서 만일 모든 사람들이 그녀처럼 더럽고 유해한 오염물질을 마구 뿜어댄다면 종국에는 숨 쉴 수 있는 신선한 공기가 사라질 것이며, 오염된 이갈리아 전체가, 그리고 지구 전체가 곧 그녀 자신의 세포 상태로 환원될 것임을 깨닫게 된다.

다시 한번 수상은 지난해에 어떤 실업가도 위반을 하지 않아서 벌금이 부과된 적이 한 번도 없었다는 것을 기쁘게 전해 주었다. "이것은 우리의 지도적인 실업가들의, 특히 무역회사 실업가들의 건전하고 애국적인 양심을 보여줍니다." 그녀는 계속 말했다. "만일 우리가 인간과 자연 사이에 존재하는 심오한 상관관계를 경축하지 않는다면, 즉 인류와 그 자손을 위한 자연의 보존을 축하하지 않는다면 생명의 힘과 자연의 순환에 경의를 표하는 월경 축제의 목적은 도대체 어디에 있겠습니까? 이것이야말로 문명의 최고 형태인 것입니다."

수상이 연설하는 동안 청중들 대부분은 이미 집으로 가버렸기 때문에 박수 소리는 전보다 훨씬 작았다. 존경심에서 계속 머물고 싶어 하던 맨움들도 아이들이 너무 지쳐 짜증을 냈기 때문에 집으로 가야만 했다. 끝까지 남아 있는 사람들이 얼마나 여러 번 똑같은 얘기를 들었는지는 도나 제시카만이 알 것이다. 임신한 움들로 이루어진 브라스밴드가 지금 한창 유행하는 곡 「강한 배에서 건강한 아이가 태어나네」를 연주하기 시작하자 모든 사람들이 따라 불렀다. 그들의 목소리가 맑고 파란 이갈리아의 하늘로 높이 울려 퍼졌다.

평등한 도시를 걸으며

페트로니우스는 젠틀움을 위한 액세서리 상점 앞 네거리에 서서, 신호등의 빨간 움이 초록색으로 바뀌기를 기다렸다. 건너편 길거리에는 비단가슴표 가슴털 탈모제의 대형 광고판이 있었다. 광고판에 그려진 그림 하나는 맨움의 블라우스 윗부분을 끌어당겨 안을 들여다보며 코를 찡그리는 움을 보여주고 있었다. 다른 그림은 같은 자세의 두 사람을 보여주고 있지만, 다만 맨움의 블라우스 안이 아름답게 바뀐 것에 기뻐하고 있는 모습이 처음 그림과 달랐다.

페트로니우스는 월경 축제를 위해 자신의 털을 길렀다. 그는 다시 그 털을 제거하고 싶지 않았다. 어떤 탈모제를 사용하든, 피부가 쓰라렸다. 어쨌든, 그렇게라도 '털을 없애야만 했다.' 그는 그렇게 타협을 했던 것이다. 하지만 이제는 털이 난 가슴을 갖기로 했다.

초록색 움이 신호등에 나타났다. 자전거를 탄 소녀들은 횡단보도에서 마치 속도 경쟁을 하듯 달리면서 그를 밀쳤고 서로에게 고래고래 소리를 질렀다. 단 한마디도 알아들을 수가 없었다. 그들은 목청껏 소리를 지르는 것 같았다. 물론 그들끼리는 서로 그 뜻을 이해하겠지만.

따뜻한 가을날이었다. 많은 움이 셔츠를 입지 않은 채 걸어 다니고 있었다. 갖가지 모양의 가슴이 주변에서 출렁거렸다. 둥글고 탄력 있는 가슴, 길고 축 늘어진 가슴, 맨움처럼 납작한 가슴, 위쪽이나 바깥쪽으로 향하고 있는 젖꼭지, 아이가 하도 빨아서 길어지고 원통형이 된 젖꼭지도 있었다. 그것들은 모두 그를 향해 돌진하고 있었다. 예전에 그는 어떻게 이런 몸이 아름답다고 생각했는지 의아스러웠다. 사실 아주 부러워하지 않았던가? 블라우스 안으로 땀이 흘러내렸다.

길이 몹시 붐볐다. 많은 가족들이 주말을 즐기기 위해 시골로 향하고 있었다. 운전석에는 움이, 그 옆자리엔 하우스바운드가 그리고 뒷좌석엔 아이들이 탄 차가 천천히 움직이는 것이 보였다. 페트로니우스는 길모퉁이의 한 은행 앞에 멈췄다. 은행의 소책자 하나가 창가에 전시되어 있었다. 반짝반짝 빛나는 흰 종이에 밝은 청색의 글씨로, '당신과 당신 가족의 안전한 미래를 위하여.'라고 적혀 있었다. 움은 몇 개의 은행 서류를 엄지손가락으로 하나하나 넘기며 앉아 있었고, 맨움은 행복하고 자신감 있게 미소 지으며, 그녀의 어깨 너머로 이쪽을 쳐다보며 서 있었다. 소책자에는 또 '당신은 정부 보증 대출로 당신의 하우스바운드와 아이들, 당신 자신을 안전하게 할 수 있습니다.'라고 적혀 있었다. 다음 그림은 안전한 신용

대출로 장만한 집을 보여주고 있었다. 그리고 그다음에는 당신과 당신의 가족이 안전한 집 안에 있는 그림이었다. 당신은 의자에 앉아 있고, 당신의 하우스바운드는 서 있고, 당신의 아이들은 바닥에서 안전하게 뛰어놀고 있었다.

페트로니우스는 머릿속으로 그로에게 편지를 쓰고 또 쓰면서 이 갈선드의 거리를 걷고 있었다. 그는 그녀가 보고 싶었다. 그러나 그녀와 함께한다는 것이 실제로 무엇을 의미하는지를 떠올리자마자, 더 이상 그녀가 보고 싶지 않았다. 그런데 그녀가 얼마나 매력적이었는지를 생각하자 다시 그녀가 보고 싶어졌다. 그러나 그 매력이란 게 뭐지? 뭘로 이루어져 있는 걸까? 그녀가 나를 지배한다는 사실에 매혹당한 건가? 아마 나는 계속 그렇게 지낼 수도 있을 거야. 맞아, 아니야, 맞아, 아니야.

그는 마음속으로 결정을 내렸다. 그로가 아기를 낳을 때 탄생 궁전으로 가겠다는 편지를 쓸 것이다. 거기에 가서 의식에 참여하고 아이를 받을 것이다. 그러나 부성보호를 받지는 않을 것이다.

그것은 모든 관습과 전통에 어긋나는 것이었다. 분명히 아버지가 탄생 궁전에 간다고 해서 부성보호를 받아야 한다는 규칙은 없다. 그것은 단지 불문율일 뿐이다. 하지만 사실 그는 아이를 원했다. 그로는 그가 아이를 원하는 것을 알고 있었기 때문에, 몇 번이나 낙태하겠다고 위협했다. 크게 당황한 페트로니우스는 그녀에게 전화를 걸어 낙태하지 말라고 간청했다.

"하지만 결정은 네가 하는 거야." 그녀가 말했다.

"난 남은 인생 모두를 당신에게 구속당하는 결정 따위는 하지 않을 거예요." 하고 그가 대답했다.

그는 괴로웠다. 하지만 그는 물러서지 않았다. 그는 자기 자신의 인생을 원했다. 그런데 그것을 원한다는 데에 죄책감을 느꼈던 것이다.

"우리에게 아이를 갖도록 하는 것은 그들이 우리에게 사용하는 무기일 뿐이야." 발드리안이 말했다. "굴복하지 말아야 해." 발드리안은 늘 교장 딸의 하우스바운드가 되기를 꿈꿔 왔었지만, 부성보호를 받지 않기로 결정했다. "나는 지금보다 세 배나 더 많은 일을 할 생각은 없어." 발드리안은 이렇게 말하곤 했다. 그것은 매우 간단하면서도 해방적인 말이었다.

페트로니우스는 도서관으로 들어갔다. 시간이 많았다. 그가 가야 하는 회합은 저녁 시간에나 있었다. 그는 편지를 썼다. 도서관은 언제나 조용하고 평화로웠다. 그러나 그곳에서도 집중할 수가 없었다. 그는 다소 불안하게 책장들을 훑어보았다. 그는 마음을 가라앉히고 농장에 관한 책들에 집중하려 했다. 그와 발드리안은 농촌 지역에서 직업을 구하고 있었다. 그들은 두 달 동안 대기자 명단에 올라 있었으나 아무런 소식도 듣지 못했다. "맨움은 그런 직업을 얻기 힘듭니다." 사무실에 있는 맨움은 그렇게 말했다. "차라리 당신이 농촌 지역의 움과 결혼한다면 더 쉬울 텐데." 그들은 그곳에 노동력이 부족하다는 것을 잘 알고 있었다.

"네가 젖꼭지를 갖고 있지 않은 한 좋은 직업을 얻기란 불가능해." 발드리안이 말했다. "마치 젖꼭지로 직업을 얻는 것 같아!"

그는 책장을 훑어보았다.

"제가 도와드릴까요?" 도서관 사서였다.

"네. 팔루리안 맨움에 관한 책이 있을까요?"

그 사서는 얼굴을 붉혔다. "없습니다, 아, 하나가 있습니다. 『적막한 오지』라고 클리포드 랭이 쓴 게 있어요. 그가 익명으로 508년에 출판한 거지요. 중앙도서관에서 그 책을 가져다 드릴까요?"

"예, 그렇게 해주시겠어요?"

그러나 페트로니우스는 재빨리 나와 도서관의 작은 마당에 있는 벤치에 앉았다. 갑작스레 매우 이상한 기분이 들었다. 이제 그는 다시 돌아가서 농장에 관한 책을 문의할 엄두가 나지 않았다.

누더기 옷을 입은 늙은 움이 나무 아래 서 있었다. 모자가 그녀 앞의 땅바닥에 놓여 있었는데, 하모니카 연주는 끔찍할 만큼 형편없었다. 그녀는 음정을 잘못 맞추고 있었다. 야채로 가득 찬 커다랗고 무거운 장바구니를 든 맨움들이 바쁘게 지나쳐 가고 있었다. 대부분의 맨움들은 크고 뚱뚱했으며, 블라우스를 땀으로 적시며 부은 다리로 지친 듯이 걷고 있었다. 늙은 맨움들은 가발 아래로 땀을 흘리고 있었다. 저렇게 힘들게 일하는 맨움은 어째서 그렇게 못생기고 뚱뚱한 다리를 가지고 있으며 저리도 힘들게 걷고 있는 것일까? 페트로니우스는 궁금해졌다. 마치 나이를 먹고 늙어가는 맨움이 인생에서 찾을 수 있는 유일한 목적이란 먹을 것으로 가득 찬 갖가지 크기의 장바구니를 질질 끌고 가는 것 같았다.

그는 조금 전에 산 신문을 꺼냈다. 별로 읽고 싶지 않았기 때문에 곧바로 만화 면을 펼쳤다. 대개는 매우 큰 맨움이 작은 움을 야단치는 것을 그린 시리즈 만화였다. '멋진 맨움이야.' 하고 페트로니우스는 생각했다. 이런 만화 속의 맨움들은 너무나도 크고 힘이 세서, 집 밖에 서 있는 맨움이 어떻게 좁은 그 집 안으로 들어갈 수 있는지 상상이 잘 안 됐다.

그 만화들 가운데 커다란 맨움과 말라빠진 작은 움이 야자수 한 그루만 있는 무인도에 함께 표류한 것을 다룬 게 하나 있었다. 멀리서 가라앉는 배의 뱃머리가 하늘을 향해 있었다. 덩치 큰 맨움이 말라빠진 작은 움에게 사납게 큰 소리로 으르렁거렸다. "이제 월요일마다 수영하러 가지 않아도 되겠구나!"

"하, 하." 페트로니우스는 혼자서 크게 웃었다. 하모니카를 불던 움이 연주를 멈췄다. 그는 눈에 즐거움의 빛을 띤 채 킥킥 웃어댔다.

어린 소년 한 명이 그에게 다가와서 공손하게 무릎을 굽혀 절을 했다. "꽃 사시겠어요?" 그가 물었다.

"그 돈은 어디에 쓰이는데?"

"그건…… 음, 평화를 위해, 그리고 가족과……." 그 소년은 당황한 듯이 더듬거렸다.

페트로니우스는 꽃 두 송이를 샀다. 소년은 웃으며 감사하다고 말하고는 가던 길을 갔다. 페트로니우스는 그것이 무엇을 위한 것인지 잘 알고 있었다. 맨움의 종속에 대한 토론 결과, 각료 회의는 일종의 제스처로 맨움을 위한 결정을 내렸고, 도나 제시카의 계승 첫날로부터 칠 일까지를 국가 맨움 주간으로 선포했다. 파란색의 예쁜 플라스틱 꽃이 그 제전을 위해 특별히 만들어졌고 이갈리아의 학생들은 모두 반나절만 수업을 받고 나와 움과 맨움 간의 이해와 평화를 위해 맨움 주간의 꽃을 팔았다. 공식적으로는 '평등'이라고 불렸지만, 모든 선전은 좀 더 광범위한 평화와 이해에 관한 것이었다.

몇몇 신문들도 움과 맨움의 평등에 관한 기획에 지면을 크게 할애했다. 예를 들어 '한 평범한 시민이 거리를 걸어갈 때, 그녀/그는 성차별적인 사고의 많은 예들을 발견할 것이다.'라는 문장을 이제는 신문에서도 쉽게 발견할 수 있었다.

지나가는 사람들을 쳐다보며 페트로니우스는 온 세상천지가 맨움이 불리한 거래를 한다는 사실의 증거라고 생각했다. 그는 자신이 왜 항상 이런 사실을 알지 못했는지, 또 왜 그것이 모든 사람들에게 명확하게 인식되지 않았는지 이해할 수 없었다. 모두 눈을 떠야 한다. 그러나 움은 전체 맨움의 문제를 사소한 것으로 환원시키고자 한다. 그리고 스파크스주의는 오직 계급 적대에 대해서만, 그리고 값싼 노동력의 착취에 대해서만 말한다. 그것은 그들 분석에서 핵심적인 개념이었다. 집에서 일하는 수백만 명의 이갈리아의 아버지들과 저임금으로 일하는 보호받지 못하는 아버지들이야말로 경제적 억압의 희생자가 아니고 무엇이겠는가? 맨움해방주의가 그들의 폐호를 내던지는 바람에 모든 문제는 순전히 개인적이고 성적인 문제로 축소되어 버렸다.

페트로니우스는 일어섰다. 그는 하모니카 연주자의 모자에서 일 달러블을 훔쳐 달아났다. 그는 이제 집으로 가서 그로에게 편지를 쓸 것이다. 그러고 나서 그는 발드리안을 만나 새로운 세계를 만들 것이다. '새로운 세계', 바로 그것이다.

『민주주의 아들』

"결국, 아이를 낳는 것은 여자(women)야."베르그가 보고 있던 신문 너머로 딸에게 책망하는 눈길을 던지며 말했다. 그가 화를 참기 힘들어하는 것이 분명했다. "어쨌든, 지금 신문을 보고 있잖니."

"그렇지만 저는 뱃사람이 되고 싶다구요! 난 아기를 데리고 바다에 갈 거예요." 페트라는 영리하게도 이렇게 말했다.

"그러면 그 아이의 아버지가 뭐라고 하겠니? 안 돼. 인생에는 참아야만 하는 것이 있는 법이야. 때가 되면 너도 알게 될 거다. 우리 사회와 같은 민주주의 사회에서도 모든 사람들이 똑같을 수는 없는 거야. 그렇다면 엄청나게 지겨울 테지. 삭막하고 울적할 거야."

"자기가 되고 싶은 것이 될 수 없는 것이 더 삭막하고 우울한 일이에요!"

"누가 네가 되고 싶은 것이 될 수 없다고 말했니? 내 말은, 네가 현실적이어야 한다는 거야. 꿩도 먹고 알도 먹을 수는 없어. 네가 아이를 갖는다면, 아이를 키우는 일밖에 할 수 없는 거야. 잘 들어라, 페트라. 어렸을 때 나도 뭐가 될 것인가에 대해 원대한 꿈을 갖고 있었단다. 바다의 낭만, 그것 때문에 네가 괴로워하는 거지. 뱃사람의 위업에 대한 모험 이야기는 이제 그만 읽고 대신 여자애들을 위한 책만 보도록 해라. 그러면 네 꿈이 좀 더 현실적으로 될 거야. 바다에 가고 싶어 하는 여자는 하나도 없어."

"그렇지만 내가 아는 뱃사람들은 대부분 아이를 갖고 있어요!"

"그것은 다른 문제란다. 아이를 키우는 데 아버지가 어머니와 똑같을 수는 없단다, 페트라."

남동생이 그녀를 비웃었다. 그는 페트라보다 한 살 반 어렸지만 늘 그녀를 못살게 굴었다. "하, 하! 여자는 뱃사람도 될 수 없어. 여자 뱃사람이라니! 호호! 아니면 너는 아마 선실 걸이나 여자 선원, 아니면 여자 타수(舵手)가 되겠다는 거구나. 아이구, 우스워 죽겠다, 우스워 죽겠어. 바다에 가는 여자들은 창녀들이거나 레즈비언들뿐이야."

"레즈비언?"

"그래, 레즈비언. 그리고 항구마다 창녀들이 뱃사람들을 기다리며 줄을 서 있지." 그가 그녀의 머리를 잡아당겼다.

"엄마! 빌이 머리를 잡아당겨요!"

"하느님 아버지 맙소사! 이 집은 도대체 조용할 날이 없구나!" 장관의 부인인 미시즈 베르그가 머리카락을 말아 올리고는 욕실에서 달려 나왔다. "애들아, 조용히 해! 빌, 페트라의 머리는 약하다는 걸 알아야지."

"머리만 약한가, 모든 곳이 약하지. '페트라는 부드러운 머리를 가지고 있다는 걸 알아야지! 페트라는 약한 성(性)이라는 것을 잊지 마!'" 그 말은 항상 그녀를 화나게 했다. 빌이 계속 짓궂게 말했다. "엄마, 페트라는 이제 곧 브라를 해야 하지 않나요?"

페트라의 얼굴이 새빨개졌다.

"조용히 해! 지금 신문을 보고 있잖아." 장관이 화난 목소리로 말했다.

"커피 좀 더 드릴까요, 랄프?" 그의 아내가 달래듯이 물었다.

"음," 그가 멍하니 대답했다. "그런데 이건 너무 진해······."

페트로니우스는 그의 초고의 첫 페이지를 읽었다. 훌륭해! 이 글은 대단한 작품이 될 거야!

잘 있어라,
이갈리아의 모든 이들이여

페트로니우스의 책, 『민주주의의 아들』을 평론한 이들은 대부분 움이었다. 그들은 평론을 맨움 해방에 대한 자신들의 견해를 밝힐 기회로 삼았다. 최근 맨움 해방은 상당히 진전되고 있었다. 좀 더 자유주의적인 신문은 상대적으로 우호적이어서 다음과 같은 단서를 달 뿐이었다. '궁극적으로 페트로니우스 브램의 소설에 나오는 움들은 대체로 만족하고 있다고 해야 할 것이다. 주인공들은 대부분 비전형적이고 반항적인 움이지만 말이다. 그래서 그 허구적인 사회는, 그것이 저자의 의도는 아니었겠지만, 사실상 조화로운 사회인 것이다.' 자유주의자들은 남녀평등에 찬성했고 그래서 사회현상에 대한 비판에도 동의했다. 그러나 그들은 그 책이 너무 지나치다고 생각했다. 한 평론가는 '모든 게 그런대로 괜찮다. 그리고 이 허구적인 가부장제에 대해 읽는 것은 아주 재미있다.(그 가부장제가 저자가 꿈꾸는 유토피아에 대한 생각일까?) 그러나 페트로니우스 브램은 맨움이 아이를 생기게 하는 사람이 '아닌' 사회를 꿈꿀 수 있겠는가?'라고 끝을 맺고 있다.

스파크스주의 신문《스매시》는 그 책이 개인주의적인 맨움 해방 분리주의자의 선전물이라고 하면서, 두 면에 걸쳐 긴 평론을 실었다. 『민주주의의 아들』은 사실상 움과 협력할 수 없는 맨움해방연맹 전체의 무능력을 보여줄 따름이라는 것이다. 그러므로 그들은 풍부한 분석을 생산해 낼 의지도, 능력도 없고 주인공들이 궁극적으로 말하거나 생각하는 것은 이 유토피아(?)에서 움의 억압이 경제적 성격을 띠고 있다는 것이지만, 그것은 별다른 근거나 분석 없이 피상적인 전제로만 남아 있다고 평했다. 또《스매시》의 평론가는 그 책에서 경제적인 분석이 부족한 게 그리 놀라운 사실이 아니며, 나아가 페미니스트의 부르주아적 배경 속에서 얼마나 철저하게 그것이 모호해졌고 억눌렸는가를 생각하면 당연한 결과라고까지 말했다. 스파크스주의 평론가의 견해에 의하면, 맨움해방연맹이 움과 협력하기 시작하면 이런 상황과 그에 따른 분석은 변화할 수 있다는 것이다.《스매시》가 의미하는 움은 스파크스주의자 움이었다.("그들의 배경도 부르주아일 뿐이야." 발드리안이 말했다.)

《스매시》의 평론가는 『민주주의의 아들』에 나오는 '여성운동'이 이갈선드의 '경찰서'를 의미하는 교통 표지판을 자신의 상징물로 사용했다는 것에 주목했다. 그것은 빨간 원 안에 주먹을 쥔 손이 있고 그 아래에 십자가가 달려 있는 것으로 투쟁이 아닌 질서를 상징하는 것이었다. '저자의 부정확한 분석의 또 다른 증거가 여기 상징물에도 있다.'고 평론가는 썼다. 페트로니우스 브램은 이것으로 우리 사회에서 맨움에 대한 움의 권력 남용을 상징하고자 했던 것이다. 그러나 사실상 이 기호는 사회의 질서와 문명을 나타내는 것이었다. 평론가는 교통 표지판을 '여성의' 투쟁의 상징물로 이용하려는 생각은 참으로 조잡할 뿐만 아니라 '예술적으로도 실패한' 것이라고 평했다.

'만일 움이 억압받는 사회가 있다면, 그들은 투쟁의 상징으로서 그렇게 평화스러운 상징을 선택하지는 않았을 것이다. 그들은 좀 더 공격적이고 강력한, 예를 들어 흰색 바탕에다 빨간 삼각형 안에 커다랗게 부풀어 오른 가슴이 있는 그런 것을 선택할 것이다.' 그리고 또 이렇게 평했다.

평론가는 '여자(woman)'라는 단어는 좀 우습긴 하지만 그럴듯하며 적어도 꼴사납지는 않다고 덧붙였다. 그런데 저자는 어떻게 발음해야 한다고 생각했을까?

《이갈선드 타임스》는 그 책을 논평조차도 하지 않았다. 문학작품이라고 할 수 없는 글이라는 것이다. 대부분의 신문기자들은 이런 종류의 책을 흔히 베개 아래에 두고 읽는다고 한다. 『민주주의의 아들』도 이런 범주에 든다. 책 전체에서 계속 반복되고 있는 '결국, 아이를 낳는 것은 여자야.'라는 첫 문장은 맨움의 콤플렉스를 반영한다. 마치 아이를 낳는 게 뭔가 잘못이 있는 것처럼 말하고 있는 것이다. 아니면 그런 문장이 어떤 논쟁을 일으킬 수도 있다는 것인가!

이 신문의 전통적 역할은 어머니 나라의 신중하고 객관적인 목소리를 내는 것이기 때문에, 그 책에 대한 언급을 회피한 것이다.

도나 제시카의 메시지는 그 책을 포르노그래피로 간주했기 때문에 그 책을 금지하기 위해 고심했다. '좆'이라는 단어를 인쇄할 필요가 정말 있는가? 그것을 읽으면 완전히 식욕이 떨어질 것이라고, 그 단어는 한마디도 사용하지 않으면서,《메시지》의 평론가는 썼다. ("누가 그 책을 읽는 동안 음식을 먹어야 한다고 했니?" 페트로니우스가 발드리안에게 물었다.)

사실 '보지'라는 단어는 좀 더 자주 등장하지만, 그것은 훨씬 덜 충격적이었다. 그런 가부장제 사회에서 '여자'들이 부끄러워하는 '보지'와 비밀스러운 부분에 대한 얘기가 너무 많았던 것은 아닌가? 확실히 '남자'들이 그것만 생각할 리는 없지 않은가?

사용된 단어들은 별도로 하더라도, 성관계 장면은 분명하게 변태적이었다. 그런 짐승 같은 행위를 하도록 내버려두는 사회는 완전히 멸망할 것이다. 페트로니우스 브램은 움을 바닥에 누워 있는 것으로 묘사했다. 움이 눕다니! 심지어 자연계에서도, 수컷은 암컷에게 그런 야만적인 모욕을 강요하지는 않는다. 그것은 움을 복종시키려는 노골적인 책략이다. 즉, 움으로 하여금 다리를 벌린 채 바닥에 등을 대고 드러눕게 한 뒤 맨움이 그 위에 올라타서는 마치 일종의 정복 도구인 것처럼 그의 신체 일부를 거칠게 다리 사이로 쑤셔 넣는다. 맨움 자신의 쾌락을 위해! 그것은, 맨움이 주인인 사회의 주인과 노예 관계, 바로 그것이다. 그 부분에서 도나 제시카의 메시지는 이 작품의 외설스러움을 더 이상 참지 못했다.

평론가 어느 누구도 그렇게 말한 것은 아니지만 그들 중 많은 사람들이 맨움해방주의자가 정말 팔루리안이라고 확신하고 있었다. 맨움해방주의자들이 팔루리안이라는 결론이 함의하는 것은 그들의 말에 특별히 주의를 기울일 필요가 없다는 것이었다.

몇몇 사람들은 그 책이 혐오스러워서 반쯤 읽다가 집어던졌다. '남자들'은 근육이 불거져 나온 슈퍼맨으로, 항상 지배적이고 권위주의적으로 명령을 내리는 사람으로 묘사된 반면, '여자들'은 인형처럼 예쁜 옷에 미소를 띠고 순종적으로 행동하는 것으로 그려진 것은 조금도 재미가 없었던 것이다. 오히려 그것은 기괴해 보였다. 남녀의 자연적인 특징을 그 정도까지 왜곡시키는 문화를 참된 문화로 간주할 수는 없었다.

바는 아직 원고 상태였을 때 그 책을 읽을 기회가 있었다. 그녀는 앤에게 그 책은 자신에 대한 질투와 열등감 때문에 쓰인 것 같다고 말했다. 소녀들이 생리대를 흔들면서 자랑하면, 소년들은 질투로 얼굴이 새파래지지. 그래서 그들은 신경질적이 되고 맨움 해방에 참여하기 시작하는 거야. 반항하는 거야 할 수 있지만 월경을 할 수야 있겠어? 불행히, 국가가 어떻게 해줄 수 있는 것도 아니잖아. 오호. 물론 만일 맨움이 움처럼 가치 있다면 좋겠지만 불행하게도 그건 불가능해.

학교 교장 보솜비는 그 책을 몰래 읽으면서도 '교장 브럼블브로우'라는 등장인물이 자신과 비슷하다고는 꿈에도 생각지 못했다. 그녀는 또한 이 극단적인 맨움해방주의 소설의 배후에 있는 이념이 그녀의 학교에서 생겨난 것은 결코 아니라고 확신하고 있었다. 그러나 그 책은 상상력이 대단한 작품이었다. 그래서 교장 보솜비는 마음속으로 예전의 학교 제자들 중 한 명이 그 책을 썼다는 것을 자랑스러워했다.

맨움 운동 내부에서는 견해가 나뉘었다. 어떤 사람들은 만일 페트로니우스가 말한 가부장제 방식으로 나간다면, 양성 간의 분리에 대한 대안은 없을 거라고 생각했다. 그리고 물론 분리는 그들의 목적이 아니었다. 그들이 싸워 얻고자 하는 것은 통합과 평등이었다. '맨움의 투쟁은 계급 투쟁이고 계급 투쟁은 맨움의 투쟁이다!' 그것이 그들이 꿋꿋이 견지해야만 하는 원리였다.

다른 사람들은 그 책이 전체 맨움 운동을 약화시킨다고 생각했다. 맨움은 본성적으로 움보다 더 평화스럽고 사려 깊지 않은가? 그래서 맨움 운동은 이 특성을 기반으로 새로운 사회를 창조해야만 하는 게 아닌가?

노총각 올모스는 그 책을 재미있게 보았고 몇 번이나 다시 읽었다. "학교 선생인 미스 오글손은 나야, 그렇지?" 그는 페트로니우스에게 조용히 물었다. 그러면서 그는 역사학적 관점에서 몇 가지를 지적했다. 예를 들어 페트로니우스가 그린 것처럼 아버지가 일 나가는 동안 어머니가 아이들과 집에 있는 것이 현실적인 것인지 의심스러워했다. 결국 상속은 어머니를 통해서만 이루어져야 했다.

그는 그것이 어떻게 변화할 수 있는지 알 수 없었다. "그런 사회가 존재했는지에 대해, 기록이든 혹은 다른 형태의 것이든 합당한 증거는 아무것도 없어." 노총각 올모스가 말했다.

꼬마 땅딸보 판당고는 그 책에 대해 아주 열광적이었고 당장 맨움의 역사를 공부하리라 결심했다.

발드리안도 그 책을 좋아했고 이전에 생각해 보지 못했던 많은 것에 대해 생각해 볼 수 있었다고 말했다. 예를 들어 수유 중인 움들이 직접 아이를 데리고 와서 젖을 먹일 수 있도록 하는 제도를 만들자고 제안할 수 있다는 것은 전에는 생각도 못 했다. 그리고 그는 '여자들'의 끔찍한 생활—임신에 대해 어떤 금전적인 대가도 없고 오히려 그 때문에 더 불리해지는—에 대해 읽으면서 여러 번 공포에 떨었다. 사실 어떤 면에서 그 책은 희극적이라기보다는 다소 비극적이라고 그는 생각했다.

크리스토퍼는 그 책이 재미있다고 생각했다.

"사람들의 마음에 드는 책이나 쓰지." 루스 브램은 기분이 나빠서 이렇게 말했다. 그러나 크리스토퍼는 실없이 웃지 말라고 루스가 고함을 칠 때까지, 뒤로 자빠질 만큼 계속 웃어댔다.

"조롱당하는 움 얘기를 읽으면서, '그렇게' 재미있어할 수 있는 거야!"

그러나 크리스토퍼는 그 말은 전혀 아랑곳하지 않고 계속 웃어댔다. 속이 다 후련해졌다. 마침내 그는 루스가 앉아 있는 테이블로 걸어와서는 주먹으로 테이블을 쾅 치며 말했다. "그래! 나는 당신이 좋아하든 말든 엔지니어링 과정을 시작하겠어요, 알겠어요!"

생리를 막 시작했을 때, 루스 브램은 그녀의 아들에게 마지막 충고를 하기로 결심했다.

"가부장제라고!" 그녀가 폭발했다. 그러고선 그를 쳐다보았다. 그녀는 아직 그 책을 읽을 시간이 없었다. "그건 매우 잘됐더구나, 네가 쓴 것 말이야, 페트로니우스. 그리고 매우 재미있게 썼다고 들었다. 그런데 너는 뭔가 다른 걸 쓸 수는 없었니? 가부장제라니! 맨움이 모든 것을 지배하고 통치하는 사회인 것 같은데, 맞니?"

"맞아요! 노총각 올모스가 말하기를……."

"생각조차 할 수 없는 일이야!" 그의 어머니가 가로막았다.

"'생각조차 할 수 없는 일이야.' 그건 어머니가 지금 상태와는 다른 것을 말할 때 항상 쓰는 말이죠."

"미안하지만, 페트로니우스, 그러나 그건 정말 생각할 수도 없어! 네가 나를 보수적이라고 보는 것은 옳아. 그리고 나는 권력 관계를 현재와 같은 방식으로 유지하고 싶단다…… 왜냐하면…… 왜냐하면, 음, 나는 나 자신이 권력의 위치에 있기 때문이지. 오, 여신이여! 그러나 나는 올바른 결정을 하고 있다는 신념을 갖고 그 자리에 있는 거란다."

그녀는 잠시 동안 멈췄다. 페트로니우스는 아무 말도 하지 않았다. 어머니 쪽에서 이렇게 시인하니 말문이 막혔던 것이다.

"그리고 나는 그 책이 완전히 너 자신을 맨움 해방의 대변인으로 만들기 위한 것이었다고 생각한다, 페트로니우스. 그런데 맨움이 지배하는 사회라니! 맨움이 계획을 세우고 사회를 통치한다니! 생각조차 할 수 없다!"

"그건 생각할 수 없는 게 '아녜요.' 그런 사회는 존재했었다구요! 단지 우리가 그 사회에 대해 아무것도 들은 게 없을 뿐이에요. 왜냐하면 우리는 이 끔찍한 모권제 안에서 살고 있으니까요!"

"존재'했었다'고! 그렇지. 그것이 존재'했었'겠지. 그런데 그 사회가 어떻게 되었을 거라고 생각하니, 페트로니우스?"

페트로니우스가 침묵을 지켰다.

"우리가 전에 들어본 적도 없는, 네가 존재한다고 말한 그런 가부장제에 무슨 일이 일어났다고 생각하니?"

그녀가 잠시 뜸을 들였다. 그는 여전히 아무 말도 하지 않았다.

"왜 가부장제가 존재했었다는 증거가 하나도 없다고 생각하니? 왜 그 존재를 증명하는 분명한 증거가 하나도 없다고 생각하지? 응?"

페트로니우스는 어떻게 말해야 할지 몰랐다. 그는 갈피를 못 잡았다.

"아니다, 페트로니우스. 너도 알겠지만…… 맨움은 생명과 실제로 연결되어 있지 않단다. 그들은 자손과 육체적 연결을 가지고 있지 않아. 그래서 그들은 그들이 죽으면 세상 사람들에게 무슨 일이 일어날 것인지에 대해 생각할 능력이 없단다. 맨움이 지배하는 사회에서는 모든 땅의 생명이 죽어 없어질 거야. 만일 맨움을 억압하지 않는다면, 만일 맨움이 제지되지 않는다면, 만일 그들이 교화되지 않는다면, 만일 그들이 '그들의 자리를 지키지 않는다면' 생명은 소멸할 거다……."

루스 브램은 이 마지막 말로 논쟁을 끝냈다.

옮기고 나서

『이갈리아의 딸들』은 1975년 노르웨이의 게르드 브란튼베르그 (재미있게도 이 소설에 나오는 보솜비 교장의 이름과 비슷하다. 지은이는 교사이기도 했다.)가 쓴 소설이다. 이 책은 영어로 번역된 *Egalia's Daughters: A Satire of the Sexes*(The Seal Press, 1985)를 옮긴 것이다.

이 책은 유쾌한 상상력과 재치가 넘치는 소설일 뿐만 아니라 여성학 이론을 둘러싼 여러 가지 쟁점과 여성 운동의 역사를 담고 있는 훌륭한 여성학 교과서이기도 하다. 억압의 기원이나 성과 계급의 문제, 동성애를 둘러싼 논의, 가사 노동에 대한 논쟁을 이갈리아에서도 볼 수 있다. 그러므로 여성학과 관련된 지식을 많이 알면 알수록 이 책은 더 즐겁게 읽을 수 있다. 그러나 이 책에 나오는 수많은 패러디를 해설하지는 않았다. 그러한 간섭이 이갈리아라는 새로운 세계에 빠져드는 즐거움을 방해할지도 모른다고 생각했고 배경

지식이 없이도 가부장제 현실에 대한 함의를 충분히 이해할 수 있다고 여겼기 때문이다.

언어의 남성중심성을 보여주기 위해 만들어낸 많은 신조어들이 옮기는 작업을 더 힘들게 하기도 했지만, 지은이의 뛰어난 관찰력과 상상력에 감탄하지 않을 수가 없었다. 우리말 번역본에서는 그 신조어들을 해독하는 재미가 줄어들 수밖에 없어서 안타깝다. 우리말에는 '사람'이라는 중립적인 말이 있어서 이 책에 나오는 신조어들이 크게 빛을 볼 수는 없었지만, 그렇다고 해서 우리말이 남성중심적이지 않다고는 말할 수 없다는 것을 번역하는 내내 느낄 수 있었다. 예를 들어 '앤 문힐은 농부가 되고 싶어 했다.'라는 문장의 경우, 앤 문힐은 여성(움)인데 지아비 부(夫)가 들어간 농부(農夫)라는 말을 쓰는 것은 맞지 않았다. 그래서 저자의 상상력을 흉내 내어 '앤 문힐은 농부(農婦)가 되고 싶어 했다.'로 바꾸어보았다. 그런데 婦라는 글자는 여자가 빗자루를 들고 있는 모양을 나타낸 것이라고 하니 이갈리아의 움에게 어울리는 말이 될 수 없었다. 우리가 우리말의 남성중심성을 깨뜨리는 새로운 언어를 만들려고 할 때는 훨씬 더 급진적인 상상력이 필요함을 느낄 수 있었다.

이 소설은 너무나 익숙해져서 보이지 않게 된, 일상생활 곳곳에 스며 있는 성차별적 요소를 깨닫게 해준다. 우리가 당연하다고 여기는 것, 특히 생물학적인 것이어서 지극히 자연스럽다고 여기는 것까지도 사실은 문화적이고 사회적인 구성물임을 보여준다. 그러한 것들로 가장 대표적인 것들인 월경, 임신, 출산조차도 그것이 이루어지는 사회의 가치에 따라 완전히 다르게 경험할 수 있음을 보여준다. 또 생물학적인 것으로 여겨지는 성관계도 이갈리아에서는 우리가 전혀 상상할 수 없는 방식으로 이루어진다.

가부장제 사회에서 남녀가 성관계를 갖는 궁극적인 목표는 삽입과 사정이다. 가부장제 사회에서 고안한 수많은 체위는 모두 남성의 페니스를 여성의 질에 삽입하는 다양한 방식일 뿐이다. 남성이 권력을 가진 사회에서 여성의 성은 남성에 의해 설명되고 규정된다. 프로이트는 여성의 성욕이 음핵(clitoris)에서 질로 발달한다고 주장했는데 그에 따르면 질 오르가슴으로 나아가지 못하고 음핵 오르가슴에 집착하는 여성은 미성숙한 여성이다. 그러나 현대 성과학자들의 연구에 의하면 여성의 성 쾌감은 남성 성기가 삽입된 질 자체에서 오는 것이 아니라 음핵의 자극에 의한 것이다. 그러므로 이갈리아의 성교 방식은 여성이 가장 큰 쾌감을 얻을 수 있는 방식이라고 볼 수 있다. 그리고 여성의 성 쾌감은 음핵에서 오는 것이기 때문에 이갈리아인들이 주장하듯이, 그리고 우리의 상식과는 반대로, 여성의 성이 생식과 반드시 연관될 필요는 없다. 반면 남성의 오르가슴은 사정으로 끝나고 사정은 항상 생식과 연결된다. 그러므로 남성(맨움)이 전적으로 피임의 책임을 지는 것은 매우 합리적으로 보인다.

이갈리아의 움의 특권은 움이 자연과 생명에 더 밀접히 연결되어 있다는 사실로부터 나온다. 인류 역사에서 달력을 처음으로 발명한 이는 여성일 것이다. 여성들의 평균 월경주기가 달이 차고 기우는 주기와 일치하기 때문이다. 아마도 이갈리아의 달력 또한 여성들의 월경주기를 한 달로 해서 만들어졌을 것이다. 따라서 이갈리아의 일 년은 열세 달이다. 여성이 자연과 가깝다는 것은 가부장제 사회에서도 익숙한 생각이다. 그러나 가부장제에서는 여성이 자연과 가까운 존재라는 것이 여성의 열등함을 증명하는 것으로 여겨졌다. 인류(남성)가 자연에 대한 지배력을 확장해 가면서 갈등과 지배의 역사를 만들어가는 동안 여성은 계속 억압받아 왔다. 최근에 등장한 에코-페미니즘(eco-feminism)에서는 생태계의 파괴를 남성 지배와 연결시키고 있다. 자연/문명, 자아/타자, 남성/여성을 대립적인 것으로 개념화하는 남성적 인식 구조와 현대 사회의 위기가 서로 연관되어 있다는 주장은 여성학 내에서 많은 공감을 얻고 있다. 이 소설의 마지막에 나오는, '남성(맨움)이 지배하게 되면 인류는 멸망하게 될 것'이라는 브램의 말은 남성이 지배하는 세상에 대한 중요한 비판을 함축하고 있다. 또한 이 소설에서는 자연과 생명을 가장 중요한 가치로 여기는 이갈리아를 통해 페미니스트 유토피아의 한 전형을 보여주고 있다.

  이 소설이 보여주는, 여성이 지배하는 사회가 페미니즘의 대안인 것은 아니다. 그런데 이것은 이 책을 읽고 당혹감을 느낀 남성들을 안심시키기 위한 말은 아니다. 우리는 이 책이 위협적이고 공격적인 것으로 읽히길 바란다. 페니스와 편편한 가슴에 대한 경멸을 가상의 세계 속에서 잠시 경험한다면, '젖소부인'이라는 작명을 가능하게 한 가부장적 상상력을 비판적으로 볼 수 있는 감수성을 갖게 될 것이라고 기대하기 때문이다.

  여러 명이 함께 번역을 하는 것이 번역의 질을 떨어뜨리지 않도록 우리는 충분한 노력을 했다고 생각한다. 다소 거친 영어 번역본을 우리말로 매끄럽게 옮기기에는 능력이 부족했음을 인정해야겠지만 말이다.

"억울해.", "불쌍해."라는 결론이 아닌, 새로운 삶의 방식과 사회 질서에 대한 꿈을 가져다줄 수 있는 것으로 페미니즘을 이해하는 데 이 책이 조금이나마 도움이 되기를 바란다.

옮긴이 | 히스테리아

1995년 이화여대 대학원 여성학과에서 만난 이현정, 엄연수, 윤자영, 노옥재 등이 결성한 여성주의 문화기획 집단.
이론서 『여성과 남성이 다르지도 똑같지도 않은 이유』를 번역했고 여성주의 인식을 확산시키는 다양한 활동을 벌였다.
이 책의 번역에 참여한 네 사람은 현재 각각 번역, 출판, 연구, 사회 운동을 통해 여성과 남성이 모두 행복해지는 세상을 만들기 위해 노력하고 있다.

이갈리아의 딸들

1판 1쇄 펴냄 1996년 7월 1일
1판 64쇄 펴냄 2016년 9월 13일
개정판 1쇄 펴냄 2016년 12월 1일
개정판 20쇄 펴냄 2025년 5월 26일

지은이 | 게르드 브란튼베르그
옮긴이 | 히스테리아
발행인 | 박근섭
편집인 | 김준혁
펴낸곳 | 황금가지

출판등록 | 2009. 10. 8 (제2009-000273호)
주소 | 06027 서울 강남구 도산대로 1길 62 강남출판문화센터 5층
전화 | 영업부 515-2000 편집부 3446-8774 팩시밀리 515-2007
홈페이지 | www.goldenbough.co.kr

도서 파본 등의 이유로 반송이 필요할 경우에는 구매처에서 교환하시고
출판사 교환이 필요할 경우에는 아래 주소로 반송 사유를 적어 도서와 함께 보내주세요.
06027 서울 강남구 도산대로 1길 62 강남출판문화센터 6층 민음인 마케팅부

한국어판 ⓒ ㈜민음인, 2016. Printed in Seoul, Korea
ISBN 978-89-8273-000-9 03890

㈜민음인은 민음사 출판 그룹의 자회사입니다.
황금가지는 ㈜민음인의 픽션 전문 출간 브랜드입니다.